„Man sieht nur, was man weiß“ – NS-Verfolgte im Alter
Fallgeschichten und Lernmaterialien

Die Autorinnen:

Andrea Zielke-Nadkarni, geb. 1956, ist Professorin am Fachbereich Pflege und Gesundheit der Fachhochschule Münster und lehrt Pflegewissenschaft.

Christina Hilgendorff, geb. 1968, ist Krankenschwester und Historikerin. Sie lebt und arbeitet in Berlin.

Sonja Schlegel, geb. 1955, Diplom-Sozialarbeiterin und Marte Meo Therapeutin, ist seit 1990 im Bundesverband Information und Beratung für NS-Verfolgte in Köln tätig.

Märle Poser ist Professorin am Fachbereich Pflege und Gesundheit der Fachhochschule Münster und lehrt Personalwirtschaft.

Andrea Zielke-Nadkarni, Christina Hilgendorff,
Sonja Schlegel, Märle Poser

„Man sieht nur, was man weiß“
NS-Verfolgte im Alter

Fallgeschichten und Lernmaterialien

Mabuse-Verlag
Frankfurt am Main

Bibliografische Information der Deutschen Nationalbibliothek

Die Deutsche Nationalbibliothek verzeichnet diese Publikation in der Deutschen Nationalbibliografie; detaillierte bibliografische Angaben sind im Internet unter http://dnb.d-nb.de abrufbar.

Kasseler Str. 1a
60486 Frankfurt am Main
Tel.: 069 – 70 79 96-13
Fax: 069 – 70 41 52
verlag@mabuse-verlag.de
www.mabuse-verlag.de

Umschlaggestaltung: Christina Hilgendorff und Alex Feuerherdt, unter Verwendung eines Fotos der Gedenkstätte Deutscher Widerstand und einer privaten Aufnahme
Satz: Christina Hilgendorff
Druck: Prisma Druck, Saarbrücken
ISBN: 978-3-940529-25-1
Printed in Germany

„A.L. ist ein Überlebender", hörte ich und dachte, dass dieses Bild des Überlebenden ein falsches Bild war. Ein Szenenbild, ein Vorstellungsklischee zur Einschläferung des Grauens. Falsch und verfälscht, aus der Menschheit herausgehoben und isoliert, in den Grenzen des Ertragbaren und des Anstandes gehalten, zurechtgemacht, zweckdienlich, missgestaltet und grotesk. Nie ist mein Vater ein Über-Lebender gewesen. Denn selbst in Auschwitz, Buchenwald und Langenstein hatte er nie aufgehört zu leben, zu leiden, zu atmen und zu hoffen. Ein Lebender, kein Arbeitstier, kein Unter-Mensch, kein Organismus, den man in seine Organe, Gewebe und Zellen hätte zerlegen können. Nicht auf etwas so Irrelevantes reduzierbar wie Leistung, Plagen, Brotrationen und Durchhaltevermögen. Nie ist mein Vater ein Überlebender gewesen. Immer nur das: sich zwischen parkenden Autos hindurchschlängelnd – ein Lebender. Vor einem reich garnierten Bücherregal glücklich seufzend – ein Lebender. Im Café mit einem Kännchen heißer Schokolade – ein Lebender. Wach und regungslos im Bett – ein Lebender. Die Wetterlage vom Frühstückstisch aus überprüfend – ein Lebender. Mit Glanz auf Nase und Stirn, immer nur das: ein Lebender, einer wie alle anderen, einmalig, bedeutend und groß.

Gila Lustiger: So sind wir. Ein Familienroman. Berlin Verlag 2005.

Inhaltsverzeichnis

Vorwort

„Man sieht nur, was man weiß…“, dieses Goethe-Zitat haben wir in den zwei Jahren unseres Projektes mit dem sperrigen Titel „Anpassung der Versorgungssysteme der Altenhilfe an die Erfordernisse alter NS-Verfolgter“ oft benutzt. Wir haben es als Ausgangspunkt genommen, um unser Anliegen verständlich zu machen.

Das Projekt, finanziert von der Stiftung Wohlfahrtspflege Nordrhein-Westfalen, hat auf vielfältige Weise die Altenhilfe und -pflege in Nordrhein-Westfalen darauf aufmerksam gemacht, dass sich unter ihrer Klientel höchstwahrscheinlich auch traumatisierte NS-Verfolgte befinden. Und dass sich unter Umständen unerklärliches Verhalten von alten und hochbetagten Menschen verstehen lässt, wenn man unter diesem Gesichtspunkt noch einmal genau hinschaut.

Um dieses Hinschauen anzuregen haben wir unter anderem in sieben Veranstaltungen – verteilt in ganz Nordrhein-Westfalen – zusammengeführt, was auf den ersten Blick nicht zusammen gehört. MultiplikatorInnen aus der haupt- und ehrenamtlichen Altenhilfe und -pflege gehörten genauso zu unseren KooperationspartnerInnen wie VertreterInnen von NS-Verfolgtenverbänden, jüdischen Gemeinden und NS-Gedenkstätten. So gelang es auf vielschichtige Weise für die Belange der NS-Verfolgten zu sensibilisieren, aber auch von den Erfahrungen der einzelnen VertreterInnen zu profitieren.

Während der Projektarbeit haben sich die meisten unserer Vermutungen bestätigt bzw. sind übertroffen worden: Die Existenz von NS-Verfolgten als zum Teil extremtraumatisierte Klientel der Altenhilfe und -pflege wird in der Regel hartnäckig geleugnet, die Fantasien hierüber decken sich selten mit der Realität. Sich nicht entmutigen zu lassen, erforderte viel Kraft. Umso mehr freuen wir uns, dass wir die Anliegen der NS-Verfolgten auch nach Projektende mit diesem Buch in die Öffentlichkeit tragen können.

Da wir mit dem Projekt nicht nur informieren, sondern auch noch mehr über die Lebenswirklichkeit der NS-Verfolgten herausfinden und beschreiben wollten, haben wir Interviews mit Angehörigen verschiedener Verfolgtengruppen geführt. Aus ihren Erzählungen entstanden die Geschichten dieses Buches. Die Biografien spiegeln dabei nur einen Ausschnitt der vielen Verfolgtenschicksale wider. Wären die Interviews nicht nur in Nordrhein-Westfalen, sondern beispielsweise in Ostdeutschland geführt worden, kämen sicher noch andere Aspekte in den Geschichten zum Tragen, die hier unberücksichtigt bleiben.

Die verschiedenen Verfolgtengruppen kennzeichnen Gemeinsamkeiten im Erleben der NS-Verfolgung und in deren Auswirkungen. Aber – und das verdeutlichen die einzelnen Geschichten – niemals verschwindet dahinter das Schicksal des Einzelnen. Die Reaktionen der Menschen auf Verfolgung sind genauso verschieden wie ihre Möglichkeiten der Verarbeitung. Für die Pflegenden bedeutet dies, mit dem Begriff „NS-Verfolgte" kein weiteres Etikett an die Hand zu bekommen, sondern genauer hinsehen zu können, mehr Deutungsmöglichkeiten und mehr Ideen zur Unterstützung bei Krisen alter Menschen zu haben. Hier möchte das Buch durch eine Mischung aus subjektiver Perspektive und Sachinformation Wissen vermitteln und einen Anreiz zum Weiterlesen schaffen.

Erkenntnisse über NS-Verfolgte im Alter sind auf andere Gruppen traumatisierter Menschen – Bürgerkriegsflüchtlinge, Opfer staatlicher Verfolgung, so genannte Kriegskinder und Opfer sexueller Gewalt – übertragbar. Alle diese Gruppen sind schon heute KlientInnen in der Altenhilfe und -pflege.

Unser großer Dank gilt den InterviewpartnerInnen, die sich den Strapazen des Interviews ausgesetzt und die Entstehung des Buches durch ihre Unterstützung überhaupt erst möglich gemacht haben.

Unser Dank gilt auch unserer Mitautorin Frau Prof. Dr. Andrea Zielke-Nadkarni, die das Projekt nicht nur wissenschaftlich begleitet, sondern uns auch ermutigt hat, dieses Buch zu schreiben und seine Entstehung wesentlich mit vorangetrieben hat.

Und nicht zuletzt danken wir der Stiftung Wohlfahrtspflege Nordrhein-Westfalen, mit deren freundlicher Unterstützung die Veröffentlichung realisiert werden konnte.

Wir hoffen sehr, dass wir mit diesem Buch die Existenz der älter und alt gewordenen NS-Verfolgten in Deutschland bei den haupt- und ehrenamtlich mit alten Menschen Arbeitenden und an ihnen Interessierten aufscheinen lassen und sie mit ihren Stärken, ihren Nöten und ihren Bedürfnissen deutlich werden. Denn in den nächsten 20 Jahren leben sie noch in relevanter Zahl mitten unter uns.

Sonja Schlegel Christina Hilgendorff Michaela Zalucki

Köln, im Oktober 2008
Projekt „Anpassung der Versorgungssysteme der Altenhilfe an die Erfordernisse älterer NS-Verfolgter", 2005 bis 2007

Andrea Zielke-Nadkarni

Einleitung

NS-Verfolgte, so glauben viele, sind längst verstorben oder nach Kriegsende emigriert. Tatsächlich aber lebt noch immer eine nur zu schätzende Anzahl von etwa 100.000 verstreut unter uns: Menschen, die verfolgt wurden, weil sie beispielsweise Zeugen Jehovas, Schwule und Lesben, Frauen und Männer der Sinti und Roma, Juden und Jüdinnen sind, RegimegegnerInnen und Deserteure waren oder als „lebensunwert" und „asozial" im Sinn der NS-Rasse- und Gesundheitspolitik galten. Auch Christen wurden verfolgt, wenn sie ihren religiösen Grundsätzen entsprechend handelten und damit gegen das Regime standen. Eine weitere Gruppe sind die jüdischen MigrantInnen aus der Gemeinschaft Unabhängiger Staaten (GUS). Seit Januar 1991 ist ihnen die Auswanderung nach Deutschland ermöglicht worden, indem ihnen ein Sonderstatus als so genannte Kontingentflüchtlinge zugebilligt wurde. Dies hatte die Einwanderung von rund 100.000 Personen zur Folge[1], eine beachtliche Zahl, bedenkt man, dass bis 1989 nur etwa 30.000 jüdische BürgerInnen in Deutschland lebten. Wenngleich viele von ihnen von den verschiedenen sowjetischen Regimes diskriminiert und verfolgt wurden, muss man davon ausgehen, dass unter den über 60-Jährigen viele Überlebende der Shoah sind.

Unerkannt tragen – neben dieser größeren Gruppe – viele aus anderen Gründen Verfolgte die (biografische) Last der Traumaerfahrung im Alter. In dieser Lebensphase wird man dünnhäutiger, die „seelischen Abwehrkräfte" lassen nach, und die zunehmenden körperlichen Beschwerden führen zu Hilfsbedürftigkeit, die die Frage nach pflegerischer Unterstützung akut werden lässt. In den westlichen Industriegesellschaften haben alte Menschen tendenziell einen niedrigen Sozialstatus und leben häufig isoliert. Bei NS-Verfolgten kommen zu den „normalen" Erschwernissen im Alter ihre Traumata und die massive soziale Meidung der NS-Verfolgungsthematik zusätz-

[1] Migrationsbericht der Ausländerbeauftragten im Auftrag der Bundesregierung (2001), hrsg. v. der Beauftragten der Bundesregierung für Ausländerfragen. Berlin, Bonn, S. 34.

lich als isolierende Faktoren hinzu. Sie alle sind durch ähnliche Erlebnisse geprägt und haben im Alter häufig Angst vor dem Kontakt mit der TäterInnengeneration, zum Beispiel vor dem Zimmernachbarn im Altenpflegeheim oder der Tischnachbarin im Speisesaal der Kurklinik, die vielleicht alte Nazis oder SympathisantInnen sind.

Die gesamte Gruppe der NS-Verfolgten tritt im deutschsprachigen Raum in pflegetheoretischen Abhandlungen und in der (Alten-)Pflegeausbildung bislang kaum in Erscheinung. Damit befindet sich die Pflege in „guter Gesellschaft", denn Forschungen zur Situation von NS-Verfolgten, in erster Linie Überlebende der Shoah, wurden erst ab den 70er Jahren des 20. Jahrhunderts betrieben, vor allem in den USA, wo rund sechs Millionen jüdische BürgerInnen leben, gefolgt von Kanada, Großbritannien und Israel. Für die pflegerische Versorgung der in Europa lebenden Menschen mit Verfolgungserfahrungen aus der NS-Zeit bestehen dagegen ausgeprägte Forschungslücken, was besonders tragisch ist, da hier die ehemals Verfolgten in den TäterInnengesellschaften leben müssen.

Mit unserem Buch möchten wir einen Einblick in die Lebenserfahrungen der Betroffenen geben, denn immer wieder wurde uns auf öffentlichen Veranstaltungen zu diesem Thema deutlich, dass das „Dritte Reich" für AltenpflegeschülerInnen heute sehr weit weg ist von ihrer Gegenwart. Häufig ist ihnen nicht bewusst, dass eine Verbindung zwischen dieser für Deutschland so unrühmlichen Zeit und ihrer eigenen Arbeit mit den Menschen, die sie pflegen, besteht. Andererseits haben wir aber auch erlebt, dass gerade sie für dieses Thema besonders offen sind, denn der zeitliche Abstand zur Nazizeit erleichtert es, sich dem schwierigen Thema zu nähern. Auch haben die SchülerInnen andere, weniger abhängige Beziehungen zu den involvierten Großeltern, worin wiederum eine Chance liegt, dieses Thema offener ins aktuelle Berufsleben zu transportieren.

Um aufzuzeigen, wie differenziert die Situation bei aller Gemeinsamkeit dennoch ist, haben wir nach InterviewpartnerInnen gesucht, die die große Bandbreite der Verfolgungsgründe repräsentieren: So sind Fanny T., Lily P. und Chana G. Jüdinnen, Paul S. war Deserteur, Karl D. wurde als „erbkrankes" Kind mit der Pseudodiagnose „Debilitis und Psychopathie" in die Psychiatrie eingewiesen, Ryszard K. und Milan B. waren polnische Zwangsarbeiter, Josefa O. und Rosa M. sind Sintessa.

Diese Menschen, die durch Alterserkrankungen pflegebedürftig sind oder zu werden drohen, bilden aufgrund ihrer Verfolgungs- und Diskriminierungserfahrungen eine besonders verletzliche Gruppe, die erhöhte und sehr spezielle Pflegeanforderungen stellt. Sie soll daher hier zu Wort kommen.

Die Interviews, die wir mit den NS-Verfolgten geführt haben, haben wir zu Geschichten umformuliert, die jedoch zahlreiche authentische Ausschnitte aus den Interviews enthalten. Zu jedem Erzähltext wurden Vorschläge für eine Bearbeitung im Unterricht in der Altenpflegeausbildung entwickelt. Die Didaktisierung spezieller Themen aus den einzelnen Geschichten wird verbunden mit Forschungsergebnissen aus dem internationalen Raum und dem soziohistorischen Hintergrund. Dieses Vorgehen verbindet authentisches Interviewmaterial mit historischen Fakten und personenübergreifenden Kenntnissen über die Situation dieses Personenkreises, bezogen auf seine Pflegebedürfnisse.

Den authentischen Erzähltexten vorangestellt ist eine historische Darstellung über Verfolgung im „Dritten Reich", die nicht auf Vollständigkeit abzielt, sondern den Zusammenhang zwischen der Zeitgeschichte und der einzelnen Biografie herstellen möchte.

Im Anschluss an die biografischen Erzählungen und die Didaktisierungen folgt ein Kapitel zum Thema Trauma, in dem zunächst der Begriff des Traumas näher definiert wird, um daran anschließend die gesundheitlichen Auswirkungen von Traumatisierungen zu beschreiben. In zwei weiteren Beiträgen werden die möglichen Auswirkungen der Traumatisierungen auf das Leben im Alter und bei Pflegebedürftigkeit sowie Wege des Umgangs mit diesen Menschen aufgezeigt. Diese Kapitel stehen an hinterer Stelle, weil sich die AltenpflegeschülerInnen zunächst einmal mit den Biografien der NS-Verfolgten als solchen und mit ihren eigenen Gefühlen und Erfahrungen in diesem Rahmen auseinandersetzen sollen, ehe sie mit weiteren Sachinformationen, die wiederum von anderen stammen, zu möglichen Lösungen geführt werden. Denn über die eigenen Emotionen und Gedanken kann ein persönlicher Zugang zur Problematik geschaffen werden. Hierzu tragen auch die vielen, in den Didaktisierungsvorschlägen angeregten Diskussionen bei. Die Tabuisierung durch die Betroffenen selbst ist, wie die Texte zeigen, gut begründet. Gleichzeitig ist auch die TäterInnengeneration Klientel der Altenhilfe/-pflege. Diese Bedingungen sowie die historische

Ferne der auslösenden Ereignisse für viele Pflegepersonen bewirken ein unheilvolles Schweigen und eine innere Distanzierung von diesen Vorgängen und ihren Folgen, die über den gewählten methodischen Weg durchbrochen werden können.

Christina Hilgendorff

NS-Verfolgte im „Dritten Reich“ und nach 1945 – Kontext zu den Erzählungen

Keine Epoche der deutschen Geschichte ist heute so gut erforscht wie die zwölf Jahre des Nationalsozialismus. Die Veröffentlichungen hierzu sind inzwischen unüberschaubar, auch im Fernsehen und Radio werden fast wöchentlich Dokumentationen und Filme gesendet. Um das historische Verständnis der Erzählungen zu erleichtern, richtet sich deshalb hier der Blick auf die NS-Verfolgten: Wer wurde verfolgt, warum, wann und wie. Zur Orientierung sind zentrale Aspekte und Begriffe hervorgehoben. In den Fußnoten und am Ende des Buches stehen Hinweise zum Weiterlesen und Weitersehen.

Die Verfolgung durch den NS-Staat war grausam und umfassend. Sie hat Millionen Menschen das Leben gekostet. Aber zu allen Zeiten und in allen Situationen haben Menschen sich gegen die Zerstörung ihres Lebens und das anderer gewehrt und für ihre Freiheit gekämpft. Es existieren unzählige Zeugnisse darüber, wie Menschen versucht haben – und wie es ihnen gelungen ist –, Widerstand zu leisten: durch kleine und große Akte der Solidarität, durch das Widersetzen und Unterlaufen von Verboten, durch Sabotage, bewaffneten Widerstand, durch Flucht, durch Aufstände in Ghettos und Lagern oder auch durch das beständige Bemühen, der beabsichtigten seelischen und körperlichen Zerstörung in der Lagerhaft eine selbst bestimmte innere Welt entgegenzusetzen. Diese Erfahrungen haben alle Überlebenden der NS-Verfolgung auf die ein oder andere Weise gemacht. Das gilt es immer mitzudenken, wenn man die folgende knappe Darstellung liest, um die Menschen als Subjekte und nicht nur als Opfer der Verfolgung wahrzunehmen.

Die Ideologie

Die NS-Ideologie fußte auf einem extremen Biologismus, einer Weltsicht, in der Menschen von Natur aus ungleich sind, unterteilt in „höher und minderwertige“ Individuen, in Herren und Knechte, in Führer und Geführte. Die

Menschen leben in einer „Volksgemeinschaft", in der sich durch „natürliche Auslese" die „Starken als Führende" durchsetzen, als solche die „wahren Interessen des Volkes" vertreten und deshalb Verfügungsgewalt besitzen. Dieses Konzept des Kampfes zwischen Oben und Unten, zwischen Freund und Feind wird übertragen auf die Ebene der Welt. Auch hier kämpfen „höher- und minderwertige Völker" um Herrschaft und Überleben.

In einem Regime, das auf diesem Konzept gründet, liegt ein besonderes Gewicht auf der Disziplinierung, Formierung, Gleichschaltung und Ausrichtung der eigenen Gesellschaft. Im Gegenzug erleiden alle, die nicht zu dieser Gemeinschaft dazu gehören sollen, und diejenigen, die nicht dazugehören wollen, Ausgrenzung, Entrechtung, Verfolgung, Ausschluss und Vernichtung.

Im Nationalsozialismus gehörten zu der erstgenannten Gruppe diejenigen Menschen, die innerhalb des deutschen Volkes entsprechend der ***NS-Rassenhygiene*** als „minderwertig" und „volksschädigend" galten: Homosexuelle, Menschen mit geistiger und körperlicher Behinderung aber auch vermeintliche „Asoziale" und „Gewohnheitsverbrecher". Parallel dazu wurden Menschen als „rassisch minderwertig" definiert und ausgeschlossen. Juden, Sinti und Roma, slawische Völker, hier vor allem Russen und Polen, waren in dem Konzept des ***anthropologischen Rassismus*** hierarchisch eingestuft. Die Feindschaft gegen Juden war absolut, zielte erst auf Vertreibung, dann auf Vernichtung (***mörderischer Antisemitismus***). Zur zweiten Gruppe – Menschen, die nicht dazugehören wollten – zählten politische GegnerInnen und diejenigen Männer und Frauen, die aus moralischen und religiösen Gründen dem Nationalsozialismus widerstanden.

„Machtübernahme" 1933

Nachdem Hitler 1933 vom Reichspräsidenten Hindenburg zum Reichskanzler ernannt worden war, bauten die NationalsozialistInnen die von ihnen gehasste Weimarer Republik zügig in eine ***totalitäre Führerdiktatur*** um. Hitler löste sofort den Reichstag auf und setzte Neuwahlen an. Nach dem Reichstagsbrand im Februar wurden mit der Verordnung „Zum Schutz von Volk und Staat" die Grundrechte (hierzu gehörten etwa die Meinungs-, Presse-, Vereins- und Versammlungsfreiheit, Unverletzlichkeit der Wohnung) außer Kraft gesetzt. Auf scheinbar legalem Weg verhängte man so einen permanenten und während des NS-Regimes nie aufgehobenen Ausnahmezustand. So konnten danach unter anderem GegnerInnen ohne Anklage und Beweise in ***„Schutzhaft"*** genommen und regimekritische Zeitungen verboten werden. Die „Verordnung zur Abwehr heimtückischer Angriffe gegen die Regierung der nationalen Erhebung" vom März 1933 stellte danach alle kritischen Äußerungen gegen die Regierung unter Strafe. Nach seinem knappen Wahlsieg im März 1933 legte Hitler das so genannte ***Ermächtigungsgesetz*** vor, mit dem er seine Regierung der Kontrolle des Parlaments und der verfassungsmäßigen Kontrollorgane entzog. Mit Ausnahme der SPD stimmten die abgeordneten Männer und Frauen aller Parteien für das Gesetz. Die Sitze der KPD waren zu dieser Zeit bereits annulliert. Weitere wesentliche Maßnahmen der NationalsozialistInnen waren die Gleichschaltung der Länder, der Gewerkschaften, der Jugendorganisationen, die Säuberungen der Behörden und schließlich das Verbot sämtlicher Parteien außer der NSDAP. Die erste deutsche Demokratie war damit binnen weniger Monate zerstört.

Diskriminierung, Entrechtung und Dehumanisierung

Zu den Opfern der Verfolgung dieser ersten Monate gehörten GegnerInnen und KritikerInnen der NationalsozialistInnen, so Männer und Frauen der KPD, der SPD, der Gewerkschaften, der Verbände und zivilgesellschaftlichen Organisationen (z.B. Deutsche Liga für Menschenrechte), JournalistInnen, RechtsanwältInnen, RichterInnen, kritische Intellektuelle und KünstlerInnen. Angehörige der SA verschleppten unzählige Menschen in so genannte wilde Konzentrationslager und Gefängnisse, die überall im Land entstanden. Im Sommer 1933 saßen über 26.000 Menschen in „Schutzhaft". Rechtlos waren sie den Schikanen, Entwürdigungen und schweren Misshandlungen der SA-Männer ausgeliefert.[2]

Gleichzeitig begannen die NationalsozialistInnen, die „arische Volksgemeinschaft" zu propagieren und entsprechend ihrer Rassenideologie Menschen anzugreifen und zu diskriminieren. So setzte unmittelbar mit der Re-

---

[2] Zu den frühen Konzentrationslagern siehe Karl Giebeler, Thomas Lutz, Silvester Lechner (Hg.) (1996): Die frühen Konzentrationslager in Deutschland. Austausch zum Forschungsstand und zur pädagogischen Praxis in Gedenkstätten. (Protokolldienst der Evangelischen Akademie Bad Boll 12/96) Bad Boll.

gierungsübernahme die ***rechtliche Diskriminierung jüdischer BürgerInnen*** ein. Sie wurden aus dem öffentlichen Dienst ausgeschlossen, erste Berufsverbote und Ausschlüsse aus Berufsverbänden und -kammern erlassen. „Deutsche, kauft nicht bei Juden" forderte die SA die Bevölkerung am 1. April 1933 zu Boykott und Entsolidarisierung auf. Es kam zu Übergriffen, die sich auch gegen ÄrztInnen, RechtsanwältInnen und RichterInnen sowie Intellektuelle richteten.[3]

Ende 1934 wurde die „Verordnung zur Abwehr heimtückischer Angriffe" durch das so genannte ***Heimtückegesetz*** abgelöst. Jede nicht konforme Äußerung konnte angezeigt werden und zu Haft- und Todesstrafe führen. Der Denunziation waren damit Tür und Tor geöffnet, und Menschen wurden durch Bekannte, KollegInnen, NachbarInnen, VermieterInnen, FreundInnen, Familienangehörige etc. angezeigt. Vor den so genannten Sondergerichten gab es keine Rechtsmittel. Die Angeklagten waren damit ohne jegliche Möglichkeit der Verteidigung. Mit Kriegsbeginn 1939 traten immer neue Strafbestimmungen in Kraft: etwa gegen das Hören von Feindsendern, bei Kontakten zu Kriegsgefangenen, bei Diebstählen während der Verdunklungszeiten. Die Verurteilungen nahmen jetzt dramatisch zu. Der als Sondergerichtshof errichtete „Volksgerichtshof" fungierte ab 1936 sogar als ordentliches Gericht mit der Zuständigkeit für Landes- und Hochverrat, später auch für schwere Wehrmittelbeschädigung, Feindbegünstigung, Spionage und Wehrkraftzersetzung Allein hier fällten die Juristen bei 18.000 Urteilen 5.200 Todesurteile.[4]

Am 1. Januar 1934 trat das ***„Gesetz zur Verhütung erbkranken Nachwuchses"*** in Kraft, mit dem Menschen, die beispielsweise an Schizophrenie oder Epilepsie litten, blind oder taub waren, Fehlbildungen hatten oder alkoholabhängig waren, zwangssterilisiert werden konnten. Das Gesetz ermöglichte auch die Kastration homosexueller Männer. Auch Sinti und Roma waren als „erbkrank" und „erbkrankverdächtig" vielfach Opfer der Zwangs-

---

[3] Zur Judenverfolgung bis Kriegsbeginn siehe Saul Friedländer (1998): Das Dritte Reich und die Juden. 1. Bd. Die Jahre der Verfolgung 1933-1939. München. ***Literatur- und Medienhinweis aus dem Anhang (M)***: Doerry (2002).

[4] Siehe hierzu Bernward Dörner (1998): „Heimtücke". Das Gesetz als Waffe. Kontrolle, Überwachung und Verfolgung in Deutschland 1933-1945, Paderborn. ***(M)***: Rittig (DVD 2005).

sterilisation. Allen diesen Menschen verweigerte der NS-Staat ihr Menschsein, indem er ihre Möglichkeit der Fortpflanzung zerstörte. Bei der Umsetzung des Gesetzes arbeiteten in den folgenden Jahren MedizinerInnen, JuristInnen, SachbearbeiterInnen und Pflegende der Kreisgesundheitsämter, der Erbgesundheitsgerichte, chirurgischer und gynäkologischer Kliniken sowie psychiatrischer Heil- und Pflegeanstalten eng zusammen. Man geht heute davon aus, dass mindestens 400.000 Menschen dieser körperlichen und seelischen Verstümmelung und Verletzung zum Opfer fielen.[5]

1935 verschärften die NationalsozialistInnen den ***Paragrafen 175*** des Strafgesetzbuches, der männliche Homosexualität unter Strafe stellte. Die Höchststrafe lag jetzt bei zehn Jahren statt der bisherigen sechs Monate. Etwa 100.000 Männer wurden bis 1945 verurteilt, eine unbekannte Zahl von ihnen in psychiatrische Anstalten eingewiesen, 10-15.000 Männer in Konzentrationslagern inhaftiert, in denen mindestens 6.000 umkamen. Frauen wurden nicht strafrechtlich verfolgt, waren aber genauso gezwungen, ihre Homosexualität zu verbergen.[6]

Im September 1935 wurden auf dem Nürnberger Parteitag die so genannten ***Rassegesetze*** verkündet. Mit dem „Gesetz zum Schutz des deutschen Blutes und der deutschen Ehre" wurden Eheschließungen zwischen Juden/Jüdinnen und Nicht-Juden/Nicht-Jüdinnen sowie der außereheliche Geschlechtsverkehr als Delikt der „Rassenschande" verboten und Verstöße mit Haft bestraft. Dieses Gesetz wurde auch auf Männer und Frauen der Sinti und Roma angewandt. Der so genannte Arierparagraf definierte Menschen entsprechend ihrer „rassischen Abstammung" als „Volljuden", „jüdische Mischlinge 1. und 2. Grades", „Halb- und Vierteljuden", als „Geltungsjuden" und „jüdisch versippt". Der Gesetzgeber entschied ab jetzt, wer Jude und Jüdin war, diskriminierte und verfolgte die Menschen mit einem sie spaltenden Gesetzes- und Maßnahmenkatalog. Das ebenfalls verkündete

[5] Siehe hierzu Margaret Hamm (Hg.) (2005): Lebensunwert – zerstörte Leben. Zwangssterilisation und „Euthanasie". Frankfurt/M. ***(M)***: Hubert, Schell (DVD 2002).

[6] Zu Homosexualität im „Dritten Reich" siehe Günther Grau (Hg) (2004): Homosexualität in der NS-Zeit. Dokumente einer Diskriminierung und Verfolgung, Frankfurt/M. Claudia Schoppmann (1997): Nationalsozialistische Sexualpolitik und weibliche Homosexualität. Pfaffenweiler. Verfolgung von Homosexuellen im Nationalsozialismus (1999). Beiträge zur Geschichte der nationalsozialistischen Verfolgung in Norddeutschland. Bremen. ***(M)***: Beck (1995), Epstein, Friedman (DVD 2000).

„Reichsbürgergesetz" schränkte die Rechte aller Deutschen jüdischen Glaubens oder mit zwei Großeltern jüdischen Glaubens ein. Sie waren jetzt nicht mehr BürgerInnen, sondern Staatsangehörige ohne politische Rechte.

Es folgten in den nächsten Jahren immer mehr ***Gesetze, die Menschen ausgrenzten*** und ihre Lebensgrundlagen zerstörten. Aber noch versuchte der Staat, BürgerInnen damit zum Verlassen des Landes zu zwingen. So begann 1937 der staatlich organisierte Raub jüdischen Eigentums mit der so genannten ***Arisierung***.[7] Juden wurden gezwungen, ihren Besitz weit unter Wert zu verkaufen. Berufsverbote wurden ausgeweitet, Theater- und Kinobesuche verboten, die Zwangsnamen Sara und Israel eingeführt, Pässe gekennzeichnet. Am 9. November 1938 initiierten die NationalsozialistInnen einen reichsweiten ***Pogrom*** – noch heute oft verharmlosend „Kristallnacht" genannt – gegen Juden. Aus staatlich-administrativer Diskriminierung wurde jetzt brachiale Gewalt. Synagogen, Geschäfte und Wohnhäuser wurden zerstört und ausgeplündert, unzählige Menschen erniedrigt, misshandelt und vergewaltigt. Mindestens 91 Menschen starben. Um den Emigrationsdruck auf die deutschen Juden weiter zu erhöhen, wies man im Anschluss 25.000 Männer vorübergehend in Konzentrationslager ein, jüdische Organisationen, Zeitungen und der Schulbesuch jüdischer Kinder in öffentlichen Schulen wurden verboten.[8]

Aufgrund privatpolitischer Initiativen kam es nach dem Pogrom zu einer vorübergehenden Lockerung der britischen Einreisebestimmungen für jüdische Kinder und Jugendliche bis 17 Jahre aus Deutschland. Mit den so genannten ***Kindertransporten***, finanziert unter anderem von den jüdischen Gemeinden Großbritanniens, kamen etwa 10.000 Kinder bis Kriegsbeginn in britische Pflegefamilien und Kinderheime. Die deutschen Behörden quälten die Menschen mit grausamen Ausreisebestimmungen. So durften die Kinder nur wenige persönliche Dinge mitnehmen, Spielsachen und Bücher waren

---

[7] Zum Thema „Arisierung" siehe Irmtrud Wojak, Peter Hayes (Hg) (2000): „Arisierung" im Nationalsozialismus. Volksgemeinschaft, Raub und Gedächtnis. Jahrbuch des Fritz Bauer Institut, Bd. 4. Frankfurt/M. Zum staatlichen Raub siehe Susanne Meinl, Jutta Zwilling (2004): „Legalisierter Raub". Die Ausplünderung der Juden im Nationalsozialismus durch die Reichsfinanzverwaltung in Hessen. Frankfurt/M.

[8] Zum Pogrom siehe Walter H. Pehle (Hg.) (1988): Der Judenpogrom 1938. Von der Reichskristallnacht zum Völkermord. Frankfurt/M.

verboten, Fotografien begrenzt. Die Eltern wussten nicht, wohin sie ihre Kinder gaben und ob sie sie je wiedersehen würden. Die kleinen und jungen Menschen verloren ihre Familie, ihr Zuhause, ihre Sprache und waren mit der neuen Situation in der Fremde völlig allein. Die Familien konnten den Kontakt nach Kriegsbeginn 1939 nicht halten, und so erfuhren sie erst nach 1945, ob die Eltern und Kinder überlebt hatten.[9]

1937/38 erweiterte das NS-Regime die ***Funktion der Konzentrationslager***. Inzwischen reorganisiert und unter der Herrschaft der SS stehend, wurden sie jetzt auch ein ***Instrument der NS-Rassenhygiene***. Neben politischen GegnerInnen inhaftierte man nun immer mehr Menschen, die aus rassenhygienischen Gründen verfolgt wurden: angebliche „Berufs-, Sittlichkeits- und Gewohnheitsverbrecher“ sowie „asoziale Elemente“ – als asozial galt, wer sich nicht in die nationalsozialistische „Volksgemeinschaft“ einfügte. Einen Höhepunkt dieser Verfolgungen bildete die Aktion „Arbeitsscheu Reich“ im Jahr 1938. In Razzien wurden über 10.000 Menschen verhaftet, die nicht sesshaft waren, keiner geregelten Lohnarbeit nachgingen, in Obdachlosen- und Fürsorgeheimen lebten.[10]

Eine Opposition gegen die Politik und den absoluten Herrschaftsanspruch der NationalsozialistInnen kam nicht nur von ihren politischen GegnerInnen. Widerstand entstand auch da, wo moralische und religiöse Werte angegriffen wurden. Neben all den Männern und Frauen, die als Gläubige in ihrem Alltag widerstanden, bildeten die ***Zeugen Jehovas*** eine besondere Gruppe, die sich konsequent der Gleichschaltung verweigerte. Ihre Mitglieder lehnten die Ideologie des Nationalsozialismus ab, traten keinen NS-Organisationen bei, verweigerten den Wehrdienst. Die Zeugen Jehovas wurden deshalb verboten, mit mehreren Verhaftungswellen massiv verfolgt und Kinder in „arische“ Pflegefamilien oder Erziehungsheime verschleppt. Von den 25.000 Zeugen Jehovas wurden etwa 10.000 inhaftiert. Mindestens

---

[9] Zu den Kindertransporten siehe Claudia Curio (2006): Verfolgung, Flucht, Rettung. Die Kindertransporte 1938/39 nach Großbritannien. Berlin. ***(M)***: Harris (DVD 2001).

[10] Zum Thema „Asoziale“ siehe Wolfgang Ayaß (1995): „Asoziale“ im Nationalsozialismus. Stuttgart. Martina Jung, Martina Scheitenberger (1999): Fürsorge – Arbeitshaus – KZ. Das Leben der Betty Voss. In: Forum Politische Bildung (Hg.): Wiedergutmachen? Enteignung, Zwangsarbeit, Entschädigung, Restitution. Österreich 1938-1945/1945-1999. Wien, S. 75-80.

1.200 Menschen starben in Konzentrationslagern, dort stigmatisiert mit einer eigenen Kennzeichnung, dem lila Winkel. Sie waren von der SS besonders gehasst, da sie auch in den Lagern standhaft an ihren religiösen Überzeugungen festhielten.[11]

Sinti und Roma brandmarkte das NS-Regime gleichermaßen als „fremdrassig" und „asozial volksschädigend". Anknüpfend an die Diskriminierungen in Deutschland vor 1933, begannen kommunale Behörden bald, Sinti und Roma gezielt zu vertreiben. So wurden Stellplätze der Wohnwagen zerstört, Mieten erhöht und die Menschen verstärkt kontrolliert. Man errichtete bewachte „Zigeunerlager", erteilte Berufsverbote und zwang die Menschen in Lohnarbeit. Ab 1937 wurden Sinti und Roma in einer Kartei erfasst und nach NS-Rassenkriterien definiert. Als das NS-Regime 1938 begann, „Asoziale" mit Disziplinierung und Strafe zu verfolgen, zählten viele Männer und Frauen der Sinti und Roma zu den Opfern. Nach Kriegsbeginn 1939 durften sie ihren Wohnort unter Androhung der Konzentrationslagerhaft nicht mehr verlassen. 1940 deportierte die SS erstmals deutsche Sinti und Roma in Ghettos und Konzentrationslager im Osten, wo sie unter schlimmsten Lebensbedingungen Zwangsarbeit leisten mussten. Am 16. Dezember 1942 ordnete Himmler mit dem so genannten Auschwitzerlass die Deportation der europäischen Sinti und Roma in das Konzentrations- und Vernichtungslager Auschwitz an. Mindestens 20.000 Männer, Frauen und Kinder wurden hier ermordet. In ganz Europa sind etwa 500.000 Menschen dem Massenmord an den Sinti und Roma zum Opfer gefallen.[12]

Unzählige Menschen wurden damals aus ihrer ***Heimat vertrieben***. Sie flüchteten, sofern sie die finanziellen Möglichkeiten hatten und Länder fanden, die sie aufnehmen wollten. Weltweit verschärften immer mehr Staaten ihre Einreisebestimmungen, um den Zustrom abzuwehren. Die Flüchtenden mussten ihr Zuhause, Familienangehörige und FreundInnen, ihre Arbeit und

---

[11] Hans Hesse (Hg.) (1998): „Am mutigsten waren immer wieder die Zeugen Jehovas." Verfolgung und Widerstand der Zeugen Jehovas im Nationalsozialismus. Bremen. Detlev Grabe (1993): Zwischen Widerstand und Martyrium. Die Zeugen Jehovas im ‚Dritten Reich'. München.

[12] Michael Zimmermann (1996): Rassenutopie und Genozid. Die nationalsozialistische „Lösung der Zigeunerfrage". Hamburg. Für die Kommunalgeschichte siehe Karola Fings, Frank Sparing (2005): Rassismus, Lager, Völkermord. Die nationalsozialistische Zigeunerverfolgung in Köln. Köln. ***(M):*** Rosenberg (1998), Berger (DVD 2005).

ihren Besitz zurücklassen oder wurden ihres Besitzes beraubt – Juden durften bei ihrer offiziellen Emigration nur eine geringe Summe mitnehmen. Nicht selten lebten die Menschen im Ausland in schweren Verhältnissen und konnten dort nicht an ihr berufliches Leben anknüpfen. Viele holte die Verfolgung wieder ein, als der Zweite Weltkrieg begann, da Regierungen häufig geflüchtete Deutsche zu Kriegsbeginn in Lagern internierten und die Menschen so ihren Verfolgern nicht mehr entkommen konnten.

Wer nicht flüchten konnte, versuchte sich zurückzuziehen oder ging in den ***Untergrund und lebte versteckt***. Tauchten Menschen zu Beginn der NS-Herrschaft unter, um von dort aus weiter gegen die NationalsozialistInnen zu arbeiten, taten sie es bald, um der rassischen Verfolgung zu entgehen und ihr Leben zu retten. Dabei waren sie völlig auf die Unterstützung anderer angewiesen und abhängig von deren Verschwiegenheit. Ihre Existenz war geprägt von der ständigen Angst, entdeckt oder verraten zu werden. Ohne festes Zuhause lebten sie mit einer fremden Identität unter fremden Menschen, nie wissend, wann sie diesen Unterschlupf verlassen mussten, weil er unsicher geworden war, und ob sie in ein neues illegales Quartier vermittelt werden würden.[13]

Besonders furchtbar ist in dieser Verfolgtengruppe das ***Erleben der versteckten Kinder***. So waren insbesondere jüdische Eltern – nach Kriegsbeginn in ganz Europa – gezwungen (sofern sie überhaupt die Möglichkeit hierzu hatten), ihre Söhne und Töchter in die Obhut fremder Familien und (vielfach kirchlicher) Institutionen zu geben, um damit das Leben ihrer Kinder zu retten. Dabei wussten sie nie, ob ihre Kinder dort geborgen und sicher sein würden. Nur sehr selten konnten die Familien anschließend miteinander in Kontakt bleiben oder überhaupt eine Nachricht voneinander bekommen. Die Kinder verloren ihre Eltern, ihr Zuhause, ihre Identität und Wurzeln. Ausgestattet mit einem neuen Namen und einer neuen Religion, waren sie den sie aufnehmenden Menschen schutzlos überlassen. Auch nach dem Krieg hörte ihr Leid nicht auf. Wenn sie überhaupt wussten, dass sie unter falscher Identität gelebt hatten – gerade damals sehr kleine Kinder können sich an ihr „erstes Leben" nicht bewusst erinnern –, war es vielen nicht

[13] Siehe hierzu Wolfgang Benz (Hg.) (2003): Überleben im Dritten Reich. Juden im Untergrund und ihre Helfer. München.

möglich, ihre Eltern wiederzufinden bzw. den Leidensweg der Eltern und ihre eigene Identität nachzuzeichnen.[14]

Der Zweite Weltkrieg: Massenmord und Zwangsarbeit

Mit Beginn des Zweiten Weltkriegs im September 1939 setzte eine Radikalisierung der Verfolgung ein. Eine ***völlige Entgrenzung der Gewalt*** durch die Brutalisierung des sich ausweitenden verbrecherischen Krieges und die gewähnte Macht- und Machbarkeit setzte ein, die im Massenmord an den europäischen Juden, an den Sinti und Roma, an Kranken und Behinderten mündete und Millionen Menschen – ZivilistInnen und Kriegsgefangene – das Leben kostete, die in Gefangenschaft an Hunger und Krankheiten starben und massakriert wurden, weil sie als „minderwertig" und „weltanschauliche Feinde" galten.

Einen Monat nach dem Überfall auf Polen erließ Hitler den so genannten ***Euthanasiebefehl***, mit dem die systematische Tötung der als „lebensunwert" eingestuften Menschen in Deutschland begann. ÄrztInnen der „Reichsarbeitsgemeinschaft Heil- und Pflegeanstalten" erfassten und wählten die Opfer aus. In Grafeneck tötete das Personal Ende 1939 die ersten Menschen. Weitere Euthanasieanstalten entstanden in Hadamar, Brandenburg an der Havel, Bernburg, Schloss Hartheim und in Sonnenstein. Nach Protesten aus der deutschen Gesellschaft wurden Tötungen ab 1941 im Geheimen durchgeführt und später auf kranke, arbeitsunfähige und „rassisch minderwertige" Häftlinge in den Konzentrationslagern ausgedehnt. Bis 1945 fielen mindestens 300.000 Menschen der Euthanasie durch Vergasung, Erschießung, tödliche Injektionen sowie Hunger und systematischer Erschöpfung zum Opfer.[15]

Immer mehr Staaten gerieten mit Beginn des Krieges unter die Herrschaft der NationalsozialistInnen. Länder wurden besetzt oder auch als be-

---

[14] Siehe hierzu Birgit Schreiber (2005): Versteckt. Jüdische Kinder im nationalsozialistischen Deutschland und ihr Leben danach. Frankfurt/M. ***(M)***: Begley (1994), David (1986), Friedländer (1979), van Dijk (2002).

[15] Margaret Hamm (Hg.) (2005). Heinz Faulstich (1998): Hungersterben in der Psychiatrie 1914-1949. Mit einer Topographie der NS-Psychiatrie. Freiburg i. B. ***(M)***: Lahm et al. (2008)

freundete „Satellitenstaaten" mittels gleichgesinnt Regierender kontrolliert, die ihrerseits Oppositionelle verfolgten und rassistische Gesetze erließen.

In Polen setzten nach dem Überfall sofort ***Verfolgungsmaßnahmen*** ein. Es kam zu Exzessen an der polnischen Bevölkerung. Menschen wurden auf offener Straße gequält und ermordet, PolitikerInnen, Geistliche, Lehrende, ÄrztInnen und GewerkschafterInnen – die Führungsschicht des Landes – in Konzentrationslager verschleppt.[16] Das Land wurde zerschlagen, Teile von Deutschland und der Sowjetunion annektiert und auf dem Restgebiet das so genannte Generalgouvernement errichtet. Polen wurde in der Folge zu einem „Experimentierfeld" der deutschen Rassenpolitik, hier erreichte diese in den nächsten Monaten einen ersten mörderischen Höhepunkt, bevor das NS-Regime sie mit dem Krieg auf andere Länder ausgeweitete. Die polnische Bevölkerung wurde aus den „eingedeutschen" westlichen Gebieten in das „Generalgouvernement" deportiert und zur Zwangsarbeit nach Deutschland verschleppt. Juden pferchte die SS unter katastrophalen Lebensbedingungen in Ghettos zusammen, so etwa in Warschau, Lodz und Lublin.[17] Zehntausende Männer, Frauen und Kinder starben hier an Hunger und Krankheiten, während sie Zwangsarbeit für die Deutschen leisten mussten.

Mit dem Überfall auf die Sowjetunion im Juni 1941 wurde im Osten ein Krieg fortgesetzt, der von Beginn an als ***Rassen- und Vernichtungskrieg***, als Kampf um „Lebensraum" geführt wurde. Einsatztruppen der SS und der Polizei folgten der vordringenden Wehrmacht und ermordeten unter anderem in Litauen, Estland, der Ukraine, in Rumänien und in der Sowjetunion systematisch Juden, Sinti und Roma sowie „kommunistische Funktionäre, Partisanen und Saboteure". Zehntausende Männer, Frauen und Kinder wurden bei diesen ***Massakern*** in Wäldern oder auf freiem Feld erschossen, erschlagen, verbrannt und in unzähligen Massengräbern verscharrt. Ende des Jahres hatten die Deutschen fast eine halbe Millionen Menschen ermordet.[18]

---

[16] Christoph Kleßmann (Hg.) (1997): September 1939. Krieg, Besetzung, Widerstand in Polen. Göttingen. Michael Wildt (2002): Generation des Unbedingten. Das Führungskorps des Reichssicherheitshauptamtes. Die Erfahrung rassistischen Massenmords. Hamburg, S. 419-485. ***(M)***: Borowski (1982).

[17] Zu Verfolgung und Vernichtung nach Kriegsbeginn siehe Saul Friedländer (2006): Das Dritte Reich und die Juden. 2. Bd. Die Jahre der Vernichtung 1939-1945. München.

[18] Zu den Einsatztruppen siehe Christopher Browning (1996): Ganz normale Männer. Das Reserve-Polizeibataillon 101 und die „Endlösung" in Polen. Reinbek bei Hamburg.

Auch die Wehrmacht und inländische Helfer beteiligten sich an diesen Morden. Gleichzeitig wurden auch hier wie in Polen Juden, Sinti und Roma in Ghettos und Arbeitslager zusammengepfercht.[19] Diese Lager wurden danach immer wieder systematisch durchkämmt und weitere Erschießungen durchgeführt. Menschen versuchten ihr Leben zu retten, indem sie untertauchten. Sie lebten dann versteckt in Städten und Wäldern unter elenden Bedingungen, ständig in der Angst, entdeckt und verraten zu werden.

Hinter dieser Front wurden im besetzten Polen zu diesem Zeitpunkt die ***Vernichtungslager*** errichtet. Anfangs in Gaswagen, dann in den allein für die Ermordung errichteten Lagern Chelmno, Belzec, Sobibor, Treblinka und in dem Konzentrations- und Vernichtungslager Majdanek tötete die SS ab Dezember 1941 die in die Ghettos gezwungenen Juden. Allein in Treblinka ermordete die SS 750.000 Menschen. Das Konzentrations- und Vernichtungslager Auschwitz wurde später das Zentrum der Vernichtung. Nachdem Himmler im Sommer 1942 den Ausbau befohlen hatte, tötete die SS hier in vier Gaskammern und den ihnen angeschlossenen Krematorien Juden, Sinti und Roma aus ganz Europa. Nach tagelangen quälenden Transporten ohne jegliche Versorgung wurden die Menschen nach ihrer Ankunft von der SS für Arbeitseinsätze und medizinische Versuche selektiert oder aber sofort vergast und verbrannt.[20]

Ab Winter 1941 setzte auch die ***systematische Deportation*** der deutschen und westeuropäischen Juden in die unzähligen Ghettos sowie in die Konzentrations- und Vernichtungslager im Osten ein, in denen sie massakriert, erschossen und vergast wurden.[21] Über sechs Millionen Menschen fielen insgesamt diesem Massenmord zum Opfer: Männer, Frauen und Kinder aus Albanien, Belgien, Bulgarien, Dänemark, Deutschland, Estland, Frankreich, Griechenland, Italien, Jugoslawien, Lettland, Litauen, Luxemburg, der Niederlande, Norwegen, Österreich, Polen, Rumänien, Sowjetunion, Tschechoslowakei und Ungarn.

Deutschland beutete die im Kriegsverlauf besetzten Länder Ost- und Westeuropas gezielt für die eigenen Bedarfe aus. Millionen Menschen wurden zur ***Arbeit in der Kriegswirtschaft*** gezwungen. Ohne diese Ausbeutung

---

19 ***(M):*** Hilsenrath (1964), Holzmann (2000).
20 ***(M):*** Levi (1961). Borowski (1982).
21 ***(M):*** Klüger (1992).

wäre die deutsche Rüstungsproduktion zusammengebrochen. Ab 1939/40 leisteten so ***Kriegsgefangene sowie Fremd- und ZwangsarbeiterInnen*** in vielen Bereichen der deutschen Wirtschaft Zwangsarbeit: im Bergbau und der (Rüstungs-)Industrie, in der Land- und Forstwirtschaft, den Kommunalbetrieben, der Verwaltung, im Handwerk und in Privathaushalten. Nahezu jeder große und kleine Betrieb beschäftigte bei Kriegsende ausländische Arbeitskräfte. Allein in Berlin gab es 1945 über 4.000 Zwangsarbeiterlager. Die Männer und Frauen, Kinder und Jugendlichen kamen aus vielen Ländern West- und Osteuropas. Sie waren entweder unter falschen Voraussetzungen als FremdarbeiterInnen angeworben oder aber verschleppt worden. Untergebracht in Zwangsarbeiterlagern – bewachten Barackenlagern – oder bei Privatpersonen, richtete sich ihre Lebens- und Arbeitssituation nicht nur nach ihrem Arbeitsort, sondern auch nach ihrer Stellung innerhalb der NS-Rassenhierarchie: Die als ***OstarbeiterInnen*** gekennzeichneten Menschen aus Polen, der Ukraine, Weißrussland, Russland etc. litten an Mangelversorgung und unterlagen einem härteren Straf- und Arbeitssystem als die so genannten WestarbeiterInnen aus beispielsweise Frankreich, Belgien oder den Niederlanden. Die Kontakte zwischen den FremdarbeiterInnen und der deutschen Bevölkerung regelten detaillierte Erlasse, dabei wurden sexuelle Beziehungen vor dem Hintergrund der NS-Rassenhygiene mit Hinrichtung oder Einweisung in Konzentrationslager bestraft.[22] Bummelei und Sabotage, Arbeitsniederlegungen sowie unerlaubter Umgang mit Deutschen in den Betrieben wurden mit Arbeitserziehungslager geahndet. Die Einweisung der Menschen erfolgte ohne Gerichtsverfahren, die Haftdauer war unbestimmt. Die Lebens- und Arbeitsbedingungen entsprachen denen der Konzentrationslager.[23]

Besondere Grausamkeit und Leid erlebten ***schwangere Osteuropäerinnen*** und ihre Kinder. Wurden die Frauen anfangs noch in ihre Heimatländer

[22] Zum Thema Fremd- und Zwangsarbeit siehe Mark Spoerer (2001): Zwangsarbeit unter dem Hakenkreuz. Ausländische Zivilarbeiter, Kriegsgefangene und Häftlinge im Dritten Reich und im besetzten Europa 1939-1945. Stuttgart. Ulrich Herbert (1985): Fremdarbeiter. Politik und Praxis des „Ausländer-Einsatzes“ in der Kriegswirtschaft des Dritten Reiches. Bonn. ***(M):*** Hochhuth (1979), Schminck-Gustavus (1986), Landesmedienzentrum (DVD 2004), Schübel (DVD 2003).

[23] Gabriele Lotfi (2003): KZ der Gestapo. Arbeitserziehungslager im Dritten Reich. Frankfurt/M. ***(M)***: Berliner Geschichtswerkstatt (2004).

zurückgeschickt, ging das NS-Regime bald dazu über, Zwangsabtreibungen durchführen zu lassen. Die Neugeboren wurden ihren Müttern weggenommen und in so genannten „Ausländerkinder-Pflegestätten" untergebracht, in den man die Kinder an Unterversorgung sterben ließ. Nicht genug damit, dienten manche der Frauen in den Kliniken auch als Versuchsobjekte für die medizinische Ausbildung und gynäkologische Forschungen.

Die ***letzten Monate und Wochen des Krieges*** waren gekennzeichnet von einer unglaublichen Brutalität, Wut und Willkür, der noch zahllose Häftlinge und ZwangsarbeiterInnen kurz vor der nahenden Befreiung zum Opfer fielen. So räumte die SS die Konzentrationslager vor den heranrückenden Fronten. SS-Männer und Aufseherinnen trieben die völlig ausgezehrten und kranken Menschen in tagelangen Transporten und Märschen meist ohne jede Versorgung in Richtung Westen, von einem Lager zum anderen, oft genug auch ziellos, um dann selbst zu flüchten. Viele Häftlinge starben entkräftet auf diesen ***Todesmärschen*** oder wurden erschossen, wenn sie nicht mehr weiterkonnten.[24] Die Angst vor der Kapitulation führte auch zu immer größeren Aggressionen gegen ZwangsarbeiterInnen. Die Gefahr, unmittelbar vor der Befreiung noch wegen Arbeitsvertragsbrüchen, Plünderungen, Sabotage und anderer Verdächtigungen von der Gestapo hingerichtet zu werden, war groß.[25]

Die NS-Militärjustiz ahndete bis zum Schluss die ***Verweigerung und Desertion*** aus diesem Krieg mit unnachgiebiger und grausamer Härte. Vor Militärgerichten wurden tausende Soldaten wegen Fahnenflucht, Wehrkraftzersetzung, Kriegsverrat und anderer Delikte zum Tode verurteilt, 25.000 dieser Urteile wurden vollstreckt. Alles konnte das Leben kosten: das Abhängen eines Hitlerbildes, kurzfristiges Verlassen der Einheit, Hilfe für Verfolgte oder „Kooperation mit dem Feind". Die Wehrmacht verfügte über ein komplexes Strafsystem und diverse Strafinstitutionen. So gab es etwa bewegliche Heeresgefängnisse an der Front, Feldstraflager und Bewährungseinheiten. In den letzten Monaten und Wochen des Krieges operierten die Militärjuristen sogar als „fliegende Standgerichte des Führers", ließen selbst

[24] Zu den Räumungen der KZ siehe Karin Orth (1999): Das System der Konzentrationslager. Eine politische Organisationsgeschichte. Hamburg, S.270-336.
[25] Ulrich Herbert (1985), S 327ff.

Jugendliche und alte Männer inhaftieren, erschießen und als „Feiglinge" aufhängen.[26]

Exkurs: Haftbedingungen in den Konzentrationslagern

In Deutschland und in den besetzten Ländern entstanden nach Kriegsbeginn immer mehr und immer neue Formen der Haft- und Straflager, sodass eine Aufzählung hier unmöglich ist. Im Folgenden sollen aber wichtige Haftinstrumente, die die SS in den Konzentrationslagern einsetzte, beschrieben werden, um ein Verständnis für die seelischen und körperlichen Verletzungen Überlebender dieser Lager zu bekommen.

Die Menschen befanden sich in ständiger Lebensgefahr. Die Lebensbedingungen in den KZ waren dabei so organisiert, dass man die Menschen immer grundsätzlich in ihrer Würde und ihrem Menschsein angriff. Die SS versuchte, ihnen ihre Individualität zu nehmen und ihre Persönlichkeit zu zerstören. Zugleich setzte sie sie einem Prozess sozialer Vereinzelung aus.[27] Die folgende Erinnerung eines Überlebenden spiegelt eine der tiefen Verletzungen wider, die den Menschen in den KZ durch die SS zugefügt wurde. Noch heute empfindet er (auch) tiefes Entsetzen und Scham, wenn er an seine Lagerhaft denkt: Im Lager habe man immer einen Blechtopf dabei gehabt. Wenn man etwas Essbares gesehen habe, habe man versucht, es mitzunehmen und, wenn irgend möglich, auch verträglich zuzubereiten. Er habe neben Leichen Kartoffeln in seinem Blechnapf gekocht und gegessen. Das habe er gemacht, schrecklich sei das gewesen.[28]

Transport und Aufnahme in das Konzentrationslager

Schon die fehlende Versorgung und die Misshandlung der Menschen während des Transports in die Lager waren eine erste gezielte Einschüchterung und Verletzung. Mit einem Aufnahmeritual erfolgte dann die Eingliederung

[26] Norbert Haase, Gerhard Paul (Hg.) (1995): Die anderen Soldaten. Wehrkraftzersetzung, Gehorsamsverweigerung und Fahnenflucht im Zweiten Weltkrieg. Frankfurt/M. Wolfram Wette, Detlef Vogel (Hg.) (2007): Das letzte Tabu. NS-Militär und Kriegsverrat. Berlin.

[27] Das Folgende beruht auf den beiden Untersuchungen Wolfgang Sofsky (1993): Die Ordnung des Terrors: Das Konzentrationslager. Frankfurt/M. und Wolfgang Kirstein (1992): Das Konzentrationslager als Institution totalen Terrors. Das Beispiel des KL Natzweiler. Pfaffenweiler. ***(M):*** Bundeszentrale politische Bildung (CD-ROM 2005).

[28] Aus einem Gespräch mit einem ehemaligen Häftling, der anonym bleiben möchte.

des einzelnen Menschen in die Masse der Häftlinge. Die Männer und Frauen mussten ihre persönlichen Dinge abgeben, sie wurden abgeduscht, untersucht – auch genital – und rasiert, erhielten Lagerkleidung und wurden als Nummer registriert. Die SS beabsichtigte in dieser ausgeklügelten Abfolge von Erniedrigung, Gewalt und Verstümmelung die Entindividualisierung und den Zusammenbruch der Integrität der Menschen.

Hierarchisierung der Häftlinge

Mit der Aufnahme in das Lager erfolgte auch die Zuordnung der Menschen zum Kategoriesystem der SS: Rasse, Nationalität, politische Feindschaft, soziale Abweichung. Diese Zuordnung war neben der Häftlingsnummer an der Kleidung für alle in Form von verschiedenfarbigen Winkeln sichtbar. Mit ihr wurde die soziale Stellung der Menschen im Lager festgelegt und damit gleichzeitig der Zugang zu Ressourcen wie der Arbeitsort oder die Übernahme von Funktionen definiert (zum Beispiel als Kapo, der als Häftling andere Häftlinge beaufsichtigte, kontrollierte und dafür Vergünstigungen erhielt). Je niedriger die Menschen in der Lagerhierarchie standen, dessen schlechter waren ihre Überlebenschancen. Durch diesen Mechanismus der Differenzierung kam es zu Abständen, Gegensätzen und sozialen Grenzlinien zwischen den Häftlingen. Die SS versuchte so, die Menschen untereinander zu spalten und zu entsolidarisieren.

Mörderische Zwangsarbeit und elementare Mangelversorgung

Die Arbeit im Lager sicherte nicht das Leben, sondern ruinierte es. Die SS vernichtete die Menschen durch Arbeit. Sie wurden zu schwersten körperlichen Tätigkeiten gezwungen, zum Beispiel im Straßenbau, zu Erd- und Grubenarbeiten, zu schwersten Arbeiten in der Rüstungsindustrie. Die Arbeitszeiten waren sehr lang, zwischen 10 und 12 Stunden, und die Ernährung völlig unzureichend; die Menschen hungerten furchtbar. Begleitet von langen Appellen sowie weiten An- und Abmarschwegen führte dies schnell zur Erschöpfung. Da die Bekleidung der Menschen bewusst ungenügend war und ihnen eine wirksame hygienische und medizinische Versorgung vorenthalten wurde, erkrankten und starben sie an Infektionen, hervorgerufen etwa durch Kälte und kleinste Verletzungen, epidemisch weitergetragen durch Läuse und Flöhe. Diese grausamen Lebensbedingungen erschwerten auch das solidarische Handeln der Menschen untereinander und griffen so wiederum Humanität und Würde an.

Kontrolle und Strafe

Das Lager war ein System gnadenloser Kontrolle. Durch die Abriegelung von der Außenwelt und die innere Gliederung entstand ein Zwangsraum, in dem der einzelne in eine Masse eingliedert war. Die Menschen wurden in kompakten Einheiten (zum Beispiel Appell, Arbeitskommandos) überwacht und beherrscht. In den Baracken entstand durch Überfüllung eine Zwangsgemeinschaft, in der jede Individualität und jede Intimsphäre aufgehoben waren.

Das Lagerregime der SS war brutal und unberechenbar, das errichtete Strafsystem willkürlich, seine Anforderungen inhaltlich widersprüchlich und zeitlich nicht zu vereinbaren. Gehorsam schützte nicht vor Strafe. Die Lagerordnung war ein Terrorinstrument der SS mit dem Ziel, Strafsituationen zu schaffen. Der sadistischen Fantasie der SS-Männer und Aufseherinnen waren dabei keine Grenzen gesetzt: stundenlange Kollektiv- und Einzelappelle in Kälte und Hitze, Exerzieren, grauenvolle Schläge, Pfahlhängen, Einzelhaft, Stehbunker, Folter, Hinrichtung. Die Gewalt war keine Sanktion, sondern Selbstzweck. Die Menschen lebten in ständiger Todesangst.

Kriegsende und „Neubeginn": Kampf der NS-Verfolgten um Anerkennung und Gerechtigkeit

Bei Kriegsende befanden sich mehrere Millionen ***verschleppter Menschen*** auf deutschem Boden. Die westlichen Alliierten errichteten so genannte ***Displaced-Persons-Camps** (DP-Lager)*, um ihre Versorgung zu gewährleisten und sie von hier aus möglichst schnell in ihre Heimat zurückzubringen. Die DP-Lager entstanden nicht nur häufig in unmittelbarer Nähe der ehemaligen NS-Lager, sondern diese wurden auch direkt genutzt. Es gelang den Alliierten bis Herbst 1946, den Großteil der Menschen zurückzuführen. Sowjetische StaatsbürgerInnen wurden entsprechend einer Vereinbarung zwischen den Alliierten auch zwangsweise repatriiert. Dies geschah mit dem Wissen der westlichen Alliierten, dass die Rückkehrenden der Kollaboration verdächtigt wurden und von Repressionen, Umerziehungsmaßnahmen, Lagerhaft und schlimmstenfalls mit Hinrichtung bedroht waren. Deshalb versuchten Menschen aus allen Gebieten des sowjetischen Einflussbereichs, in ***Deutschland zu bleiben***, sie widersetzten oder entzogen sich der Rückführung. Zurück blieben auch Juden, die nicht mehr in ihre Heimat zurückkehren konnten, weil es diese nicht mehr gab und sie auf Auswanderungsmöglichkeiten nach Übersee und Palästina warteten.[29] Manche DP-Lager wandelten sich im Laufe der Jahre langsam in Wohnsiedlungen um, in denen manchmal noch heute ehemalige ZwangsarbeiterInnen leben. Das letzte DP-Lager wurde 1959 geschlossen.

Mit Kriegsende setzte aber auch eine umgekehrte Bewegung ein: In die Emigration und zur Flucht gezwungene ***Deutsche kehrten in ihre Heimat zurück***. Männer und Frauen, die sich am Aufbau eines neuen, besseren Deutschlands beteiligen wollten, aber auch Menschen, die sich nach ihrer Heimat sehnten und hofften, dort wieder zuhause sein zu können.[30] Besonders für Juden, die in ihre Heimat zurückkehrten, war dies kein leichter Weg. In ihrem Alltag mit Anti- und Philosemitismus konfrontiert, entstand bei manchen von ihnen auch ein Schuldgefühl, im Land der TäterInnen zu leben.[31] Deutschland hat sich weder um die Rückkehr der vertriebenen Menschen besonders bemüht noch sie offen aufgenommen. Weder in Ost- noch in Westdeutschland war man an einer Auseinandersetzung mit den Verbrechen oder an politischen Ideen interessiert, die die politischen und gesellschaftlichen Weichenstellungen und Entwicklungen in Frage stellten.

Zurück kam auch eine andere Gruppe: diejenigen ***Deutschen, die die Konzentrationslager und Gefängnisse überlebt hatten***. Entkräftet, verletzt an Körper und Seele, trafen sie in ihren Städten und Dörfern ein. Vielfach schlug ihnen hier Ablehnung entgegen. So wollte man etwa Sinti, Roma oder Juden nicht in die Gemeinden aufnehmen, und Bürgermeister versuchten, die Rückkehrenden weiterzuschicken. Die Überlebenden der mörderischen Verfolgung erlebten im Anschluss an ihre Befreiung oft Ausgrenzung und Gleichgültigkeit und mussten – sofern sie nicht auswanderten – unter diesen Bedingungen ihr Leben wieder aufbauen.[32]

---

[29] Zu den jüdischen DP-Camps siehe Angelika Königseder, Juliane Wetzel (1994): Lebensmut im Wartesaal. Die jüdischen DPs (displaced persons) im Nachkriegsdeutschland. Frankfurt /M.

[30] Siehe für die Rückkehr vertriebener Juden und Jüdinnen Cordula Lissner (2006): Den Fluchtweg zurückgehen. Remigration nach Nordrhein und Westfalen 1945 -1955. Essen.

[31] Siehe hierzu Anthony D. Kauders (2007): Unmögliche Heimat. Eine deutsch-jüdische Geschichte der Bundesrepublik. München.

[32] ***(M):*** Frankenthal (1999), Schneider (CD 2001), Klüger (1996). Über einen Besuch nach über 60 Jahren erzählt der Dokumentarfilm von Halaczinsky (DVD 2004).

Die ***deutsche Bevölkerung*** war nach dem Krieg in der großen Mehrheit taub gegenüber dem Leid der überlebenden Menschen der Konzentrationslager, der Zwangsarbeit, der Flucht und Vertreibung. Nicht nur Berichte und Gerüchte von gewalttätigen Ausschreitungen und Plünderungen beherrschten die Wahrnehmung, sondern diese wurden ob ihrer angeblich privilegierten Stellung in der Obhut der Alliierten auch mit Neid betrachtet. Viele Deutsche sahen sich selbst als Opfer und nicht als TäterInnen: Opfer der NationalsozialistInnen, Opfer des Bombenkrieges, Opfer der Flucht und Vertreibungen, die 1944/45 in den ehemals besetzten Ländern Mittel-Osteuropas einsetzen. Hannah Arendt, deutsch-jüdische Philosophin und 1933 vertrieben, reiste 1951 nach Deutschland und beobachtete: „Doch nirgends wird dieser Alptraum von Zerstörung und Schrecken weniger verspürt und nirgendwo wird darüber weniger gesprochen als in Deutschland. Überall fällt einem auf, daß es keine Reaktion auf das Geschehene gibt, aber es ist schwer zu sagen, ob es sich dabei um eine irgendwie absichtliche Weigerung zu trauern oder um den Ausdruck einer echten Gefühlsunfähigkeit handelt. (...) Dieser allgemeine Gefühlsmangel, auf jeden Fall aber die offensichtliche Herzlosigkeit, die manchmal mit billiger Rührseligkeit kaschiert wird, ist jedoch nur das auffälligste äußerliche Symptom einer tief verwurzelten, hartnäckigen und gelegentlich brutalen Weigerung, sich dem tatsächlich Geschehenen zu stellen und sich damit abzufinden."[33]

Die Alliierten führten 1945/46 in Nürnberg einen ***Prozess*** gegen die NS-Führung, in dem sie deren Mitglieder als ***Hauptkriegsverbrecher*** anklagten und sie zu Todes-, lebenslangen und langjährigen Haftstrafen verurteilten. Es folgten zwölf weitere Prozesse gegen Eliten aus Wirtschaft, Verwaltungen und NS-Organisationen, die das Regime gestützt hatten. Die politische Säuberung der deutschen Gesellschaft durch ***Entnazifizierungsverfahren*** dagegen scheiterte. Die Mehrheit der Deutschen lehnten die Verfahren ab und stellte sich stattdessen gegenseitig „Persilscheine" aus. In den 50er Jahren kam dann die Strafverfolgung von NS-TäterInnen praktisch gänzlich zum Erliegen. Diese fehlende politische und juristische Ahndung führte zu vielfachen (personellen) Kontinuitäten in Politik und Behörden, transportierte die NS-Ideologie in politische Entscheidungen und in den gesellschaftli-

---

[33] Hannah Arendt (1993): Besuch in Deutschland. Berlin, S. 24/25.

chen Umgang mit den Verfolgten und ihren Familien. So erlebten beispielsweise Sinti und Roma in Westdeutschland eine ***Fortsetzung der Diskriminierung***, indem unter anderem ihre polizeiliche Überwachung und Erfassung weitergeführt wurde und westdeutsche JuristInnen bis 1965 deutsche Sinti und Roma nicht als NS-Verfolgte nach dem Bundesentschädigungsgesetz (BEG) anerkannten und sie damit in weiten Teilen von der Entschädigung ausschlossen. Und erst 1982 anerkannte man hierzulande den Massenmord an den Sinti und Roma als Völkermord.[34]

Bis in die 80er Jahre hinein verhinderten fehlendes Unrechtsbewusstsein, Abwehr von Schuld und Verantwortung in der Bundesrepublik eine ***tiefer gehende und breite gesellschaftliche Auseinandersetzung*** mit der NS-Verfolgung,, die heute auf den ersten Blick so selbstverständlich erscheint. Der Eichmann Prozess in Jerusalem 1961, der Frankfurter Auschwitz-Prozess 1963-65[35], die US-amerikanische TV-Serie „Holocaust“ 1978 waren wichtige Ereignisse, die eine Auseinandersetzung langsam vorantrieben. Ebenso gelang es den Deutschen in der DDR, mit ihrer antifaschistischen Gründungserzählung eine gesellschaftliche Auseinandersetzung und juristische Aufarbeitung mit dem Nationalsozialismus zu umgehen. Die Verantwortlichkeiten wurden in die kapitalistische Bundesrepublik verschoben: Die DDR war der neue, bessere deutsche Staat der kommunistischen WiderstandskämpferInnen, die gegen den Nationalsozialismus gekämpft hatten.[36]

Auch die ***Entschädigung der NS-Verfolgten*** war in beiden deutschen Staaten nicht selbstverständlich. Sie musste erkämpft und erzwungen werden, und bis heute gibt es Gruppen Verfolgter, die keine Entschädigung erhalten haben. Immer bestimmten die Ideologien und die wirtschaftliche Situation die Definition der Entschädigungsgesetze, in denen man bewusst viele Menschen von Zahlungen ausschloss. Dazu kamen in der damaligen

---

[34] Siehe hierzu Katharina Stengel (2003): Tradierte Feindbilder. Die Entschädigung der Sinti und Roma in den fünfziger und sechziger Jahren. Frankfurt/M. ***(M):*** über das Leben in der DDR und Ostdeutschland erzählt der Dokumentarfilm von Richter, Franke (DVD 2007).

[35] Irmtrud Wojak (Hg.) (2001): „Gerichtstag halten über uns selbst...“ Geschichte und Wirkung des ersten Frankfurter Auschwitz-Prozesses. Frankfurt/M.

[36] Siehe Norbert Frei (1996): Vergangenheitspolitik. Die Anfänge der Bundesrepublik und die NS-Vergangenheit. München. Antonia Grunenberg (1993): Antifaschismus – ein deutscher Mythos. Reinbek bei Hamburg.

Bundesrepublik komplizierte Antragstellungen und kurze Antragsfristen. Der Ausschluss gleicher Opfergruppen zeigt, dass Urteile und Werte der NS-Ideologie (natürlich) in beiden deutschen Staaten weiterwirkten. Auch schlossen beide Staaten in vielen Fällen die Entschädigung der ausländischen Verfolgten aus. In der DDR hat es, anders als in der Bundesrepublik, keine Entschädigung der im Ausland lebenden Juden gegeben.[37] In den westdeutschen Entschädigungsverfahren, insbesondere in Bezug auf das Gesundheitsschadensrecht des Bundesentschädigungsgesetzes, mussten viele NS-Verfolgte erleben, dass ÄrztInnen und RichterInnen den Zusammenhang zwischen ihren Erkrankungen und der erlittenen Verfolgung hartnäckig und bar jeder Menschlichkeit leugneten und damit eine Entschädigung verhinderten.

Vorerst letzter Erfolg in diesem Kampf um Anerkennung war 1999 der Beginn der Entschädigungszahlung unter anderem an ehemalige ZwangsarbeiterInnen und Opfer der Arisierungen aus den Geldern der Stiftung „Erinnerung, Verantwortung, Zukunft", die aus Mitteln deutscher Unternehmen, des Bundes und der Länder finanziert wird und nur auf gesellschaftspolitischen Druck hin gegründet wurde.[38]

Die Überlebenden der Verfolgung haben nach 1945 in beiden deutschen Staaten immer wieder ***Zurückweisung, Diskriminierung und Missachtung erfahren***. Die Lebensgeschichten der NS-Verfolgten wurden mehrheitlich lange tabuisiert und beschwiegen. Heute dagegen kennen wir NS-Verfolgte: an Gedenktagen, bei Ausstellungseröffnungen und in Jugendprojekten berichten sie als ZeitzeugInnen von ihren Erfahrungen. Sie übernehmen im kollektiven Gedächtnis Deutschlands inzwischen eine zentrale Rolle in der Erinnerungskultur an die Verfolgung während des Nationalsozialismus. Das Gleiche gilt für die Präventionsarbeit gegen Rassismus, Antisemitismus und

---

[37] Zu Praxis und Geschichte der Entschädigung siehe Christian Pross (1988): Wiedergutmachung. Der Kleinkrieg gegen die Opfer. Frankfurt/M. Constantin Goschler (2005): Schuld und Schulden. Die Politik der Wiedergutmachung für NS-Verfolgte seit 1945. Göttingen. Günter Saathoff, Sonja Schlegel (1995): Beratungsleitfaden NS-Verfolgung. Hrg. von Bundesverband Information und Beratung für NS-Verfolgte e.V. Köln. ***(M)***: Engel (DVD 2007).

[38] Michael Jansen, Günter Saathoff (Hg.) (2007): „Gemeinsame Verantwortung und moralische Pflicht". Abschlussbericht zu den Auszahlungsprogrammen der Stiftung „Erinnerung, Verantwortung und Zukunft". Göttingen.

Neonazismus. Dennoch warten Männer und Frauen verschiedener Verfolgtengruppen – und ihre Kinder – wie die Sinti und Roma, die Homosexuellen, „Asoziale“, die Euthanasiegeschädigten und Zwangssterilisierten, die Zeugen Jehovas und die Opfer der nationalsozialistischen Militärjustiz noch heute auf ihre gesellschaftliche und/oder rechtliche Anerkennung.

Die Erzählungen und ihre Didaktisierungen

Christina Hilgendorff

Anmerkung zu den Erzählungen

Die folgenden Texte sind aus Interviews entstanden, die ich 2006 und 2007 geführt habe. Begleitet von Vorbereitungsgesprächen, dauerten diese Interviews zwischen zwei und zwölf Stunden. Manchmal fanden mehrere Treffen statt. Immer gab es im Anschluss an das Interview weitere Gespräche ohne Mikrofon, am Telefon oder auch zuhause. Aus all diesem Material setzen sich die entstandenen Erzählungen zusammen. Auf Wunsch und in Absprache mit den Erzählenden sind die Texte anonymisiert worden. Zwei der InterviewpartnerInnen stimmten einer Veröffentlichung nicht zu. Ängste, aber auch die wiederkehrende Intensität und Nähe der Erinnerung durch die Veröffentlichung waren groß und belasteten beide zu sehr.

Wenn wir Menschen über unser Leben erzählen, dann konstruieren wir aus all unseren Erfahrungen in diesem Moment eine Geschichte über uns. Unsere Erinnerung ist in Bewegung und erfährt immer wieder Änderungen in ihren inhaltlichen und zeitlichen Bezügen, in Sinn und Kontinuität von Erfahrungen. Deshalb sagen Erinnerungen nicht nur etwas darüber aus, wie Dinge gewesen sind, sondern vielmehr etwas darüber, wie Lebenserfahrungen und Themen heute wahrgenommen werden. Gerade das macht die Erzählungen der Verfolgten für die Pflegenden so wertvoll. Wenn man zuhört, kann man Wesentliches erfahren über den gewählten Umgang mit der schmerzhaften Vergangenheit und über die Bedürfnisse und Unterstützung, die Verfolgte sich vor diesem Hintergrund wünschen und brauchen. Die alten Frauen und Männer haben mich in den Gesprächen sehr berührt und beeindruckt. Ihre Geschichten sind geschrieben mit der Idee, dass durch die Auseinandersetzung mit ihnen ein respektvoller Umgang, der die Grenzen des alten Menschen wahrt, gestärkt wird.

Transkribierte (übertragene) Interviews sind nicht leicht zu lesen, und so habe ich zur besseren Lesbarkeit in den Zitaten Sätze umgestellt, Wiederholungen gestrichen und Gedankengänge zusammengeführt, die im Gespräch auseinanderflossen. Dabei habe ich versucht, den Charakter des jeweiligen Interviews zu wahren.

Christina Hilgendorff

„Wie ich heute alt bin, hat etwas mit meiner Vergangenheit zu tun" – Begegnung mit Fanny T.

(...) Die Verfolgung geht praktisch mit. Ich möchte fast sagen, die hört nicht wirklich auf. Weil man träumt, man erinnert sich, und bei jeder kleinen Gelegenheit bringt man das damit in Verbindung. Weil ich auch die abenteuerlichsten Sachen erlebt hab, schon als Kind. Das fing schon in der Schule an, als sich das da bei den Lehrern dann rund gesprochen hatte, dass mein Vater Jude war. Im Unterricht, der mir gut gefallen hat, wo ich eifrig mitgemacht hab, ich konnte mich melden, so viel wie ich wollte, die ham mich gar nicht dran genommen. Die ham sogar gesagt: „Mach den Finger runter, du nicht." Das ham Lehrer gemacht. (...).[39]

Das entsetzte Staunen über die Kälte und Grausamkeit der Menschen ist Fanny T. bis heute geblieben. Als die NationalsozialistInnen 1933 an die Macht kommen, gilt sie wegen ihres jüdischen Vaters sofort als Jüdin. Die Familie lebt in M., Fanny T. ist sieben Jahre alt und geht in die 1. Klasse der Volksschule. Während der nächsten sieben Jahre ist sie immer wieder mit Diskriminierung und Erniedrigung durch ihre Mitmenschen konfrontiert.[40] An den damit verbundenen Ängsten und Verletzungen trägt sie bis heute. 1939 verweigert ihr der Pfarrer die Konfirmation. Der bewusste und kalte Ausschluss anstelle von kirchlichem Recht und christlicher Solidarisierung treffen Mutter und Tochter unerwartet und hart:

(...) Als die anderen alle konfirmiert wurden, da wollte meine Mutter mich auch anmelden. Und da hat der Pastor, der mich getauft hat, gesagt: „Kinder von Juden konfirmiere ich nicht." Und hat dann gesagt, meine Mutter könnt es ja mal in 'ner anderen Kirche versuchen, vielleicht würden die... Er würd' es nich' machen. Und da hat meine Mutter gesagt: „Nee, Schluss, ich mach gar nichts mehr." Und meine Mutter is' aber da nicht aus der Kirche ausgetreten, das wäre in der Zeit auch dumm gewesen. Und ich

---

[39] Interview mit Fanny T. am 7.12.2006.

[40] Zur Judenverfolgung bis Kriegsbeginn siehe Saul Friedländer (1998).

hab' dann 'n richtigen Knacks gekriegt, als die anderen alle dann auch noch konfirmiert wurden, und ich das dann auch nicht. (...)

Bis 1940 darf sie noch am Unterricht teilnehmen, dann aber muss sie die Schule verlassen:

(...) Da wurde ich entlassen. Und dazu möchte ich gleich sagen, dass man mich in der NS-Zeit nicht in eine höhere Schule rein gelassen hat. Das hing damit zusammen, dass es zu der Zeit eine bestimmte Quote an den höheren Schulen gab, für die Zahl der Schüler, die einen jüdischen Vater oder jüdische Mutter hatten. Und wenn die erfüllt war, dann ham die keine mehr genommen. Damals sind auch schon so Schiebereien im Gange gewesen, dass man den reichen Leuten den Vortritt gegeben hat. Die Schuldirektoren ließen sich schmieren, wie das so ist. (...) Jedenfalls, mein Schulabschluss war ziemlich mager. (...)

Während die anderen Kinder weiterlernen und sich die Grundlagen für den späteren Beruf erwerben, leistet sie für das Deutsche Reich einen unbezahlten Arbeitseinsatz, erst als Magd auf dem Land, später als Hausmädchen bei einer Arztfamilie in der Stadt.

(...) Ich bin ich aufs Land geschickt worden zu irgendeinem Bauern und musste morgens früh um vier Uhr in'n Kuhstall, Kühe melken. Aber da bin ich ganz schnell wieder weggelaufen. Weil da war ein junger Knecht, der hat mir immer nachgestellt. In der ersten Nacht hat er versucht, in mein Zimmer einzudringen, war 'ne winzig kleine Kammer. Da hab' ich mich bei der Bäuerin beschwert und die ham dann, wie sie damals gesagt hat, von Arbeitsamt eine bekommen, die weniger hübsch war. Und ich bin in die Stadt zurück und hab' gesagt, ich wollte, wenn's ging, nicht mehr auf'm Land arbeiten. Dann bin ich bei einer alten Arztfamilie gelandet, aber auch nur ganz kurze Zeit. (...)

Ihr Traum, selbst Ärztin zu werden, ist zerstört, auch Krankenschwester darf sie als so genannte Halbjüdin nach den Nürnberger Rassegesetzen von 1935 nicht werden. 1938 erlebt sie den organisierten Pogrom gegen die deutschen Juden, verharmlosend heute noch oft Kristallnacht genannt. Die zwölfjährige Fanny T. steht am Fenster, als ihr Vater auf der Straße – nachdem SA-Männer in die elterliche Wohnung eingedrungen sind und die Familie terrorisiert haben – misshandelt, dann auf einen Lastwagen gestoßen und weggebracht wird. Die Nachbarn rufen: „Hängt den gleich auf!" Die

Mutter schickt die Kinder morgens zur Polizei, um nach dem Vater zu fragen, weil sie befürchtet, selbst verhaftet zu werden und ihre Kinder dann allein zurücklassen zu müssen. Die Beamten sind bösartig und gefühllos und setzen die Kinder bewusst Ungewissheit und Ohnmacht aus:

(...) Wir sind ganz früh morgens um acht oder wann, sind wir dahin. Da ham die so eine Beamtin hergeschickt, die hat gesagt, wir sollten mal mitkommen. Und dann ham sie uns in so einem Kellerraum eingesperrt und die Türe zugemacht. Und dann ham wir gerufen, irgendwie, und kam keiner zurück, da war nur so ein kleines Gitterfensterchen. Und dann ham sie uns erst abends raus gelassen. Ich weiß nicht, wie viel Uhr es war, als es dunkel war jedenfalls, im November ist es ja auch schon früher dunkel. Wir ham nichts zu trinken gekriegt und gar nix. Die ham auch nicht geguckt, ob wir mal mussten, aufs Klo. Und dann ham se uns die Türe aufgemacht und ham gesagt: „Haut ab!" Und wir wussten gar nicht, wo wir waren. Da im Keller, es war so eine Treppe, die ging nach draußen, und die ging in den Schlossgarten, da sind wir nach Hause gelaufen. Meine Mutter hat gemeint, die sieht uns nicht mehr wieder. (...)

Drei Monate weiß die Familie nicht, wo der Vater ist und was ihm zugestoßen ist. Dann kommt er aus der Haft im Konzentrationslager Sachsenhausen mit der Auflage zurück, Deutschland zu verlassen. Es ist ihm verboten, über die Zeit im KZ zu sprechen. Sein Arbeitsgeber kündigt ihm, und die Familie steht allein, vor dem Nichts. In dieser Situation entscheiden sich die Eltern, ihre beiden Kinder mit einem Kindertransport nach England zu schicken und parallel eine Ausreisemöglichkeit für sich selbst zu suchen. Aber der Versuch, wenigstens Fanny und ihren Bruder in Sicherheit zu bringen, scheitert, da am 1. September 1939 der Krieg beginnt und die Grenzen geschlossen werden.

(...) Wir hatten immer vor auszuwandern. Und wir mussten ja auch auswandern. Als diese Pogromnacht vorbei war, da wollten sie ja plötzlich alle weg, auch die, die keine Lust hatten und lieber geblieben wär'n. Und dann kriegte man Wartenummern auf den Konsulaten. Wir hatten eine Wartenummer bekommen für, wann war das: 1941, ja. Und zwischendurch wollten meine Eltern meinen Bruder und mich auch nach England schicken, mit den Quäkern. Und da wurde unser ganzes Reisegepäck verladen, verschifft, und das Schiff sollte am 4. September '39 auslaufen. Aber dann kam der

Krieg dazwischen. Am 1. September war Schluss, da kamen wir auch nicht mehr raus, na ja. (…)

Schließlich gelingt es dem arbeitslosen Vater, in der Nähe von H. eine Anstellung in einer jüdischen Krankenanstalt zu bekommen. Ein Jahr noch lebt die Mutter mit den beiden Kindern allein in M., dann endlich können sie zum Vater ziehen. Inzwischen ist das Leben in der Heimatstadt lebensgefährlich geworden. Von solidarischem Handeln mit den Verfolgten spricht Fanny T. nicht mehr, im Vordergrund ihrer Erinnerung steht die Gleichgültigkeit der Menschen ihrer Heimatstadt:

(...) Und dann ging mein Vater nach H., aber nur er alleine, weil für uns noch keine Wohnung da war. Und wir ham dann noch ein Jahr in M. gewohnt und dann sind alle aus M. ausgewandert. Konnte man sich auch nicht mehr halten, wir waren damals, ehrlich gesagt, auch froh, dass wir aus der Stadt raus waren. Als Bombardierungen waren, wir durften in keinen Luftschutzkeller. (...)

In H. arbeitet Fanny T. als Hilfspflegerin in der jüdischen Nervenheilanstalt, in der auch ihr Vater untergekommen ist. Hier pferchen die Nazis unter schlimmsten Lebensbedingungen immer mehr kranke Jüdinnen und Juden zusammen, bis die Menschen 1942 alle deportiert und ermordet werden. Dem Mut und der Solidarität des dortigen Verwalters ist zu verdanken, dass Vater und Tochter nicht mit auf den Transport in die Vernichtung gehen.[41]

(...) 1942 hat man diese ganze Anstalt leer gemacht. Hat alle jüdischen Patienten in Viehwaggons gen Osten transportiert und das Personal als Begleitung mitgeschickt. Zurück blieben nur der jüdische Chefarzt, mein Vater als Oberpfleger und ich. Das hat dieser christliche Verwalter fertiggebracht. Der hat so etwas gemacht wie der Schindler, er hat gesagt, er wollte nur diese drei Leute, die sich auskannten, fremde Leute wollt' er da nicht haben. Wir mussten da putzen, mein Vater war Tagwächter, und der Chefarzt war Nachtwächter. (...) Wir ham diesem Herrn G. unser Leben zu verdanken, sonst niemandem. (...)

Fannys Bruder leistet zu dieser Zeit schon Zwangsarbeit in einem Rüstungsbetrieb. Fanny T. ist erst 16 Jahre alt, als sie all diese seelischen Belastungen ertragen muss. Von den eigenen Ängsten spricht sie nicht: Die

[41] Zu Verfolgung und Vernichtung nach Kriegsbeginn siehe Saul Friedländer (2006).

Mutter habe viel geweint in der Zeit, aber sie selbst habe immer geglaubt, dass sie überleben werde. 1943 wird dann auch Fanny T. zur Arbeit gezwungen. Als 17-Jährige arbeitet sie mindesten 12 Stunden täglich zusammen mit Kriegsgefangenen und ZwangsarbeiterInnen aus Osteuropa in einem Schamottwerk. Die Arbeit ist sehr schwer, und sie ist die einzige Deutsche. Aber sie muss nicht im Barackenlager schlafen, sondern darf abends nach Hause zurückkehren. Zwei Jahre lang leistet sie diese Zwangsarbeit, bis Deutschland im Mai 1945 kapituliert.

Die Familie hat bei Kriegsende die Shoah überlebt, aber die Folgen der ständigen Todesangst und der körperlichen und seelischen Entbehrungen und Erniedrigungen zerstören sie. Die Mutter stirbt 1946. Zu lange hat sie die gefährliche Behandlung einer Erkrankung hinausgeschoben, um als „arische" Ehefrau ihren jüdischen Mann und die Kinder vor der Deportation schützen zu können. Fanny T. pflegt sie und begegnet bei dem Versuch, der leidenden Mutter zu helfen, wieder Antisemitismus und Gleichgültigkeit:

(...) Und als meine Mutter sehr, sehr krank war, da hab' ich erfahren, der evangelische Pastor, der hätte für seine Gemeinde so kleine Gläser Honig. Das war ja noch die schlechte Zeit, wo es nichts gab, '46. Und bin ich zu dem gegangen und hab' gefragt, ob ich für meine Mutter mal eins ham könnte, weil die todkrank war. Das sollte nur für ganz kranke Leute sein. Aber er hat mich weggeschickt und gesagt: „Ihr Vater gehört doch zur Jüdischen Gemeinde, da soll er doch dahin gehen, die kriegen ja jetzt alles aus dem Ausland." (...)

Der Bruder wandert schließlich 1949 aus, es ist ihm unerträglich, weiter in Deutschland zu leben. Eigentlich möchte auch Fanny T. das Land verlassen, aber diese Pläne scheitern, und sie bleibt beim Vater, der ihre Unterstützung braucht. Sie führt den Haushalt, bis er 1954 mit 58 Jahren schwer erkrankt und stirbt.

Mitte der 50er Jahre heiratet Fanny T. und gründet eine eigene Familie. Wie viele Frauen damals kümmert sie sich um den Haushalt und zieht ihre zwei Kinder groß. Als ihr Mann 1975 bei einem Autounfall ums Leben kommt, ist sie nicht nur allein, sondern hat auch kein ausreichendes Einkommen, um sich und die inzwischen studierenden Kinder zu versorgen. In dieser Zeit erlebt sie erstmals längere Zeiten tiefer Traurigkeit. Aber sie kämpft und entscheidet sich schließlich, eine Ausbildung als Altenpflegerin zu absolvieren. Damit beginnt sie mutig noch einmal ein völlig anderes Leben.

(...) Und dann hab' ich mich eben als Alterpflegerin ausbilden lassen. Weil ich aus dieser Anstaltszeit wusste, dass ich mit Kranken, auch mit psychisch Kranken, gut umgehen konnte. Und das war schon 'n Beruf, der in meinem Interesse lag. (...)

Als sie mit 63 Jahren in Rente geht, ist diese so niedrig, dass sie davon nicht leben kann. Der gesellschaftliche Ausschluss von Bildung und Beruf während der NS-Zeit haben verhindert, dass sie einen Beruf ergreifen konnte, der ihr eine sichere Existenz im Alter ermöglicht hätte. Und ihre späteren Beiträge in die Rentenkasse sind aufgrund der Pflege der Eltern und der Versorgung der Familie viel zu gering. Die Berechnung der Rente erlebt sie so als ungerecht und diskriminierend, denn die geleistete Zwangsarbeit wird nicht anerkannt:

(...) Dann wollte ich meine Rente beantragen, das bisschen, was mir zustand. Und da stellte sich raus, dass die BFA, diese „Arbeit unter Zwang", das heißt heute nicht mehr Zwangsarbeit, nicht als Ausfallzeit anerkennt. Weil ich abends zuhause geschlafen hab. Zwangsarbeit, das sind die, die vom Lager oder vom Ghetto aus so im Trupp eingesetzt wurden und abends in irgendwelchen Baracken geschlafen haben. (...)

Fanny T. setzt sich zur Wehr und sucht nach Unterstützung. Der Bundesverband Information und Beratung für NS-Verfolgte e.V. erkämpft schließlich erfolgreich die ihr zustehenden Renten- und Entschädigungszahlungen der Bundesrepublik.

Heute ist Fanny T. 81 Jahre alt. Sie hat inzwischen etwa 400 Euro Rente im Monat; ein Teil davon kommt aus einem Entschädigungsfonds für NS-Verfolgte. Aufgrund ihrer eigenen Erfahrung engagiert sie sich in einer Nichtregierungsorganisation für die Interessen ehemals Verfolgter. Sie lebt und versorgt sich noch allein. Das Treppensteigen fällt ihr immer schwerer, sie benötigt einen Stock zum Laufen. Deshalb hat sie inzwischen einen Notfallruf, der ihr im Haus das Gefühl von Sicherheit gibt. Ein Schwerbehindertenausweis ermöglicht ihr eine gewisse mobile Unabhängigkeit. Die Beziehung zu ihren Kindern ist gut, aber beide leben weiter weg und haben eigene Familien. Der Kontakt zu den Nachbarn ist freundlich, aber locker, neue Freundschaften entstehen hier nicht mehr. Sie klagt über Einsamkeit und Traurigkeit. Die Beziehung zu anderen Menschen ist geprägt durch die Erfahrung der Verfolgung, der Diskriminierung, von Verrat und Gleichgültigkeit. Jeder Kontakt ist deshalb überlegt und sehr vorsichtig, um keine weiteren Verletzung erleben zu müssen; ihre Haut ist heute dünner, und die seelischen Kräfte lassen nach:

(...) Die Leute sind freundlich, die kann ich alle ansprechen. Aber ich selber ziehe mich auch 'n bisschen zurück. Das hängt alles mit diesen Urängsten da zusammen, weil ich die Leute alle nicht von früher her kenne. Die alten sind gestorben, die damals – ich wohne 50 Jahre hier –, die damals da wohnten, als wir dahin zogen. Und die mich kannten und auch von meiner Vergangenheit 'n bisschen was wussten. (...) Ich hab' immer Angst, wenn ich mit irgendeiner Familie 'n bisschen intimer werde, dass ich da auf Widerstand stoße, dass die vielleicht irgendwas sagen. Ich bin da auch furchtbar empfindlich. (...) Da geht es mir so wie immer, bei allen Leuten, die ich kennen lerne: Wer mag das sein? Was sind die gewesen? Was haben die gemacht? Was haben die gedacht? Was haben die getan? (...)

Ihr ganzes Leben ist geprägt von dieser Angst, dem Misstrauen gegen Menschen. Früher hat sie die Menschen geprüft, mutig, aber versteckt provozierende Frage gestellt und ist dann nicht selten auf Antisemitismus gestoßen:

(...) Da fühle ich mich erleichtert, dass mir das glückt, solche Widerlinge zu entlarven, und wie die da drauf reinfallen. Das passiert mir oft, dass Leute da absolut darauf reinfallen, wenn ich so frage. Ich hab' schon die tollsten Sachen da erlebt. (...)

Was sie im Folgenden berichtet, zeigt, wie schnell Begegnungen in Angst und Fremdheit münden können. Mit einem Freund ist sie zu Besuch bei Bekannten:

(...) Sagt der: „Hier hat es doch nur so gewimmelt von Juden, da ham se vergessen, welche zu vergasen." Das war so am Mittagstisch, die hatten uns zum Essen eingeladen. Da ist mir was passiert, was ich noch nie erlebt hab. Ich hab' gedacht, ich kriege keine Luft mehr und ich kipp' um. Weil, ich fühlte mich in die Ecke getrieben. Ich wusste nicht, was ich jetzt machen sollte, soll ich jetzt was sagen, oder soll ich gar nichts sagen? Und dann hab' ich nichts gesagt, weil ich gedacht hab, das gibt eine Katastrophe, wenn ich was sage. Und ich hab' zu meinem Bekannten gesagt: „Ich muss

mal rausgehen, komm mal mit." Ich hab' gesagt: „Ich will sofort hier raus, ich will sofort hier weg, wie konntest du mich hier reinbringen." Ja, das hätte er auch nicht gewusst, sonst hätte er das nicht gemacht. So 'ne Sachen hab' ich schon erlebt, wo ich mich absolut gefangen fühlte. Gut, ich hatte nicht Angst, dass diese Leute mir was tun würden, aber ich hab' gedacht, das ufert dann aus. Und dann kriege ich mich nachher überhaupt nicht mehr ein. Das hat auch lange gedauert, bis ich das verkraftet hab. (...)

Eine andere belastende Erfahrung machte Fanny T. mit einem Nachbarn:

(...) Ich hab' zum Beispiel einen Nachbarn, der is' im Grunde genommen immer ganz freundlich gewesen. Und dann fing er an, sich so zurückzuziehen, so steif zu werden. Er grüßte merkwürdig, nicht mehr so freundlich wie früher. Dann hat er eines Tages meinen Freund beschimpft, weil der sonntags morgens im Garten 'n bisschen was gearbeitet hat. Da hat er gesagt, es wär' Sonntagsruhe, er fühlte sich gestört und wir möchten bitte damit aufhören. Dann hat mein Freund zu ihm gesagt: „Das heißt ja eigentlich Sabbatruhe, und Sabbatruhe halten wir ein, die Frau T. ist Jüdin." Ich bin gar keine Jüdin, ich bin gar nix. Aber seit der Zeit redet der kein Wort mehr mit mir. Und ich meine, der hat jetzt was gegen mich, weil er das weiß. Zumal stammt der aus einem Ort, wo ganz viele Neonazis wohnen. Das steht auch oft in der Zeitung, dass die da die jüdischen Friedhöfe schänden und dass die SS auf dem Friedhof Zusammenkünfte hat, an Gräbern von ehemaligen SS-Leuten. (...) Und wenn ich nur so bisschen was weiß, dann denke ich, gar kein Kontakt ist doch besser. Ich denke sofort, mir will einer was. Dagegen kann man sich auch nicht wehren. Da bleibt ein gewisses Grundgefühl, was man auch nicht mehr los wird. (...)

Neben diesen Erfahrungen gibt es aber auch andere, stärkende Begegnungen. Fanny T., spricht seit einigen Jahren manchmal in sehr vertrauter Atmosphäre über ihr Leben oder aber als Zeitzeugin bei ausgewählten Anlässen über die Geschehnisse in der jüdischen Krankenanstalt. Es tut ihr gut, wenn sie dabei andere zum Nachdenken anregen kann:

(...) Ja, das Zuhören ist für mich 'ne Bestätigung, dass die Generationen sich damit auseinandersetzen. Das ist jetzt in diesem Fall zwar Familie, aber dass es auch dort ankommt, und meine Tochter gibt es ja weiter. (...)

Aber das Sprechen als Zeitzeugin ist schwer, und es hat lange gedauert, bis sie sich dazu überwinden konnte:

(...) Ich hab' anfangs immer gedacht, wenn ich jetzt irgendwas erzähle, dann sagen die Leute: „Ach, so kann das ja gar nicht gewesen sein und die verdrehen das jetzt und die wollen sich nur wichtig tun!" Bis ich mich dann endlich mal überwunden hab. (...) Weil ich auch eingesehen hab, dass es Dummheit ist, alles in mir drin zu lassen. Das ist viel zu wichtig für die Geschichte, um es einfach alles zu vergessen. (...) Ich konnte dann manchmal irgendwas nicht erzählen, weil ich das dann wieder vor mir gesehen hab. Und da musste ich weinen, da konnte ich nicht mehr. Das passiert immer noch mal. Wenn man weiß, was auf einen zukommt, kann man sich auch trainieren, aber immer gelingt es nicht. (...)

Ihre religiöse Identität ist durch die Erfahrungen während und nach der Verfolgung zerstört und kann ihr daher keine Stütze im Alltag sein. Eher sitzt sie bis heute zwischen allen Stühlen:

(...) Ich bin später aus der Kirche ausgetreten. Und zur Jüdischen Gemeinde, da gehörte mein Vater dazu, da gehörte ich ja auch nicht zu. (...) Ich war den Christen zu jüdisch und den Juden zu christlich, immer, und das ist heute noch so. (...)

Eine erste Pflegebedürftigkeit aufgrund einer vorübergehenden Erkrankung konnte sie mit einem Pflegedienst auffangen. Aber seit dieser Erfahrung rückt die gefürchtete Hilfsbedürftigkeit näher, und sie hat Angst, ihre Selbständigkeit und Sicherheit vor anderen Menschen zu verlieren:

(...) Alles, bloß nicht in ein Altenheim! Ich meine, das kann bei mir ja ganz schnell mal passieren, dass ich mir nicht mehr alleine helfen kann. Dann hab' ich schon vor vielen Jahren gedacht: Wenn ich jetzt ins Heim komme und da sitzt so einer, der so SS-Sprüche klopft am Mittagstisch, und ich will da weg, an wen wende ich mich, an die Heimleitung? Und wenn die sagen: „Wir können nichts machen?" (...) Wenn Leute ins Heim gehen und können noch richtig denken, dann sollte irgendwo ein Mensch in dem Heim sein – ob die Heimleiterin oder noch sonst jemand –, dem man sagen kann, wo man herkommt und was man für 'ne Vergangenheit hat. (...)

Fanny T.s Angst vor Gleichgültigkeit und Entwürdigung bei Pflegebedürftigkeit erklärt sich auch aus ihrer eigenen Arbeitserfahrung in den 80er Jahren:

(...) Ich hab' einmal einen Fall erlebt, als Pflegerin. Da war eine Frau, die ziemlich unverträglich war. Die lag alleine im Zimmer, ein Pflegefall,

und die wollte mit keinem was zu tun ham. Die ließ sich von keinem ein Zäpfchen machen, wenn sie eins brauchte. Und da sind eines Tags mal zwei Schwestern rein gekommen, die wollten das Bett frisch beziehen. Das ham die bei der nicht jeden Tag gemacht, weil die nicht voll bettlägerig war. Die hatten schon zwei Tage vorher gesagt, das riecht da so komisch im Zimmer und keiner kam recht dahinter. Ich hab' das auch gerochen. Und dann sind sie am nächsten Tag noch mal da rein mit frischem Bettzeug. Und dann ham sie die Matratze hoch gemacht. Da war dort jede Menge verschimmeltes Brot und Wurstscheiben und so weiter, unter der Matratze versteckt.

Und dann ham die die Frau regelrecht zur Sau gemacht. Sie wär ein Schwein, und wie könnte man nur! Und ich hab' dann damals schon gesagt: „Ach Gott, vielleicht hat die Frau schon Hunger gehabt in ihrem Leben und denkt, was ich jetzt nicht ess', das ess' ich morgen." Denn so ein ganz bisschen war die auch verwirrt. Das wär' egal, das wär' trotzdem ein Schwein und die müsste in ein anderes Zimmer rein. Und ich hab' dann draußen mit der Stationsschwester gesprochen und hab' gesagt, man sollte doch mal in den Unterlagen gucken, wo die herkommt, die Frau. Überhaupt, warum macht die das? Und die ham dann rausgefunden, dass die in Ravensbrück[42] *war. Ham sich aber die Mühe gemacht, es überhaupt rauszufinden. (...)*

Wenn man Fanny T. heute auf der Straße trifft, sieht man eine hübsche und sehr gepflegte alte Dame. Nichts erinnert an ihr Leid, nur ihr Alter verweist auf ihre Verbindung mit der Nazizeit. In ihrer Tasche trägt sie den Davidstern, den die deutschen Behörden ihren jüdischen BürgerInnen 1941 zur äußerlichen Kennzeichnung aufzwangen, und dieser gelbe Stern symbolisiert vielleicht am deutlichsten, dass die erfahrenen Traumata sie in ihrem langen Leben immer begleitet haben. Wenn Fanny T. an ihr Altsein denkt, liegt das in weiter Ferne. Sie mag nicht tiefer darüber nachdenken und sprechen, ihre Vorstellung davon klingt erst einmal ironisch, aber es zeigt sich doch eine ganz große Sehnsucht nach Anerkennung und Würde:

[42] Ravensbrück war das einzige Frauenkonzentrationslager des NS-Lagersystems und wurde 1938/39 im Norden Berlins errichtet. Man geht heute davon aus, dass dort etwa 132.000 weibliche Häftlinge bis 1945 inhaftiert waren. 91.000 Frauen kamen um. Bernhard Strebel (2003): Das KZ Ravensbrück. Geschichte eines Lagerkomplexes. Paderborn.

(...) Solange ich noch laufen kann und meine Arbeit alleine machen, muss ich das machen, was besser für meinen Körper is', sonst schläft überall alles ein. Wenn ich das mal nicht mehr kann, bin ich alt. Dann schaffe ich mir eine Katze an, und dann kann ich der auch was erzählen, die hört bestimmt zu. Und dann fange ich an zu schreiben. Dann hab' ich ja Zeit. Ich kann ja nicht nur in der Ecke sitzen und gar nichts machen. So stelle ich mir das vor, wenn ich mal gar nicht mehr kann und muss da in der Ecke rum sitzen. Dann fange ich an zu schreiben. (...)

Andrea Zielke-Nadkarni, Märle Poser

Didaktisierung
Fanny T., deren Gegenwart etwas mit ihrer Vergangenheit zu tun hat

Arbeitsauftrag 1: Assoziationskette

Nach der Lektüre der Biografie von Fanny T.: Auf einem Plakat steht ein Impulsbegriff mit einem Fragezeichen, der im Zusammenhang mit dem Text steht und eine emotionale Dimension hat. Beispiel: „Erniedrigung?“ Ein weiterer Begriff, der den ersten charakterisiert, wird hinzugefügt. Beispiel: „tagtäglich“. Die SchülerInnen setzen die Reihe fort. Das Verfahren trägt zur emotionalen Entlastung bei. Alternativ dazu können „Umlaufblätter“ eingesetzt werden. Die SchülerInnen haben die Aufgabe, jeweils einen neuen Begriff hinzuzufügen.

Erniedrigung?	tagtäglich

Arbeitsauftrag 2 (Einzelarbeit)

Notieren Sie, welche Ungerechtigkeiten und Gemeinheiten Fanny und ihrer Familie während ihrer Kindheit bis zum Verlassen ihrer Heimatstadt widerfahren.

Zeitpunkt im Lebenslauf	Art der Ungerechtigkeit und Gemeinheit

Arbeitsauftrag 3 (als Hausaufgabe im Vorfeld vergeben, damit Antworten vorliegen)
Fragen Sie Ihre Großeltern nach deren Erfahrungen während der Hitlerzeit: Kennen sie ähnliche Szenen, wie Fanny sie schildert? Kennen Ihre Großeltern auch Menschen, die NS-Verfolgten in irgendeiner Weise geholfen haben?

Arbeitsauftrag 4 (Partnerarbeit/Plenum)
Suchen Sie mit Ihrem Nachbarn/Ihrer Nachbarin die Textstellen heraus, an denen Fanny T. ihre heutigen Ängste vor Kontakten und vor dem Umgang mit alten Menschen in Pflegeheimen beschreibt.

Diskutieren Sie ihre Gründe. Können Sie Fannys Argumente nachvollziehen?

Notieren Sie Ihre Diskussionsergebnisse und tauschen Sie sich im Plenum aus.

Arbeitsauftrag 5
Diskutieren Sie in einer Kleingruppe:

1. Welche Strategien hat Fanny T. entwickelt, um sich zu schützen?
2. Sind diese Strategien für sie als alternde, zunehmend hilfsbedürftige Frau hilfreich oder hinderlich?
3. Wie könnte die psychosoziale Betreuung von Fanny T. in einem Altenpflegeheim gestaltet werden? Knüpfen Sie dabei an Probleme und Ressourcen von Fanny T. an.

Christina Hilgendorff

„Ich habe immer tüchtig gearbeitet, aber ich bin schon aussortiert hier" – Die Erzählung des Ryszard K.

Als die deutsche Wehrmacht am 1. September 1939 Polen überfällt und damit den Zweiten Weltkrieg beginnt, wird das Land schnell überrollt. Die polnische Armee kann der Übermacht der Deutschen nicht lange standhalten. Eine Massenflucht der Bevölkerung setzt ein, während die deutschen Besatzer sofort mit der Kontrolle und Repression gegen die Menschen beginnen. Die politischen und intellektuellen Eliten Polens werden verhaftet, die Wirtschaft wird übernommen, die jüdische Bevölkerung ghettoisiert und zur Arbeit gezwungen. Das Land wird in seinen Grenzen zwischen Deutschland und der Sowjetunion aufgeteilt. In einem Rumpfgebiet entsteht das so genannte Generalgouvernement. Gleichzeitig beginnen die Deutschen mit der Anwerbung und Deportation polnischer ZivilistInnen in das Deutsche Reich, wo sie Zwangsarbeit leisten müssen.[43] Ryszard K. ist einer von ihnen. Er ist 13 Jahre alt, als er auf der Straße aufgegriffen wird.

Erinnerungen an den Beginn des Krieges

(...) Da ist der Krieg ausgebrochen, und die Schule ist angefangen am 3. September, so ist die Regel in Polen. Und am 1. September waren die Deutschen schon da, und da war es aus mit der Schule. Sie haben gleich Juden gepackt zur Arbeit, uns haben sie auch gepackt. Paar Wörter hab' ich nur gekannt, man wusste nicht, was das bedeutete. Aber Juden mussten feste arbeiten, wir mussten helfen, Schuljungs. (...) Mit der Schule war das nicht mehr so wie vorher, Polnisch war verboten zu lernen und Geschichte, glaube ich. Da gab es keine Schulbücher, ich hab' die Schule nicht beendet, hab' nur fünf Jahre Schule. (...)[44]

---

[43] Zur Zwangsarbeit siehe Spoerer (2001).

[44] Interview mit Ryszard K. am 9. Februar 2007.

Der Beginn der Zwangsarbeit: Verschleppung, Transport und Selektion für die Arbeit in der Landwirtschaft

(...) Das muss gewesen sein im Juli, ganz genau weiß man es nicht. Kamen wir da irgendwo an, und da waren Soldaten, Polizei. Da hat man Angst gehabt, zu gucken. Pferdewagen: „Einsteigen!“ Haben sie uns gefahren in unsere Kreisstadt, da waren wir paar Tage. Gucke ich mich um, sehe ich meine Cousine Maria, sie war älter als ich, na ja, da haben wir ein bisschen gesprochen. Aber konnte man nicht zusammen bleiben, man war unter Kontrolle.

In W. haben sie uns längere Zeit gehalten, paar Monate. Und da mussten wir auch arbeiten, da haben sie uns gejagt, da irgendwo helfen, Holz sägen, für Wehrmacht usw. Und auf einmal: „Alle antreten!“ Abends. Daran kann ich mich noch gut erinnern, das muss im August, September gewesen sein. Man wusste keine Uhrzeit, kein Datum. Das war eine große Kolonne. Zum Bahnhof haben sie uns begleitet, das waren bestimmt dreihundert Mann, mussten wir einsteigen, kein Luxuszug, alles verriegelt.

Ich hab' da nicht viel verstanden, ich war ein kleiner Bengel, hab' nicht viel Ahnung gehabt. Ich weiß nur, wir haben gesessen, ich bin eingeschlafen, und da sagte jemand: „Du kannst aber gut schlafen.“ Na ja, da waren wir schon weit, da fuhr der Zug. Ich wusste nicht, wo es hingegangen ist. Durst haben wir gehabt. Und dann stand irgendwo Wien, aber ich hab' nicht verstanden, was das ist. Aber waren ganz schlaue Leute, Schüler oder Studenten vielleicht, aber man sprach nicht miteinander: „Wir sind in Österreich, das ist Wien.“ Und das schönste war für uns, da war Wasser zu zapfen. Damals gab es Wasser an Bahnhöfen, und das war schön, das hat uns Spaß gemacht, weil gab es kein Hahn zu drehen, musste man mit Fuß treten, und da hab' ich getreten und da kam Wasser.

Wir sind dann lange irgendwo gefahren, nachher irgendwo stehen geblieben, hat jemand uns begleitet, irgendwo in einen Wald. Da war irgendwo Baracke, das war eingezäunt, da standen Wachen. Da waren wir auch ein paar Monate, da hatten wir keine Betten, wir haben auf dem Fußboden geschlafen. Mussten wir zur Arbeit gehen, wieder für Wehrmacht. Und da kann ich mich erinnern, da wurden uns Haare abgeschnitten, Glatze. Und da sind wir duschen gegangen, da war so Badehaus, Duschen. Da waren auch Frauen, und alle zusammen. Und da sind mir irgendwann die Schuhe kaputt gegangen, und da bin ich barfuß gelaufen. (...)

Ja, nach ein paar Monaten, da haben die uns wieder transportiert mit Güterzügen, wussten wir nicht wohin. Da höre ich, da sagt einer: „Das ist T.“ Hab' ich keine Ahnung gehabt. Und das war irgendwo schon abgemachte Sache, wo der Zug ist stehen geblieben, da konnte da schon jemand die Sklaven abholen von Bahnhof. (...) Und wir sind gefahren von T. nach O. Am Bahnhof, da waren schon Leute, Arbeitgeber, Deutsche, kamen sie schon. (...) Da war eine elegante Dame, und ich sollte wahrscheinlich zu der Dame gehen. Und dann, daran kann ich mich noch gut erinnern, mir gegenüber, da war die elegant, ich war so klein, barfuß, schmutziges Hemd. (...) Ich weiß nur, dass die Frau hat geschrien: „Nein, nein, er ist zu klein, er ist zu klein.“(...)

Da musste ich übernachten bei Polizei, im Käfig. Früh morgens ham se aufgemacht die Tür, bin ich hingegangen. Kam mein Bauer, hat mich mitgenommen, bin ich mitgegangen, nicht ausgeschlafen, barfuß, kaputte Hosen, zerrissen. Man hat nur das gehabt, nicht wie heute, kein Koffer, das gab es früher nicht. Sofort auf Wagen, auf Feld fahren. Da waren Frauen, so Aushilfsfrauen für die Kartoffelernte. Da haben die Frauen geguckt, ich hab' mich so geschämt, wissen Sie. Wenn man so scheu war, das war alles so komische Sache, na ja, und da, also in Deutschland, Deutsch könnte ich vielleicht schon lernen, aber ich war scheu, wissen Sie, nicht nur ich, da waren viele so, da muss man wissen sich ausdrücken, und so. Das hat man nicht gekannt. (...)

Die Lebens- und Arbeitsbedingungen in O.

(...) Und mich haben sie genommen ins Haupthaus, wo Bauer hat gewohnt. Da hab' ich so eine Dachkammer gehabt, Schräge, nur Dachziegel. Da war kein Fenster, gar nichts. Da stand nur Pritsche, paar Bretter dann, das war für mich. Da hab' ich vom Frühling bis Mitte Winter da geschlafen. Und früh morgen musste ich schon immer aufstehen, hat Bauer mich gerufen, täglich gearbeitet 14 Stunden. Und dann später war mein Zimmer ganz unten. Da standen Säcke mit Getreide, Werkzeug, Ersatzteile für Nähmaschine und so. Und da war auch Pritsche, da hab' ich geschlafen, und da hab' ich kein Licht gehabt, kein Feuer. Gewaschen haben wir uns draußen unter der

Pumpe. Das war noch nicht alles, aber mein Bauer hat gesagt, das würde uns noch gut gehen. (...)

Und ich hab' zwölf Kühe gehabt zu bedienen und zwei Pferde. Aber mein Bauer war so pfiffig, der hat auch für die anderen Leute mit den Pferden was gefahren. Gegenüber war Bäcker, da sind wir gefahren nach Mühle, da waren Säcke von 120 kg zu beladen den Wagen. (...) Oder wir mussten Kohlen holen. Das war schwere Arbeit, 36 Tonnen. Und Briketts tut sich schlecht in den Schaufeln, weil die sind kantig, mit Gabeln, wo ich kleiner Bengel war, über Pott schmeißen und auf Anhänger. Und die Händen haben geschwitzt, das war kalt, Frost. Dann nach Hause angekommen, und da draußen unter kaltem Wasser, einer hat gepumpt, der andere hat sich gewaschen. Ich hab' heute ganze Zeit Ekzeme, immer wieder. (...)

Ausschluss, Diskriminierung und Misshandlung

(...) Und einmal habe ich mein „P" nicht dran gehabt, wir mussten immer „P" tragen, hab' ich an der Jacke gehabt. Hab' ich, glaub ich, zwei Jacken gehabt. Da kam entgegen Polizist, und in O. waren acht Polizisten, das weiß ich ganz genau. Einer wohnte so gegenüber, ein Koch, der war schlecht: „Na, polnisches Schwein!" Wir haben so Titel gehabt, so polnische. Heute haben wir „du Scheiß-Pollacke", ja. (...) Und der hat mich erwischt, sofort da hat er mir auf der Straße sofort paar Mal ins Gesicht geschlagen. Paar Tage später ist er gekommen, Sonntag, musste der Chef ihm bezahlen, natürlich von mein Geld. 30 Reichsmark dafür, dass ich kein „P" hatte. Und zwei Sonntage musste ich nachmittags noch absitzen. (...)

Ein Mädchen auf Marktplatz hat mich angesprochen. Und da ging ein Soldat, hat mir ins Gesicht geschlagen: „Du nicht sprechen mit deutsche Mädchen." Da bin ich abgehauen. (...) Und ein paar Tage später, da sagt die Bäuerin: „Du musst mit mir zur Polizei gehen." Ich sag: „Was is'?" Und da bin ich hin gegangen. (...) Und ich musste unterschreiben, ich sollte unterschreiben, dass ich keinen Kontakt habe zu Weiblichkeit. Aber das war mir peinlich, der hat sich ordinär ausgedrückt. (...)

Geld haben wir gekriegt. Zu kaufen gab es nichts, alles auf Bezugscheine, alles Zuteilung. Für mich gab es, glaube ich, einmal einen Anzug sogar, wie die Jeanshosen heute, war ungefähr die Farbe, zum Arbeiten, Arbeiterhose und Schuhe, Holzschuhe, mit Holzsohlen, ja. Da hab' ich schlechte

Füße heutzutage. Das Geld wurde mir gezahlt: „Hier ist dein Geld." Aber ich kriegte es nicht in die Hand, weil ich war ja noch minderjährig. Das Geld wurde da deponiert und gesagt: „Wenn Krieg ist zu Ende, kriegst du es." Hab' es nie bekommen. (...)

Kriegsende

(...) Bevor Russen sind einmarschiert, hätte mich bald ein Deutscher erschossen. Das war schon Zusammenbruch, so wie ich das heute verstehe. Aber damals hat das keiner gesagt. Ich hatte Kühe gehabt zu versorgen, Bauer war weg, hat sich irgendwo versteckt, und die Kühe brüllten. Und ich kann mich erinnern, waren Soldaten mit Motorrad, mit Beiwagen, und die waren so müde. Und schnell sind sie irgendwo drauf geklettert, auf Heuboden, hingelegt und geschlafen. Und einer hatte Wache gehalten. Und mir waren so leid die Tiere, die haben so gebrüllt. Ich bin gegangen auf Heuboden, Heu runter schmeißen. Und Pech wollte, ich hab' vorsichtig gemacht, aber bisschen was ist runter gefallen auf sein Gesicht, auf den einen Soldat. Und der is' hochgesprungen, Maschinenpistole hat er gehabt, und hat er schon so. Nur der Wachmann hat das gesehen und gerufen, sonst hätte der mich abgeknallt. (...)

Ein paar Tage vorher waren schon russische Flugzeuge da, haben schon geschossen. (...) Wie viel Fliegeralarm haben wir erlebt, Jessus, manchmal zweimal am Tag. Also, ich bin da gekommen '42, ersten Fliegeralarm hab' ich erlebt '43, am 17. Januar, kann ich mich gut erinnern, da war Fliegeralarm, da ham die gesessen im Raum, in T. sind Bomben gefallen und bei uns sind Fensterscheiben, bumm, bumm, bumm. Ab '43 zweimal am Tage, zweimal in der Nacht aufstehen. (...) Ein paar Tage vor Kriegsende, da hat es dann nachgelassen (...). Na ja, dauerte nicht lange, da waren Deutschen weg, kamen Russen reinmarschiert. (...)

Rückkehr nach Hause

(...) Die Russen haben uns dann gesagt: „Freiheit, du musst nach Polen gehen." Da waren wir drei Kollegen, die waren aus Litzmannstadt, irgendwo haben wir uns getroffen, sind gefahren mit Fahrrädern. Sind wir nicht weit gefahren, nach F. an die Kasernen da. Da haben uns Russen angehalten. Da mussten wir paar Tage bei Russen da an Kaserne arbeiten, Autos

waschen. Da ham wir erste Mal Autos gesehen, und die haben amerikanische Autos gehabt. (...) Sind wir abgehauen heimlich, die wollten uns nicht loslassen, da waren wir, ich weiß nicht, eine Woche. (...) Und was haben wir da gesehen? Die Russen sind gefahren durch die Gegend und haben Frauen geschnappt, zusammen gebraucht. Da ham sie ja schon, wo sie kamen auf Kasernengelände, da waren sie ja schon halb nackend, zerschlagen. Da war ich..., man hat sich geschämt, man hat keine Ahnung gehabt, so wie ich das sehe heute, das war schreckliche Sache. (...)

Ja, wir haben noch viel Schikane erlebt mit Russen. Da unterwegs haben sie uns angehalten, da bisschen wieder was kontrolliert, wieder was abgenommen. Einmal haben wir irgendwo im Keller geschlafen, der war nass. Ich habe mich erkältet, ich war ganz steif, wahrscheinlich das hat sich auch alles ausgewirkt. (...)

Ich bin nach Hause gekommen, irgendwann Mitte Juni. Da war nichts, alles war kaputt. (...) Meine Mutter war verschwunden, in der Zeit als Russen kamen. Da war keiner mehr. Keiner wusste was. Da bin ich nach Niederschlesien gewandert. Und da hab' ich was gehört, das konnte ich begreifen, dass Schlesien gehört zu Polen, man hat keine Ahnung gehabt. Wir waren früher nicht so gebildet wie heute. Da irgendwo ist polnische Gruppe, da bin ich hingegangen, so, irgendwo Unterkunft, da haben wir das erste Mal warmes Wasser gehabt. Das war schwere Anfang nach Krieg. Schwer zu begreifen. (...) Zuerst hab' ich angefangen als Bote, war ich nicht lange, dann bin ich auf Zeche gegangen, Golderzgrube, und dann hab' ich angefangen in Autowerkstatt zu arbeiten. (...)

Ryszard K. arbeitet in Polen lange als Kraftfahrer. 1951 heiratet er eine Schlesierin, die beiden ziehen zusammen deren kleinen Sohn groß. Ende der 50er Jahre stellt das Ehepaar einen ersten Ausreiseantrag nach Deutschland, sie dürfen aber erst 1968 das Land verlassen.

Leben in Deutschland

(...) Und ich hab' mir gedacht, das ist hier so wie in Polen. Ich wollte so Transportunternehmen machen. Aber hier muss man anders sich bewegen, verstehen Sie? (...) In K. haben sie uns registriert: „Was für Beruf?" „Kraftfahrer." „Ja, in Deutschland können Sie als Kraftfahrer nicht arbeiten." „Warum nicht? Ich bin doch..." Da wollten sie mir schicken irgendwo

zu Opelwerke arbeiten. Das wollte ich nicht, weil, ich hatte meinen Beruf. In Polen war sehr gut angesehen Berufskraftfahrer. Da sind wir, und das, glaube ich, war Fehler, wir sind auf eigene Wunsch weggegangen. Zum Arbeitsamt bin gegangen, hab' ich Geld gekriegt. Und muss ich ehrlich sagen, ich war so doof, ehrlich, ich hab' mich geschämt als Arbeitsloser, verstehen Sie mich. (...)

Später findet er eine Stelle als Kraftfahrer und arbeitet dort, bis er 1988 in Rente geht. Seine Ehe ist in den 70er Jahren geschieden geworden, der Kontakt zu seinem Sohn ist abgerissen.

Als Rentner in Deutschland

Die Berechnung der Rente ist eine einzige große Enttäuschung für Ryszard K. und greift sein Gerechtigkeitsempfinden stark an. Er beginnt, sich mit den Behörden auseinanderzusetzen, und dieser Kampf dauert bis heute an, da er mit seinen Forderungen keine Anerkennung findet.

(...) Ich bin sehr unzufrieden, dass bin ich hier gekommen. Hab' ich bereut, ich bin missachtet hier und fühle mich als Staatsfeind. Ach, das ist, man ist einsam und das ist schlecht, das ist nicht gut, das hab' ich sehr bereut. Hätte ich gewusst, was mich hier erwartet, da wär' ich nie rüber gekommen. (...) Und ich werde verzichten auf die Entschädigungszahlung. Die Beamten sollen sich engagieren, dass ich mein Geld bekomme, was mir zusteht, von meine Rente, von meine Frau, von Kriegszeiten, von polnische Zeiten. Also sind drei Punkten. Also, mich hat andere schon gesagt, gegenwärtige System hat mich ausgemistet, wie sagt man, verstehen Sie? (...) Und wegen meinem Fuß, jetzt bin ich zu meine Orthopäde, hab' ich geklagt. Hat er Röntgenaufnahme gemacht, da sagt er: „Sie haben doch Fuß gebrochen gehabt.“„Das ist doch so verheilt.“ „Ach du lieber Gott...“ Ja, da hat er mich überwiesen zu einem Doktor, Spezialisten, aber der hat ja schlecht begutachtet. Und jetzt gucken Sie mal diesen Zeitungsausschnitt, Deutschland ist gut, aber für Ausland. Hab' ich zufällig gelesen: Ehemalige Zwangsarbeiterin aus Polen kommt nach Deutschland, da wurde sie operiert. Und ich? (...)

Ich hab' mich gefühlt als Deutsche. Aber durch die Schikane da, fühle ich mich so abgestoßen, und da bereu' ich das. Weil heute weiß ich schon Bescheid. Würd' ich heute fragen: Was kriege ich, krieg ich das, was mir zusteht? Dann nehme ich an. Ich bin gekommen als Staatenloser, verstehen Sie, Staatenloser, jetzt bin ich Deutscher, schon seit 80er Jahre. Nur hab' ich davon nix, ich schäme mich, ich bin diskriminiert, (...) abgestoßen. Ich fühle mich so. Haben sie neulich gesagt im Fernsehen, man fühlt sich wie ein Feind des Staates, so schlecht angesehen, überall nein, nein, nein. Jetzt hab' ich wieder Antrag irgendwo gestellt, bei Versorgungsamt, wo ich schwerbehindert bin, und wieder Absage. (...)

Mein Personalausweis ist abgelaufen, vor paar Jahren. Da ging ich zum Bürgerhaus hier, Meldeamt, Bürgerberatung nennt sich das. Fräuleinchen tippt alles, neuer Ausweis und das ist mein Vorname, Ryszard, geschrieben Richard, hab' ich gesagt: „Nein, ich heiße so, so muss sein, irgendwo habe ich meine polnische Geburtsurkunde, Taufurkunde, haben sie nicht hier? Steht hier, muss Original sein." „Nein." Fräulein fragt den Chef da: „Sie sind in Deutschland, das muss so sein." Da hab' ich gesagt: „Nein." Hab' ich mich bei Bürgermeisteramt gemeldet. „Gut", sagte die Frau da im Büro, „Sie kriegen Bescheid." Ging ich noch mal in ein paar Tagen hinein: „Nein, gibt es nicht." Ist Jurist da, denke ich mir, findest du bei ihm Unterstützung. Bin ich hingegangen, hab' ich erzählt: „Ja, Sie wissen, wie soll das sein, gehen Sie dahin und verlangen das." (...)

Den Namen hat das Einwohnermeldeamt erst nach längerem Hin- und Her wie gewünscht eingetragen. Ryszard K. fühlt sich in Deutschland allein gelassen und erlebt immer wieder Diskriminierungen. Bei seinem Kampf um die Rente stößt er immer wieder auf eine Behördenlogik, die unverständlich bleibt und hinter der Mitmenschlichkeit völlig verschwindet. Erschwerend kommt hinzu, dass nicht selten Gerechtigkeitsgefühl und Recht kollidieren. Diese Situation belastet ihn zunehmend. Seine Gesundheit ist angeschlagen: Inzwischen schläft er schlecht, empfindet oft große Anspannungen und gerät schnell in Wut. Dazu leidet er an chronischer Magenschleimhautentzündung sowie chronischer Bronchitis und hat durch seine lebenslange schwere Arbeit, wohl besonders durch die schwere Zwangsarbeit als Jugendlicher, immer wieder starke Rückenschmerzen.

Ryszard K. wartet zurzeit auf eine Wohnung in einer betreuten Wohnanlage. Bis jetzt versorgt er sich noch allein und geht seinem Hobby nach, mit großer Energie und Freude fährt er Fahrrad. Bis vor einiger Zeit ist er auch immer mal wieder zum Tanzen in ein Café gefahren. Kontakte zu

Verwandten hat er keine, weder in Polen noch in Deutschland, auch nähere Beziehungen zu anderen Menschen gibt es nicht. Zu seinen Nachbarn hat er keinen Kontakt.

(...) Wissen Sie, bei mir ist Schwierigkeit mit die Sprache, und Schwerhörigkeit, kann nirgendwo teilnehmen so. Aber ich bin nicht allein. Im Sommer fahre ich viel mit Fahrrad, habe ich Beschäftigung. Und ich habe mich auch im vorigen Sommer kaputt gemacht mit Fahrradfahren, bin im vorigen Sommer viel gefahren. Ich unterhalte mich gern, ich helfe gerne, ich bastel gern. Hab' ich ein Haufen Werkzeug, das war so mein Hobby, ich hab' mein Fahrrad umgebaut, das gefällt mir. Ich ging gerne unter Menschen, gewisse Zeit, zum Tanzlokal, hab' ich ein bisschen getanzt. (...) Nur mit mir..., ich bin nervlich schon etwas angegriffen. Warum krieg ich mein Geld nicht, wo mir das zusteht. (...)

Andrea Zielke-Nadkarni, Märle Poser

Didaktisierung
Ryszard K., der immer tüchtig gearbeitet hat, sich aber aussortiert fühlt

Arbeitsauftrag: Diskussion

Für diese Diskussion wird die Methode „Denkhüte“[45] eingesetzt. Sie ermöglicht das Üben von Perspektivwechseln, indem die SchülerInnen wechselnde Standpunkte zu einem Thema einnehmen sowie unterschiedliche Argumentationsstrategien ausprobieren. Die Standpunkte sind bestimmten „Denkhüten“ und Farben zugeordnet.

Gearbeitet wird in einem Zeitrahmen von ungefähr 45 Minuten mit der Gesamtgruppe und fünf ausgewählten SchülerInnen. Eine Legende mit den Beschreibungen und Farbzuordnungen der „Denkhüte“ (Standpunkte) ist auf einem Flipchart oder Tafelbild angebracht. Als Requisiten werden fünf Hüte in den folgenden Farben mit den folgenden Bedeutungen benötigt:

---

[45] Sandra Herrgesell, Marion Lüke, Bettina Duwendag, Kerstin Haehner (2007): 50 (+9) Fallbeispiele für den Pflegeunterricht. Einsetzen – Umsetzen – Reflektieren. München, S.182 f.

Weiß: Der Vertreter/die Vertreterin dieses Standpunkts argumentiert immer mit „neutralen" Fakten, Zahlen, Informationen und „Sachzwängen".
Rot: Der Vertreter/die Vertreterin dieses Standpunkts zeigt seine/ihre Gefühle und Intuitionen (positiv oder negativ).
Schwarz: Der Vertreter/die Vertreterin dieses Standpunkts ist Pessimist/Pessimistin, „sieht schwarz" und benennt Probleme.
Blau: Der Vertreter/die Vertreterin dieses Standpunkts hat die interne Gesprächsleitung, bleibt sachlich kühl und distanziert, er/sie „überwacht" die anderen Hüte.
Gelb: Der Vertreter/die Vertreterin dieses Standpunkts demonstriert Optimismus und Zukunftsfreude, er/sie argumentiert positiv und konstruktiv.

Der Rest der Gruppe ist beobachtend beteiligt (die SchülerInnen benötigen Schreibmaterial für die Beobachtung). Auf einem anderen Flipchart oder der Tafel stehen die vorher festgelegten Beobachtungskriterien. Diese können grundsätzlich sein: die Stringenz der verwendeten Argumentation, Einhalten von Regeln, Körpersprache, Gestik, Mimik, die Wirkung des Hutwechsels u.a. Innerhalb der Beobachtungsgruppe sollten die Beobachtungskriterien auf die SchülerInnen verteilt werden, so dass jeder Schüler/jede Schülerin nur 1-2 Beobachtungsaufträge hat. Gerade eher ungeübte SchülerInnen können sich oft nur auf wenige Dinge gleichzeitig konzentrieren.

Nun wird das Rotationsprinzip der Hüte festgelegt. Die fünf ausgewählten SchülerInnen brauchen einen ruhigen Ort außerhalb der Klasse und ca. 10-15 Minuten, um sich noch einmal auf ihre Positionen einzustimmen. Die Vorbereitung auf die Diskussionsrunden sollte als Hausaufgabe oder auch in kleineren Gruppen unter Vorgabe des Materials erfolgen.

Die Diskussionsrunde wird zunächst vom Lehrer/von der Lehrerin eingeleitet; daraufhin vertreten die fünf SchülerInnen ihrem Denkhut entsprechend ihren Standpunkt. Der Lehrer/die Lehrerin (oder ein Schüler/eine Schülerin) übernimmt die Aufgabe des Moderators/der Moderatorin: Er/sie achtet auf eine gleichmäßige Verteilung der Redezeit und darauf, dass die diskutierenden SchülerInnen den durch den Denkhut vorgegebenen Standpunkt auch konsequent vertreten.

Nach etwa zehn Minuten werden die Hüte innerhalb der Gruppe der Diskutierenden ausgetauscht, so dass jeder Schüler/jede Schülerin in der zweiten Runde einen neuen Standpunkt vertritt. Nach drei Diskussionsrunden wird die Diskussion durch den Lehrer/die Lehrerin beendet. Die Beobachtergruppe notiert während der drei Runden ihre Beobachtungen. Es folgt eine Auswertungsrunde, in der zunächst die Diskussionsgruppe Stellung bezieht; die Beobachtergruppe schließt sich an.

Diese Methode kann sowohl in der Erarbeitungsphase eingesetzt werden, in der die SchülerInnen sich mit einer (unbekannten) Thematik auseinandersetzen, als auch in der Sicherungsphase, um die entscheidenden Aspekte der Lerninhalte noch einmal strukturiert darzustellen.

Ryszard K. hat in Deutschland lange als Staatenloser gelebt und erst später die deutsche Staatsangehörigkeit angenommen. Aufgrund seiner Erfahrungen mit den deutschen Behörden denkt er heute daran, diese Staatsbürgerschaft abzugeben. Die folgende Diskussion soll sich daher um das Thema ***„Gerechtigkeit für Ryszard K. unter dem Gesichtspunkt der Staatenlosigkeit“*** drehen. Die Standpunkte der Denkhüte sind:

Weiß: Der Vertreter/die Vertreterin dieses Standpunkts argumentiert mit der Rechtslage Staatenloser im Vergleich zur jetzigen Situation von Herrn K.

Rot: Der Vertreter/die Vertreterin dieses Standpunkts hebt den besonderen Schutzbedarf dieses Personenkreises hervor und illustriert seinen/ihren Standpunkt mit Hilfe des Lebenslaufs von Herrn K. Was wäre anders, wenn Herr K. staatenlos wäre?

Schwarz: Der Vertreter/die Vertreterin dieses Standpunkts beschreibt die Probleme der Behörden mit Menschen wie Herrn K.

Blau: Der Vertreter/die Vertreterin dieses Standpunkts hat die interne Gesprächsleitung, bleibt sachlich kühl und distanziert, er/sie „überwacht“ die anderen Hüte.

Gelb: Der Vertreter/die Vertreterin dieses Standpunkts demonstriert Optimismus für die Lage von Herrn K. sowohl bezüglich der Finanzsituation als auch der Wohn- und Lebenssituation (Zukunft). Er/sie nutzt dafür Ressourcen von Herrn K., die anhand seines Lebenslaufs ersichtlich werden.

Beobachtungskriterien: In der ersten Runde geht es um die Stringenz der verwendeten Argumentation sowie um die Darstellung der Rolle des jeweiligen Hutes. In der zweiten und dritten Runde geht es darum, ob der ***Rollenwechsel*** gelungen ist, bzw. darum, wo die RollenträgerInnen Schwierigkeiten hatten.

In der Auswertungsrunde bewertet zunächst die Diskussionsgruppe, wie sie selbst ihr ***Rollenspiel*** einschätzt. Die Beobachtergruppe gibt anschließend ihre Bewertung ab.

Im zweiten Teil der Auswertungsrunde geht es um das inhaltliche Thema: Auf der Basis des Gehörten diskutiert die Gesamtgruppe, ob es Gerechtigkeit für Ryszard K. gibt und wie sie aussehen könnte/müsste.

Christina Hilgendorff

„Man fühlt sich irgendwo doch ein bisschen fremd hier, fremd und verlassen“ – Begegnung mit Rosa M.

Rosa M. kocht wunderbar. Von ihrer Mutter hat sie herrliche Rezepte aus der österreichisch-ungarischen Küche, und es ist ihr eine Freude, anderen für Freundlichkeiten und Unterstützung mit einem leckeren Essen zu danken. Sie kommt mit einem großen Topf ins Büro, alle sitzen schließlich um einen großen Tisch, schwatzen und genießen das Essen. Die Köchin sitzt lächelnd dabei.

Rosa M. ist eine Sintessa, eine Angehörige der Sinti. Mit knapp 20 Jahren ist sie aus der Tschechoslowakei nach Deutschland gekommen, hat hier geheiratet und ihre Kinder großgezogen. Hier wird sie auch ihren „Lebensabend“ verbringen. Seit über 40 Jahren lebt sie in H., hat sich aber in dieser Stadt nie wirklich zuhause gefühlt. Heute ist sie Mitte 60 und spürt, dass ihre Empfindsamkeit gegenüber Diskriminierungen stärker und ihre Ängste größer werden.

(...) Man sieht mehr als die Jungen, und man passt ja auch mehr auf. Ich weiß nicht, warum. Ausländer, das hört man ja auf jede Ecke draußen, ob sie im Café sind, auf der Straße, in Geschäften. Auch die Nachbarn, da hören sie nur: „Die Ausländer nehmen uns die Arbeit!“ und so. Aber warum die hier hinkommen, die Zigeuner, die Ausländer? Dass die, möchte ich sagen, ohne den Ausländer und den Zigeuner gar nicht... (...) Ich weiß es nicht, durch das Ältersein und weil ich mehr durchgemacht habe, mehr erlebt habe wie die Jugendlichen, passe ich mehr auf. (...) Eben durch das Leben hier. (...) Wissen Sie, was ich sagen möchte, ich war ja im Ausland, aber ich weiß es nicht, ich möchte ja sagen, dass wir hier in Deutschland am meisten gehasst sind. (...)[46]

Vor einigen Tagen hat Rosa M. eine neue Wohnung bezogen. Die 34-jährige Tochter Anne ist vor einigen Monaten endgültig ausgezogen. Rosa M. bekommt Sozialhilfe, und so hat das Sozialamt veranlasst, dass sie sich

[46] Interview mit Rosa M. am 23. März 2007.

eine kleinere Wohnung suchen muss. Viele Telefonate, Briefe, Behördengänge waren nötig, bis endlich etwas Passendes gefunden und genehmigt wurde. Rosa M. brauchte dabei Unterstützung und deshalb das Essensgeschenk im Büro. Sie ist erleichtert, dass sich dieses Problem gelöst hat, denn es geht ihr nicht gut. Der Auszug der Tochter ist eine weitere Verlusterfahrung, und sie fühlt sich allein.

(...) Ich habe gesundheitlich Probleme, erstens aus dem Grund, weil ich sehr viele Familienangehörige verloren habe, letzte Zeit sind mehrere gestorben. Meine Mutter ist 1992 gestorben. (...) Ich hab' sie gepflegt, sie war ja alt und pflegebedürftig, und dann ist sie plötzlich krank geworden. Ein halbes Jahr, bevor sie gestorben ist, kam raus, dass sie einen Bauchspeicheldrüsenkrebs hatte. ***Interviewerin:*** *Das ist heute noch schlimm?* ***Rosa M.:*** *Sehr schlimm. (...) Mein Vater ist gestorben, bevor meine Mutter gestorben ist, mehrere Geschwister und auch Angehörige aus der Familie von Seite meines Vaters, meiner Mutter. Praktisch die ältere Generation ist jetzt weg, nur jetzt die jüngere, und da fehlt ja sehr viel, da fühle ich mich allein. (...)* ***Interviewerin:*** *Sie haben ja zusammen mit der Anne hier gewohnt. Wird das Alleinsein größer sein, jetzt, wo sie weggegangen ist?* ***Rosa M.:*** *Ja, kann man wohl sagen, sie fehlt ja viel. Und ich glaube, es wird ja noch gewisse Zeit dauern und noch schlimmer werden.* ***Interviewerin:*** *Fürchten Sie sich jetzt vor der Zeit in der neuen Wohnung?* ***Rosa M.:*** *Ich fürchte mich nicht, aber ich weiß es ja nicht, ich muss ja jetzt wieder neue Leute kennenlernen in dem Haus ... (...)*

Rosa M. klagt seit Jahren über diffuse Schmerzen im ganzen Körper. Ihre Haut ist sehr trocken, juckt und reißt immer wieder auf. Besuche bei ÄrztInnen lassen sie hilflos zurück, niemand kann etwas feststellen, sie fühlt sich unverstanden und im Stich gelassen.

(...) Ich fühle mich irgendwie unwohl bei den Ärzten, als wenn sie gar nicht ernst genommen werden. Wie soll ich das sagen, schnell abgefertigt, damit sie schnell mit ihnen fertig werden. (...) Und mal sind die weniger, mal sind die größer, die Schmerzen. Die Ärzte sagen, das wär' ja nervlich. Und da werden sie zu der hingeschickt, bekommen sie da Medikament und da Medikament. Und wenn sie nicht selber verlangen, ich möchte das untersucht haben und dieses, dann wird es nicht überall gemacht. (...) Mit nervlich meinen die, irgendwie aus meinem Leben. Sie schieben das auf meine

Scheidung, aber ich finde das nicht. ***Interviewerin:*** *Was ist Ihre Vermutung? Rosa M.: Ich hab' ja früher mal viel gearbeitet, und der Haushalt, sehr viel mit den Kindern, und dann auch doch durch diese fremdes Leben hier. (...) Meine Ärzte, was ich über 20 Jahre kenne, manche sagen: „Wir können Ihnen nicht mehr helfen." (...)*

Rosa M. wurde 1944 in der damaligen Slowakei in eine Sintifamilie hineingeboren. Ihre Eltern lebten auf der Flucht. Das Leben war gekennzeichnet von Hunger, Kälte, Armut, Obdachlosigkeit und täglicher Lebensangst. Die Familie zog durch das Land, lebte in Wäldern. Rosa M. weiß über die Zeit der Verfolgung bewusst nur aus den Erzählungen anderer Familienmitglieder. Lange ist man in der Medizin und Psychologie davon ausgegangen, dass Babys und Kleinkinder keine Folgeschäden aus der Zeit einer Verfolgung erleiden, u.a. weil sie sich nicht bewusst an diese Zeit erinnern können. Aber heute weiß man aus den Erfahrungen der Psychotraumatologie, der Psychosomatik und Psychologie, dass gerade diese Gruppe schwere seelische und körperliche Verletzungen davontragen kann, die sich im späteren Leben in unterschiedlichen Symptomen manifestieren.

(...) Die Kriegszeit meinen Sie? Ja, vom Erzählen, von meinen Eltern, also ich kann mich nicht daran erinnern. Wie ich das weiß, sie haben mir gesagt, dass sie sich damals verstecken mussten. Sie sind weggelaufen in Wäldern, und dann haben sie sich von Feldern ernährt, von Kartoffeln und so. Und manchmal ham die auch die Bauern aufgenommen oder so, für kurze Zeit. Da ham die ein bisschen gearbeitet, so paar Tage, da ham die ein bisschen Essen bekommen. (...) Das war sehr schwer. Im Winter war das wahrscheinlich noch schlimmer, weil die ham sich dann, die durften bei manchen Bauern in den Stallen übernachten, manchmal... (...). Sie sind immer auf der Flucht gewesen. (...)

Die Slowakische Republik wurde im Anschluss an die Zerstörung der Tschechoslowakei im Frühjahr 1939 gegründet. Die Regierenden unterzeichneten einen Schutzvertrag mit Nazideutschland. Das Land wurde damit ein so genannter „Satellitenstaat" des Deutschen Reichs und arbeitete in allen Bereichen mit Deutschland zusammen. Zahlreiche „Berater" kamen unter dem „Gesandten und Bevollmächtigten Minister des Großdeutschen Reiches" ins Land. Sinti und Roma waren als „fremde Elemente" Diskriminierung, Vertreibung, Ghettoisierung und Raub ausgesetzt und mussten in Arbeitslagern Zwangsarbeit leisten. Viele Menschen flüchteten in die Wälder, um der Verfolgung zu entgehen. Im August 1944 kam es zu einem nationalen Aufstand gegen das slowakische Regime, an dem sich auch Sinti und Roma beteiligten. Die Deutschen reagierten sofort mit der Besetzung des Landes und gingen blutig gegen die Aufständischen vor. Parallel dazu setzte ihre mörderische Rasseverfolgung ein. Es kam zu Massenerschießungen durch SS-Einsatztruppen und slowakische Freiwillige, und es wurden Vorbereitungen getroffen, neben der jüdischen Bevölkerung jetzt auch Sinti und Roma in die Vernichtungslager zu deportieren. Nur der Kriegsverlauf verhinderte, dass nicht noch mehr slowakischen Sinti und Roma dem Völkermord zum Opfer fielen.[47]

In Rosa M.s Familienerinnerungen an die Verfolgung fließen auch die Geschichten derjenigen Verwandten ein, die Konzentrationslager überlebten und die Ermordung ihrer Eltern und Kinder ertragen mussten. Von klein auf hat sie diese Geschichten immer wieder gehört.

(...) Meine Eltern und Verwandte haben sehr viel erzählt, wie sie – Geschwister, Cousins und weitere Verwandte von meine Mutter und meinem Vater –, wie sie gelitten haben. Manche haben ganze Familie dort verloren. Kinder von Tanten weggerissen, das war sehr schlimm. Da sind verschiedene Experimente mit denen gemacht worden. (...) Da lebten noch sehr viele von denen. Das waren Verwandte, von meine Mutter meistens auch, die erzählt haben. Es kam beispielsweise von sechs oder sieben Köpfe der Familie ein einziger raus. Alle sind dageblieben, entweder vergast oder erschossen worden. Sehr schlimm ist das gewesen. (...) Manche haben Schäden davon sehr viel bekommen. Auch Krankheit in Winter, mussten sie auch in den kaputten Häusern übernachten, auch wenn sie krank geworden sind. (...) Manche waren auch sehr nervlich krank danach. (...)

Die Eltern von Rosa M. blieben nach dem Krieg in der wiedererrichteten Tschechoslowakei, jetzt ČSSR, und ließen sich in der Nähe von T. nieder. Der Vater arbeitete anfangs als Bauarbeiter, später konnte er auch wieder in

---

[47] Zur Situation in der Slowakei siehe Tatjana Tönsmeyer (2003): Das Dritte Reich und die Slowakei 1939-1945. Politischer Alltag zwischen Kooperation und Eigensinn. Paderborn. Karl Vodicka (2004): Die Zigeuner des Monsignore Tiso. Roma-Verfolgung im „Schutzstaat" Slowakei 1939-1945. In: Zeitschrift für Ostmitteleuropa-Forschung 53/1, S. 46-82.

seinem Beruf als Kesselmacher tätig werden. Als Rosa M. drei Jahre alt war, zog die Familie nach P. Dort lebten die Großeltern. Rosa M. besuchte acht Jahre die Schule, anschließend begann sie, in einer Fabrik zu arbeiten. Die Familie ist arm, und an eine Ausbildung ist nicht zu denken.

(...) Leider habe ich keinen Beruf erlernt, ich bin in eine Fabrik gegangen, habe mit 15 Jahren angefangen zu arbeiten. ***Interviewerin:*** *Hätten Sie gern einen Beruf erlernt? Was hätten Sie gern machen wollen?* ***Rosa M.:*** *Beispielsweise ich hab' gezeichnet Modensachen als jungen Mädchen, oder im Garten hat es mir gefallen mit Blumen zu arbeiten (...). Aber ich musste dann ja Geld verdienen. (...)*

Irgendwann lernte sie ihren Mann kennen. Er ist Deutscher, und sie entschloss sich, ihm in seine Heimatstadt zu folgen: 22 Jahre jung und ohne ein Wort Deutsch zu können. Ihre Eltern wollten damals nicht, dass sie alleine soweit weg ging von Zuhause. Und tatsächlich war Rosa M.s Heimweh groß. Heute erinnert sie sich an die Belastungen und Diskriminierungen während dieser Zeit. Erst mit der Geburt ihrer Kinder gelang es ihr, auch positiv mit der deutschen Gesellschaft in Kontakt zu kommen.

(...) Wo ich rüber kam, konnte ich kein Wort Deutsch. Und da hab' ich auch gemerkt – ich hatte kurze Zeit gearbeitet, bevor mein Sohn geboren ist hier in H., in eine Fabrik –, und da hab' ich gewisse, 'nen Hass gefunden gegenüber Ausländern von Deutsche. (...) Wir waren mehrere Ausländer da. Kamen beispielsweise aus Türkei, aus Italien. Und gegenüber von den Deutschen, die haben irgendwie uns Ausländer gehasst. Und das war normale Fabrik. (...) Und das war ja auch überall dann, wenn ich einkaufen gegangen bin. Oder auf der Straße, wenn sie nicht so gut Deutsch reden können, das hab' ich dann ja gemerkt. ***Interviewerin:*** *Dann sind Sie nicht gern hier gewesen in Deutschland?* ***Rosa M.:*** *Nein, ich hatte sehr großes Heimweh gehabt. (...)* ***Interviewerin:*** *Haben Sie denn Kontakte eher unter Deutschen oder unter Sinti gefunden?* ***Rosa M.:*** *Ja, erstens war das unter Sinti. (...) Wo die Kinder geboren sind, dann war gewisse Zeit Freude da, und konnte ich vergessen auch viele Sachen, diese Hässigkeit. (...) Später habe ich dann manche von den Nachbarn... Oder durch die Schule, wo die Kinder in der Schule waren, da ham die Freunde gehabt, und da bin ich mit den Eltern in Kontakt gekommen... (...)*

In den 80er Jahren kam ihre Mutter nach dem Tod des Vaters aus der ČSSR nach Deutschland, auch eine Schwester wohnte inzwischen in H. Hier in der Stadt leben nach der Verfolgung und Deportation seit den 60er Jahren wieder größere Gruppen von Sintifamilien. Die Kinder von Rosa M. werden in beiden Kulturen groß, in der der Sinti und in der der Deutschen. Als in den 90er Jahren ihre Ehe scheiterte, hatte sich der Sohn schon eine eigene Existenz als Handwerker aufgebaut. Die Tochter Anne dagegen litt an psychischen Problemen und lebte noch bei der Mutter. Beide Frauen waren angestrengt und belastet.

Rosa M. fällt es nicht leicht, aus ihrem Leben zu berichten. Sie ist nicht daran gewöhnt, über sich zu sprechen und eine Erzählung ihres Lebens aufzubauen. Ein Fotoalbum liegt auf dem Tisch. Es gibt darin nur drei oder vier Bilder von den Großeltern, ihren Eltern und Geschwistern. Vieles bleibt unausgesprochen. Und sie erzählt keine Geschichten zu den Fotografien. Dagegen berichtet sie immer wieder von Situationen des Fremdseins und der Angst in der Begegnung mit der deutschen Nicht-Sinti-Gesellschaft.

(...) So schwer ist es, man fühlt sich irgendwo doch ein bisschen fremd hier. Fremd, verlassen irgendwie und gegenüber den Nicht-Sinti gehasst. In allem überhaupt so, als Mensch nicht irgendwie. ***Interviewerin:*** *Können Sie ein Beispiel geben, woran Sie besonders leiden, im Alltag zum Beispiel?* ***Rosa M.:*** *Bei den Behörden, in den Geschäften auch, manchmal auch bei den Ärzten, und auf der Straße auch schon, manchmal auch im Café. Beispielsweise einmal ist passiert, wir sind in ein Café gekommen, mehrere, und da sagt die zu uns, wir sollen rausgehen, dass wir nicht bedient werden.* ***Interviewerin:*** *Haben Sie da Romanes gesprochen?* ***Rosa M.:*** *Nein, wir haben normal Deutsch gesprochen, aber es merkt man auch an manchem, dass wir Sinti sind, wahrscheinlich an den dunklen Haaren, die Haut. (...) Auch, das ist uns auch schon mal passiert, wir sind, ich und meine Mutter, auf der Straße gegangen und da kamen ein paar Jugendliche vorüber und da ham die von nix, einfach gesagt: „Euch hat der Hitler vergessen zu vergasen." Das waren so 16-, 17-jährige Jungs und Mädchen. (...) Aber da ist auch bei Jugendlichen, wenn sie irgendwo mehrere sind, und dann fangen die an sich zu streiten, oder in die Disco, wenn die da sind, sie fangen auch an, die Deutschen gegenüber von Sinti. (...)*

Bei Behördengängen erlebt sie den Umgang der SachbearbeiterInnen mit ihr als diskriminierend. Bewusst werde sie als Sintessa der Hilflosigkeit und Missachtung ausgesetzt. Verletzt und sehr empfindsam nimmt sie auch kleine Ereignisse im Alltag unter diesem Aspekt wahr. Der Widerstand dagegen ist zwecklos, zurück bleibt Ohnmacht.

(...) Bei den Behörden verlangen die manchmal Sachen, was wir gar nicht haben. Und sie wissen ja auch, dass ein alter Sinti oft nicht schreiben und lesen kann. Und manchmal verlangen die auch, dass wir selber die Anträge schreiben. (...) Und, dann behandeln sie Sie auch ganz anders. Man wird da und da hingeschickt. Von den Behörden selber, persönlich, wird man manchmal auch unmöglich behandelt. Statt dass sie höflich sagen: „Können Sie mal einen Moment warten", man wird ja einfach so mit der Hand rausgeschickt. (...) Wenn Sie sich beschweren bei den Behörden, dem Abteilungsleiter wird mehr geglaubt, dem Mitarbeiter als derjenige, wer sich beschwert. (...) Von Anfang an hab' ich mich schon beschwert, aber später dann nicht mehr, weil ich gemerkt habe, das nützt ja nix. (...)

Auch das einsame Sterben ihrer Schwester im Krankenhaus erlebte sie als Folge des gleichgültigen Handelns des Personals gegenüber einer Sintifamilie.

(...) Das hab' mich auch schon bei meine Schwester gestört. Da hab' ich gar nicht gewusst, dass die am nächsten Tag stirbt. Und die Schwester hat uns nach Hause geschickt, sagte sie: „Sie müssen nach Hause." Wir waren bis zehn Uhr dort, und dann hab' ich die Nacht für den nächsten Tag eine Suppe gekocht für meine Schwester, und kam ich da hin und die lag tot schon da. Und die Schwester hat gar nichts gesagt, auch die Ärzte nicht: „Die stirbt" und so. Dann hat die uns noch nach Hause geschickt, mein Schwester starb allein da. Und das war gegenüber von Sinti. (...)

Wenige Wochen nach ihrem Umzug hat Rosa M. einen Zusammenbruch. Sie leidet immer stärker unter ihren Schmerzzuständen und möchte aus Angst nicht mehr allein in der neuen Wohnung bleiben. Über ihren Hausarzt lässt sie sich in eine psychosomatische Klinik einweisen. Als sie nach einigen Wochen zurückkommt, geht es ihr besser, sie fühlt sich entspannt und erholt. Aber ihre Alltagssituation bleibt unverändert, die Zukunft ungewiss. Tradierte Vorstellungen, aber auch Hoffnungen vom Altwerden in der Familie haben nur einen geringen realen Bezug.

(...) Früher, wenn man dann alt wurde, dann wurde man in der Familie gepflegt, von den Kindern. Heute geht es ja nicht, die Jugendliche haben selber keine Arbeit. Oder wenn sie arbeiten, dann können die selber nicht, und sie haben Kinder. (...) Ich hab' mir so etwas nie vorgestellt in mein Leben. Eben wie in jeder Familie, die hält irgendwie zusammen, Enkelkinder, man ist so zusammen am Wochenende, oder? Ist ganz anders gekommen. Meine Tochter ist weit weggezogen. ***Interviewerin:*** *Haben Sie viel Kontakt mit Ihrem Sohn?* ***Rosa M.:*** *Ja. Er hat ja auch wenig Zeit, muss sich selber versorgen. Ich möchte ihn mit meinen Problemen nicht sehr viel belasten, er hat ja auch selber Probleme. (...) Sinti machen heute nicht mehr viel untereinander. Das ist jetzt fast alles vorbei. Die Ältere sind weg und die Jüngere... Das ist ja auch dadurch vielleicht, weil sie wohnen sehr zerstreut, sehr weit auseinander. Es wäre ja schöner, wenn man näher zusammen wohnen würde. Da wär' das Leben nicht so schwer, glaube ich, wenigstens, wenn sie da dann ein bisschen reden mit denen zusammen und so. (...) Wie soll ich das sagen? Da ist irgendwie, man fühlt sich nicht so allein, wenn sie ihre Muttersprache reden. (...) Und das ist das auch, die finanzielle Sache. Früher konnte man sich ja mehr leisten, mehr Leute einladen, Geburtstage gefeiert, auch mal am Wochenende zum Essen getroffen.* ***Interviewerin:*** *Das geht alles mit der Sozialhilfe nicht?* ***Rosa M.:*** *Jetzt geht das nicht. Dadurch sind auch sehr viele auseinander gekommen, nicht mehr so viel zusammen. Man kann auch kaum was anbieten den Leuten. Muss man gucken, wie man selber durchkommt. (...)*

In der jahrhundertealten Kultur der Sinti ist es noch immer eine hohe Pflicht der Kinder, die alten Eltern zu unterstützen und zu pflegen, wenn sie hilfsbedürftig werden. Alten- und Pflegeheime sind Tabu. Aber die Emanzipation und Integration der jüngeren Sintigenerationen in die Wissens- und Dienstleistungsgesellschaft bringt immer stärkere und größere Veränderungen in die Kultur. Arbeitende Kinder, die in kleinen Wohnungen leben, können ihre Eltern nicht zu sich nehmen bzw. Eltern wollen unter diesen Umständen nicht zu ihren Kindern. Und so kommt es immer häufiger vor, dass Altenheime in Anspruch genommen werden müssen, begleitet von einem beiderseitigen Prozess der Trauer, Verletzung und Scham. Rosa M. erinnert sich an die letzte Lebensphase ihrer Mutter, wenn sie über ihr eigenes Altsein nachdenkt.

(...) Meine Mutter hatte eigene Wohnung gehabt. Und ich bin da jeden Tag hingegangen, und da hat auch meine Schwester dort gewohnt, aber ich hab' meine Mutter gepflegt. (...) Wo meine Mutter in Krankenhaus war oder zuhause, sie wollte nicht von den Schwestern bitten. Wir haben sie gewaschen, gefüttert und alles, zuhause und im Krankenhaus auch, bis in die Zeit, wo sie starb. Sie wollte nicht von fremden Leuten und auch von Deutschen nicht, glaub ich, gepflegt werden. Und da hab' ich auch jetzt Bedenken darauf, ne, wie das wird... (...) ***Interviewerin:*** *Vorhin haben Sie gesagt, Sie fühlen sich in Deutschland „gehasst", können Sie sich dann vorstellen, in ein deutsches Altenheim zu gehen?* ***Rosa M.:*** *Nein, das stelle ich mir schrecklich vor. Wenn ich das schon aus dieser Zeit kenne, dann ..., ich weiß es nicht, ich weiß nicht. Ehrlich gesagt, ein bisschen Angst hab' ich schon. (...)*

Viele der heute in Deutschland lebenden alten und älteren Sinti sind Überlebende der NS-Verfolgung, ob sie deutsche Sinti oder aber in den letzten Jahrzehnten aus Osteuropa nach Deutschland eingewandert sind. Sie leiden unter den Folgen der massenhaft durchgeführten Zwangssterilisationen, der Konzentrationslagerhaft und der Zwangsarbeit.[48] Bis in die 60er Jahre wurden Sinti und Roma nicht als „rassisch" Verfolgte" im Sinne des Bundesentschädigungsgesetzes (BEG)[49] anerkannt. Damit fiel diese Verfolgtengruppe nicht unter die bundesdeutschen Entschädigungsreglungen. Erst 1965 wurde diese Rechtsprechung aufgehoben. Die Fristen für Entschädigungsanträge liefen vier Jahre später aus. Wiederum besteht erst wieder seit 1981 die Möglichkeit, über so genannte Härtefonds des Bundes und einzelner Bundesländer einmalige Zahlungen oder monatliche Renten zu beantragen. Hierbei existieren erneut diverse bürokratische Hürden. Viele Sinti und Roma haben deshalb keine oder erst sehr spät eine Entschädigung erhalten. Auch ist die Altersarmut unter ihnen überdurchschnittlich hoch. Häufig haben sie nur unzureichend oder gar nicht in die sozialen Sicherungssysteme eingezahlt, ob aus Unkenntnis, weil das Geld dafür nicht vorhanden war oder weil sie nicht in Deutschland lebten.

---

[48] Siehe dazu Heike Kokowski (2001): Die Last der Vergangenheit. Auswirkungen der nationalsozialistischen Verfolgung auf die deutschen Sinti. Frankfurt/M.

[49] Das BEG regelt die Entschädigung der „politisch, rassisch und religiös Verfolgten" durch das NS-Regime. Zu den Reglungen siehe Günter Saathoff, Sonja Schlegel (1995).

Rosa M. lebt heute von etwa 300 Euro. Sie erhält Bezüge nach dem Sozialgesetzbuch. Ob sich ihre Kinder einmal um sie kümmern können, ist völlig offen.

Andrea Zielke-Nadkarni, Märle Poser

Didaktisierung
Die Sintessa Rosa M., die sich hier fremd und verlassen fühlt

Arbeitsauftrag 1

Bearbeiten Sie in arbeitsteiligen Kleingruppen die folgenden Fragen zur Lage der Roma und Sinti als gesellschaftliche Randgruppen in Deutschland und Europa aus historischer Sicht. Recherchieren Sie dazu im Internet:

1. Was bedeutet der Begriff „Zigeuner“? Recherchieren Sie seine Geschichte.
2. Ab wann sind Verfolgungen der Roma und Sinti in Deutschland bekannt, und wie sahen sie aus?
3. Was war der „Zigeunernachrichtendienst“?
4. Was versteht man unter „Zigeunerlagern“?
5. Recherchieren Sie mit den Schlagwörtern „Zigeuner“ und „Zwangsarbeit“.
6. Was bedeuteten im „Dritten Reich“ die Begriffe „Blutschutz” und „Erbgesundheitsgesetz“?
7. Was beinhaltete der Erlass zur „Bekämpfung der Zigeunerplage“ von 1938?
8. Was ist mit der Aussage „die ‚Zigeuner‘ als ‚vergessene Opfer‘ des Nationalsozialismus“ gemeint?
9. Wie ist die gesellschaftliche Position von Roma und Sinti heute?

Arbeitsauftrag 2

Schauen Sie den Dokumentarfilm „2 oder 3 Dinge, die ich von ihm weiß“ (Deutschland 2005, Regie: Malte Ludin; Laufzeit: 89 min; FBW-Prädikat: besonders wertvoll) gemeinsam an.

Inhalt und Hintergrund des Films

Hanns Ludin, 1947 als Kriegsverbrecher zum Tode verurteilt und hingerichtet, war ein überzeugter Nationalsozialist und SA-Führer, der von Hitler zum bevollmächtigten Minister des Großdeutschen Reiches in der Slowakei ernannt wurde.

Damit war er auch für Deportationen von Menschen in die KZ zuständig. Zugleich war Ludin treusorgender Ehemann und Vater von sechs Kindern.

Der Regisseur dieses in seiner Art einmaligen Dokumentarfilms über die Familie ist Malte Ludin, das 1942 geborene zweitjüngste Kind von Hanns Ludin. Obwohl seine Mutter ihm in mehreren Filmdokumenten und Interviews von den Aktivitäten des Vaters während der Nazizeit erzählt hat, wagt sich der Filmemacher erst nach ihrem Tod 1997 an die Verfilmung des Materials. Ergänzt wird es durch seine Besuche bei ehemaligen Opfern seines Vaters und durch Gespräche mit seinen drei Schwestern, die er mit der bekannten und doch von ihnen nie wirklich akzeptierten Wahrheit über ihren Vater konfrontiert, um so endlich das Schweigen über die Vergangenheit zu brechen und eine Bewältigung zu ermöglichen. Während Malte Ludin die Verbrecherseite seines Vaters als Tatsache hinnimmt und sie im Rahmen seines Berufslebens als Politologe und Filmproduzent bearbeitet, stößt sie bei seinen Schwestern weiterhin auf emotionale Schwierigkeiten: Es ist ihnen unmöglich, Hanns Ludin als ihren Vater und zugleich als Verbrecher gegen die Menschlichkeit wahrzunehmen. Damit stehen sie nicht allein. Vielfach ist diese Wahrheit erst in der Generation der Enkel zu ertragen, wie auch der Film deutlich macht, der damit an internationale Forschungsergebnisse anschließt, die zu ähnlichen Resultaten kommen.

Arbeitsauftrag 2a) (Einzelarbeit und Plenum)

„Auch die Kinder (und Enkel) der Täter sind Opfer.“ Begründen Sie diese Aussage anhand des Films und diskutieren Sie Ihre Ergebnisse in der Gesamtgruppe.

Arbeitsauftrag 2b) (Plenum)

Diskutieren Sie den unterschiedlichen Umgang von Malte Ludin und seinen Schwestern mit der Wahrheit. Können Sie Verständnis für die Sichtweisen aller entwickeln?

Christina Hilgendorff

„Merken Sie diese Gemeinheit?" – Begegnung mit Lily P.

(...) Hier bin ich, in der Mitte. Wo ist jetzt meine Schwester? Die war immer die Schönste, fand ich. Das ist meine Schwester! Und jetzt muss ich eben Hanni finden. Moment, hier bin ich, das ist meine Schwester, die Carla. Ach, Hanni ist hier, wenn Sie genau gucken. (...) Sie sehen, es ist was Lebendiges. Zum Glück hat sie überlebt. Leider haben nicht alle überlebt. Die Kleinen, da haben nicht viele überlebt, und die einzelnen Schicksale... Aber jetzt, für heute höre ich auf, ich merke, ich kann nicht mehr. (...)[50]

Lily P. beugt sich über ein Foto, das in ihrer Jugend aufgenommen wurde. Junge Mädchen sind darauf zu sehen, hübsche junge Menschen, die in die Kamera schauen. Das Foto entstand in einem niederländischen Internierungslager. Lily P. hatte dort seit 1939 gelebt, bis sie 1944 in das KZ Theresienstadt[51] verschleppt wurde. Als die russische Armee Theresienstadt endlich erreichte, war sie fast 20 Jahre alt und hatte ihre Jugend in Lagern verbracht.

Lily P. sitzt in ihrer Küche, vor sich den warmen Tee und Kekse, auf den Knien das Buch mit den Fotos. Sie erzählt nur sehr wenig von diesem Teil ihres Lebens, denn sie fürchtet die seelischen Nachwirkungen. Lily P. ist eine kleine, zarte Person, deren Gesicht immer noch Jugendlichkeit birgt, und wenn sie über ihre Freundinnen von damals spricht, strahlt sie eine tiefe Wärme und Lebendigkeit aus. Noch heute lebt sie in der Wohnung, in der

[50] Interview mit Lily P. am 7. Februar 2007.

[51] Das Lager Theresienstadt wurde 1941 von der SS als Sammel- und Durchgangslager für die Deportationen in die Vernichtungslager in der tschechischen Stadt Terezin installiert. Anfangs waren dort Jüdinnen und Juden aus Böhmen und Mähren inhaftiert, ab 1942 deportierte die SS auch Jüdinnen und Juden aus Deutschland und Westeuropa in das Lager. In der NS-Propaganda wurde das Lager in seiner Funktion als Alten- und „Prominenten"-Ghetto für deutsche Juden und Jüdinnen inszeniert. Etwa 150.000 Menschen waren hier bis 1945 inhaftiert. Zu Theresienstadt siehe H.G. Adler (1955): Theresienstadt 1941-1945. Das Antlitz der Zwangsgemeinschaft. Tübingen. Stefan Bamberg (2007): Holocaust und Lebenslauf. Autobiographisch-narrative Interviews mit Überlebenden des Konzentrationslagers Theresienstadt. Heidelberg.

sie ihre drei Kinder großgezogen und sehr viel später ihren schwerkranken Mann gepflegt hat. Die Wohnung ist voller Bücher, Papiere, Briefe, Bilder und Fotos. Lily P. fotografiert gern, und einige ihrer Naturaufnahmen hängen neben Aquarellen über dem Küchentisch.

(...) Ich bin jedes Wochenende mal zum Essen bei meiner jüngsten Tochter, die wohnt in T. mit ihrem Mann. Und einmal die Woche kommt dann mein Jüngster, der auch diese schönen Sachen malt, und der macht mir alle meine Papierarbeiten, d.h. Korrespondenz und Aktengeschichten und amtliche Briefe. Früher – mein Mann war ja sehr lange krank, drei Jahre, immer zu wieder in Krankenhäusern – da hab' ich alle die amtlichen Wege alleine gemacht und ziemlich viel Post, nach seiner Anleitung. Und jetzt kann ich von einer Behörde kaum einen Brief mehr angucken, das hat was mit dem Alter zu tun. Es ist mir zuwider, es ist mir zuwider. Weil, für alles muss man 100 Fragen beantworten. Ich übertreibe, aber es ist so: immer wieder Fragebögen. Selbst für die Rente und für die Krankenkassen. Für den kleinsten Mist muss man wer weiß wie viele Fragen beantworten. Und das ist 'ne Zumutung, wenn man das irgendwie vorbringen könnte, bei den Kommunen oder Krankenkassen. (...)

Oder was in diesen Entschädigungsämtern vor sich geht. Wir haben viele Bücher über diese Gesetzgebung, Entschädigungsgesetzbücher. Und wenn ich da mal reingeguckt hab, da habe ich Sätze gefunden, dass es mit Wohlwollen behandelt werden muss. Aber jetzt muss man selber die Nerven haben, einem Beamten das auf den Tisch zu knallen und sagen: „Hier steht ‚mit Wohlwollen' und nicht mit ‚noch Steine in den Weg legen'." Ah, das ist ganz fürchterlich. Mein Mann hatte einen Bruder, der ist vor ihm verstorben. Er war in vielen KZs und auch in Auschwitz und ist natürlich kaputt herausgekommen. Der hat mal auf dem Amt, ich will gar nicht genau nennen wo, wirklich Stühle und Tische zerschlagen, der konnte es nicht aushalten. (...)

Ich hab' auch immer noch Angst, Papiere wegzugeben. Weil im Laufe dieses Lebens, nach der Shoah, von den Behörden immer Papiere verlangt wurden. Was man nicht schwarz auf weiß hat, wird nicht bestätigt, wird nicht anerkannt. Das ist es, das können Sie wirklich aufschreiben, das ist eine Qual für alte Leute, das muss abgeändert werden. (...) Es darf für Op-

fer des Faschismus keine Fristenreglung[52] *geben. (...) Es dürfte nicht sein, es ist sehr unmenschlich geregelt, darüber kann ich mich gar nicht unterhalten, ohne Wut zu kriegen, das war ein Kampf und ist es bis heute. (...)*

„Für den kleinsten Mist..., es ist nicht zum Aushalten..., ohne Wut zu kriegen." Lily P. ist energisch und direkt in ihrer Empörung, in ihrem Gerechtigkeitsempfinden, in ihrer Haltung, trotz und wegen ihrer 82 Jahre.

Geboren wurde sie 1925 in H., einer Stadt im Ruhrgebiet. Ihre Eltern waren ArbeitsmigrantInnen aus Polen, und der Vater engagierte sich bald in der Arbeiterbewegung. Die Eltern von Lily P. waren chassidische Juden und erzogen ihre drei Kinder in ihrem Glauben. Als nach 1933 Hetze und Diskriminierung das Leben der Familie immer mehr eingrenzten und zerstörten, reagierten die Eltern noch abwartend. Eine Auswanderung konnten sie ohnehin nicht finanzieren. Nach dem Pogrom 1938 aber entschieden sie sich trotz aller Schwierigkeiten dafür, das Land zu verlassen. SA-Männer waren in die Wohnung eingedrungen, hatten die Mutter angegriffen und die Einrichtung zerstört. Lily P. und ihre Schwester überstanden den Tag im Kleiderschrank einer Nachbarin. Der Vater wurde vorübergehend inhaftiert.

Ziel ihrer Flucht waren die Niederlande. Das Land war auch zu Fuß erreichbar und stand noch in dem Ruf, liberal und tolerant zu sein. Aber die Situation dort hatte sich verändert. Seit Sommer 1938 erschwerte die Regierung die Einreise für Flüchtlinge, nach dem Pogrom verschärfte sie die Einreisebedingungen weiter – die Grenze war faktisch geschlossen –, erste Internierungslager für Flüchtlinge wurden errichtet.[53] Viele Menschen mussten jetzt illegal über die Grenze gehen. Die Familie trennte sich, Lily P. und ihre Schwester wurden von der Mutter allein in den Zug gesetzt – um eine Verwandte zu besuchen. Denn in Begleitung eines Erwachsenen stand die Chance, in das Land zu kommen, noch schlechter. Die Erwachsenen und der Bruder gingen allein. Die Mädchen waren damals zwölf und dreizehn Jahre

---

52 Gemeint sind hier die sehr kurzen Antragsfristen des Bundesentschädigungsgesetzes (BEG), die nur mit großen Aufwand Ausnahmen zuließen. Auch bei der laufenden Verwaltungspraxis von BEG-Zahlungen spielen Antragsfristen eine Rolle, zum Beispiel für die Beantragung der Hinterbliebenenzahlung nach dem Tod des Renten empfangenden Ehepartners.

53 Zu der Situation in den Niederlanden siehe Nada van der Zee (1999): „Um Schlimmeres zu verhindern..." Die Ermordung der niederländischen Juden: Kollaboration und Widerstand. München.

alt, und niemand in der Familie wusste, was sie auf dieser „Reise“ erwartete und ob sie sich wiedersehen würden. Ihr Zuhause war für immer verloren.

Allen gelang der Grenzübertritt, aber die Kinder trafen erst ein Jahr später in einem Internierungslager wieder mit den Eltern zusammen. Bis dahin hatten Lily P. und ihre Schwester eine Odyssee durch Kinderheime und Kinderflüchtlingslager hinter sich. Anfang 1942 wurde das Internierungslager endgültig von der SS übernommen und als KZ- und Durchgangslager damit zu einem Vorhof der Vernichtungslager, über das man die jüdische Bevölkerung des Landes in den Osten deportierte. 1944 stand auch die Familie von Lily S. auf der Deportationsliste. Vater und Bruder starben bei Kriegsende im Konzentrationslager, nachdem sie von der SS auf den Todesmarsch gezwungen worden waren. Die Mutter und die beiden Mädchen wurden im Mai 1945 in Theresienstadt befreit.

Lily S. hat Europa danach verlassen und einige Jahre in Israel gelebt; dort heiratete sie auch. Ende der 50er Jahre kehrte sie mit ihrem Mann und ihrem ersten Kind nach Deutschland zurück; seitdem lebten sie in D. Ihr Mann, ein Überlebender der Shoah wie sie, beschäftigte sich neben seiner Arbeit viel mit dem Nationalsozialismus. Lily P. hat damals einen anderen Weg gewählt, mit dem Erlebten umzugehen, und versucht, der Erinnerung aus dem Weg zu gehen. Heute ist das anders. Ganz bewusst liest sie nach. Und vor Schülern und Schülerinnen spricht sie über die erlebte Verfolgung. Große Ängste vor Antisemitismus und Neonazismus treiben sie dazu, sich aktiv dagegen einzusetzen.

(...) Es war mal, es ist manchmal ganz im Unterbewusstsein verdrängt, jahrelang, wenn man Kinder großzieht und anderes zu tun hatte. Aber mein Mann hat sich ja ständig damit beschäftigt. Das war hier, in dieser Wohnung nie ganz verdrängt, auch, weil wir ständig kämpfen mussten, wegen jeder Kleinigkeit... (...) Ich wollte gar nicht so viel Wissen haben über alle KZs, über alle Arten, wie meine Mitmenschen, Mitjuden umgekommen sind. Das wollte ich nicht. Ich war oft böse mit ihm. Aber jetzt, wo ich selber gefragt wurde, ob ich was von meinem Leben erzählen kann... Weil es wichtig ist, dass die Schüler auch mal jemanden sehen, der es wirklich erlebt hat. Denn die Neonazis behaupten ja, und ich möchte sogar sagen, die Feinde Israels behaupten, es habe den Holocaust nicht gegeben. Und plötzlich brauche ich die Bücher, ich nehme da mal was raus und dort mal was raus,

da muss ich Abbitte leisten, lieber Simon. (...) Auf der einen Seite würde mein Mann jetzt wohl sagen: „Aha, na siehst du, jetzt brauchst du sie!“ Aber auf der anderen Seite, wenn er mein Alter berücksichtigte, würde er sagen: „Das ist vielleicht doch zu viel für dich.“(...)

Nicht nur sie selbst, auch ihre Kinder machen sich inzwischen Sorgen, dass sie sich bei diesen Veranstaltungen übernimmt, und bitten die Mutter, diese Aufgabe nicht mehr wahrzunehmen. Aber bei der letzten großen Gedenkveranstaltung hat sie doch wieder gesprochen, obwohl sie die Nachwirkungen kennt und fürchtet. Die Initiatoren hatten sie gebeten, als Zeitzeugin zu sprechen. Es gibt immer weniger Menschen, die über die Verfolgung noch aus eigenen Erfahrungen berichten können, und nicht wenige von ihnen stellen auch deswegen die politische Arbeit über die eigene Gesundheit und ihr seelisches Wohlgefühl.

(...) Es ist eine große Anstrengung für uns alte Menschen. Es ist nicht gut, sich mit diesen schlimmen Geschichten zu beschäftigen, jeder hat eine andere seelische und körperliche Gesundheit. Ein anderes intellektuelles Vermögen, damit umzugehen, das zu verarbeiten. Man kann sich als alter Mensch immer schwerer erholen. Ich kann nur unter großen Anstrengungen diese Erzähltermine bestehen. Das geht mir sehr lange nach. (...) Es ist, wir sind wirklich Opfer, und das legt sich nicht im Laufe des Lebens. Wenn man älter wird, ist der Abstand nicht größer, sondern er rückt sogar näher. (...)

Gemeinsam mit einer Studierendengruppe besuchte sie vor einigen Jahren das Konzentrationslager, aus dem sie befreit wurde. Es war das erste Mal, dass sie diesen Ort wieder betreten hat. Sie war in Begleitung einer guten Freundin. Doch als Angst und Schrecken sie zu überwältigen begannen, half ihr etwas anderes: Sie sprach gegen die Zerstörung und Vernichtung der Menschen an mit einem Jahrtausende alten jüdischen Heiligungsgebet Gottes.

(...) Und dann der erste Tag, wir sind Sonntagnacht gefahren. Montag war das KZ Theresienstadt. Ich war seitdem nie wieder dort, seit der Befreiung 1945. (...) Und wie wir dort waren, (...) und ich hab' dann... Dann stand ich erstmal da und hab' Herzklopfen gekriegt, als wären 50 Jahre nicht vergangen. Und ich hatte echt das Gefühl, dass hinter mir ein Tor zugeht. Es war ganz fürchterlich. ***Interviewerin:*** *Haben Sie damit gerechnet, dass das passiert?* ***Lily P.****: Nein, ja, ich konnte damit rechnen, weil ich mal in S. war.*

Und dort ist mein Vater und der Bruder umgekommen, und S. ist ja heute auch ein Gedenkplatz, ein Riesengedenkplatz. Ich konnte es nicht aushalten, ich hab' gemeint, in Theresienstadt ist das leichter, aber es war nicht leichter, überhaupt nicht. **Interviewerin:** *Konnten Sie sich da helfen in der Situation?* ***Lily P.**: Ja, ich hab' mit einem jüdischen Studenten Kaddisch gesagt, das war die einzige Hilfe. (...)*

Es lohnt sich schon, mit anderen Jugendlichen dahin zu fahren. Es ist wichtig, weil diese Neonazis so einen Zulauf haben, weil sie stark sind. Und weil sie von irgendwelchen Hintermännern, die viel Geld haben, unterstützt sind. Also da müssen Sie sich schon als junge Menschen drum kümmern, wie treten wir diesem entgegen. Ich finde es wahnsinnig gefährlich, davon bin ich so sehr vorsichtig, etwas zu erzählen. Ich sag auch nie, wenn ich irgendwo fremd bin, dass ich Jüdin bin. Es fällt direkt niemandem auf, und wenn ich vor mir Leute habe – das war auch in den Ferien und oder im Urlaub so – und ich es nicht nötig habe, etwas von mir zu sagen, dass ich Jüdin bin, dann tue ich das nicht. Die Angst ist da, die ist auch nicht weg im Alter, die ist nicht weg. (...)

Lily P. kann viele Geschichten erzählen über ihre Erlebnisse als Jüdin in Deutschland, gerade im Umgang mit der eigenen Generation. Sie gerät bei solchen Begegnungen in eine schwierige Position. Vielleicht ist es die Angst vor Mitleid oder auch vor Antisemitismus, die sie veranlassen, auf Unwissenheit, aber auch auf Schweigen und Abwehr nicht offen zu reagieren und stattdessen Leid und Entsetzen für sich zu behalten.

(...) Wir sind immer gerne und viel gewandert. Wir waren auch integriert in diesen Gemeinden und bei den Wandersleuten im Wanderverein. Und zehn Jahre lang hat niemand gewusst, wer wir sind. Da gibt es ja auch so kleine Feste. (...) Und Herr C. sitzt neben mir, und der Herr C. erzählte immer sehr viel von seiner Kriegsgefangenschaft in Sibirien. Das ist es ja, man muss auch mit Geduld immer Sachen anhören, und auch die Klagen der Menschen, die eigentlich mit im Krieg waren und die erzählen, sie haben nichts gewusst. Obwohl doch jeder, gerade jeder Soldat, es gewusst hat. Sein Auftrag war, zuerst die Juden, die Juden gefangen nehmen, einsammeln, in die KZs schicken.

Also, ich hab' auch darauf nicht geantwortet. Normalerweise hätte ich mich provoziert fühlen müssen, wenn jemand sagt, er hat nichts gewusst, dass er im Krieg war und wie er gelitten hat in Sibirien, in der russischen Gefangenschaft, und wie tüchtig er trotzdem war. Und nach zwei, drei Bierchen stößt er mich an und sagt: „Wo waren Sie denn im Krieg?" Und ich hab' nur zwei Buchstaben gesagt: „KZ." Er ist beinah von der Bank gefallen. Von da an musste ich dann ab und zu mal was sagen. Aber mit der allergrößten Vorsicht. (...) Dann hab' ich, langsam, langsam, dann preisgegeben von mir, dass wir Juden sind. Selbst unsere Wirte, denen das Haus gehörte, wussten nichts, keine Ahnung. **Interviewerin:** *Und wie ist das dann weitergegangen, hatten Sie dann eine andere Beziehung, wie hat sich das verändert?* **Lily P.:** *Es hat sich nicht mal verändert, und das halte ich mir zugute. Dass ich dann nach und nach wohl was erzählt habe.*

Und mein Mann hat auch ganz gerne gemalt. Und da war ein Malermeister im Ort. Und er hat dann mit denen gemalt. Und der Herr C., wo er es schon mal wusste, dass wir Juden sind, hat dem Herrn U. gesagt: „Sehen Sie, dass sind ja Juden, die P." Da war er erst so ein bisschen konsterniert, aber der nächste Satz war: „Ja, mein Vater war Pfarrer, aber wir wussten das nicht." Und ich habe denen das nicht übel genommen, die Natur hat mich versöhnt. (...) Die waren die erste Zeit, der Herr U, der war auch erst geschockt, der Malermeister, der C., weniger. **Interviewerin:** *Was meinen Sie mit „geschockt", können Sie das näher erklären?* **Lily P.:** *Er hat es nicht begriffen und hat sich, ich sagte Ihnen ja, ich möchte niemanden betroffen machen, und ich hab' dem aus dem Schock geholfen. Ja, dass er sich nicht schockiert fühlen braucht. Ja, da ging's: „Mein Vater war ja Pfarrer da und dort, und wir haben da und dort." Und dann hat er irgendwelche jüdischen Bekannten ausgegraben. Ich hab' es ihm nicht geglaubt, aber ich hab' es ihn glauben machen.*

Ich möchte nicht mit Leuten umgehen, die sich betroffen fühlen. Das hat schon Kraft gekostet, dafür war uns aber die Luft und diese Natur schon wichtiger als unsere schreckliche Vergangenheit, die Shoah. (...) Ich habe dann langsam dem Herr U., dem Malermeister, etwas von meinem jüdischen Leben und Können beibringen können. Dann kamen schon Fragen, dann wollten sie schon mehr wissen über das Judentum überhaupt. (...)

Aber es sind nicht nur die persönlichen Begegnungen, die das Leben für NS-Verfolgte im Land der TäterInnen schwer machen. Es sind auch die gesellschaftspolitischen Entscheidungen und Alltagsroutinen, die die Menschen immer wieder mit dem erlebten Leid konfrontieren und sich auch auf deren Kinder übertragen. Seit über 50 Jahren lebt Lily P. wieder in Deutschland, das Land, in dem sie geboren wurde und aus dem die Familie nach dem Pogrom 1938 geflüchtet ist. Zugehörig hat sie sich aber nie wieder gefühlt: „... nur ganz, ganz wenig."

(...) Ich selber gehe nicht zu Ämtern. Aber ich bekomme ja Briefe, also, ich müsste ja. Mein Mann ist ja auch verstorben an dem Leiden, das anerkannt worden ist. Und da ist der Punkt, wenn die Behörde sagt, das ist nicht anerkannt. Wenn irgendein ärztlicher Gutachter, sagen wir mal in Israel – wie es bei mir der Fall war – keine Ahnung hatte, wie in Deutschland die Ämter handeln und anderthalb Seiten Gutachten schreibt. Und ich versäume die Frist, um das zu widerlegen, deshalb stehe ich mit einem schlechten Gutachten da, seit 47 Jahren.

Interviewerin: *Wie geht es Ihnen, wenn Sie heute auf deutsche Ämter kommen?* ***Lily P.:*** *Ich gehe gar nicht. Ich müsste zur Krankenkasse gehen, Verschiedenes regeln, es widerstrebt mir noch und noch. Es ist ein Gefühl vom KZ her, ich habe das nicht überwunden, Ämter und Uniformen, und überhaupt, Vorschriften, das hab' ich nicht überwunden. (...) Das begleitet mich noch. Ich finde das furchtbar, wie das gehandhabt wird: Diese Krankheit wird anerkannt, die ist die Folge von jahrelangem KZ, aber dann wird auch nur das behandelt. Ich sag mal als Beispiel: die Augen. Wenn Sie aber Herzschmerzen haben, das wird schon nicht mehr mit behandelt. Ich komme zum Arzt, und dann sagt der mir: „Ich habe von Ihrer Kasse ein Schreiben bekommen, das und das darf ich nicht verordnen." Merken Sie diese Gemeinheit? Das dürfte nicht sein, der geschädigte Mensch müsste behandelt werden vom Haar bis zur Zehe.*

Es ist nicht zu fassen, diese reiche Bundesrepublik, und sie haben den Reichtum von den Juden genommen und geraubt. Ich habe hunderte Bücher, wo das festgestellt ist, mit Statistiken, haargenau, nachkontrolliert. Und dann solche Gesetzgebung. (...) Mein Mann war wohl lungenkrank geworden in dieser schweren Zeit, und es war wohl verfolgungsbedingt anerkannt, aber ich muss immer noch kämpfen, dass ich das Sterbegeld bekomme[54]*. Ja, das macht jetzt meine Tochter. Darum sag ich, ich kann keinen Brief mehr*

---

[54] Zu Praxis der Entschädigung siehe Pross (1988).

angucken, auch wenn er harmlos ist. Die sagt ja auch: „Siehst du, du öffnest nichts mehr." Bei meinem Mann habe ich geöffnet, der war drei Jahre lang sehr krank. Da hab' ich das für ihn gemacht, aber für mich kann ich das nicht mehr. Und mein jüngster, der kann die Briefe auch nicht sehen. (...)

Lily P. ist in ihrem hohen Alter noch ein wacher und offener Geist. Intensiv nimmt sie am Leben der Jüdischen Gemeinde teil und hat viele Freunde, junge und alte, in ihrer nahen und fernen Umgebung, die sie in ihre Lebenswelten integrieren: Bücher austauschen, Essenseinladungen, Briefe und Besuche. Jüdischsein ist das stärkende Zentrum ihrer Identität, und sie spricht unter anderem Hebräisch und Jiddisch, was ihr die Teilnahme am internationalen religiösen Leben ermöglicht. Auch ihren Alltag organisiert sie weitestgehend allein, sie geht einkaufen und zum Arzt. Aber das stundenlange Warten in der Praxis zehrt inzwischen an ihren Nerven. Proteste helfen nicht, dennoch will sie den Arzt nicht mehr wechseln. Er kennt sich mit den Entschädigungsämtern aus, und dieses Wissen überwiegt letztlich den Ärger. Neben den Kindern kommt inzwischen regelmäßig eine Nachbarin, die ihr bei den körperlich anstrengenden Hausarbeiten hilft. Diesen ersten Einschränkungen ihrer Autonomie konnte sie mit Ruhe und Gelassenheit begegnen.

(...) Und noch mache ich den größten Teil meines Haushalts ja alleine, Sie sehen, da steht die Wäsche, ich habe gestern noch die Maschine laufen lassen, aber bis ich dann die Wäsche falte, das kann auch mal noch zwei, drei Tage liegen. (...) Aber ich kann nicht gut aushalten, wenn ich merke, dass es da und dort schmuddelig wird. Aber da habe ich ja meine liebe Frau W. Und das ist ja mein Glück, dass sie im Haus wohnt. Sie ist eine ganz seltene Perle. (...)

Aber in der letzten Zeit ist diese Gelassenheit verloren gegangen, denn es geht ihr gesundheitlich nicht gut. Lily P. hat eine Grippe nicht wie gewohnt gut und schnell überstanden, sondern laboriert immer noch daran. Ihr Körper ist nicht mehr so widerstandsfähig. Diese Erfahrung macht sie unsicher und traurig.

(...) Wenn ich mich jetzt schlecht fühle, so, wie ich das in den letzten Wochen leider habe, dann denke ich, ja, es kann jeden Augenblick was Ernstes passieren. (...) Ich möchte ja so lange selbstständig sein wie möglich. Und

deshalb denke ich, meine Traurigkeit im Moment, wenn ich mich schwach fühle... (...)

Belasten tut sie auch etwas anderes. Lily P. hat das Ziel, ihre Bücher, Bilder, Briefe – Zeugnisse ihres Lebens – geordnet zurückzulassen. Kinder und Freunde sollen keine große Arbeit haben, gleichzeitig möchte sie die ihr wertvollen Sachen in wertschätzende Hände übergeben. Sie ist deshalb dabei, all die in der Wohnung angesammelten Dinge durchzusehen, zu ordnen und auszusortieren und damit natürlich auch zurückzublicken, Abschied zu nehmen.

(...) Was mich belastet, dass hier viel zu viel noch aufzuarbeiten ist, nicht. Diese Bücher, dafür muss man Platz haben, wenn ich mal nicht mehr in der Wohnung bin. Wer hat Platz für Wände voll Bücher? Das belastet mich schon. (...) Also jeder Tag ist schon harte Arbeit, um einen guten Ablauf zu haben. Ich muss ja gar nicht mehr diszipliniert sein, aber ich möchte noch viel schaffen. (...). Es kann jeden Augenblick was Ernstes passieren, und dann lässt du das deinen Kindern. (...)

Wie viel Liebe, Kraft und Lebendigkeit in den Beziehungen zu den sie umgebenden Menschen liegt, erspürt man in einer kleinen Bemerkung:

(...) Wir haben nie eine ordentlich möblierte Wohnung gehabt, bis heute nicht. Die Bank ist 47 Jahre. Hier drüben waren meine drei Kinder in der Volksschule, die ersten vier Klassen. Und alle Mitschüler, die saßen hier auch auf der Bank. Eine von denen ist eine sehr, sehr gute Handchirurgin geworden und die sagt: „Ja, ich muss ja mal zu der Ima [Hebräisch für Mutter] *kommen, ich will doch wieder auf dieser Bank sitzen." Aber sie hat so viel zu tun in der Praxis, sie muss bis spät in die Nacht Gutachten schreiben. Sie ist eine ganz, ganz wunderbare Frau. (...)* ***Interviewerin:*** *Ist das ein gutes Gefühl, dass die Bank alt ist und die ganzen kleinen Jungs und Mädchen hier manchmal in ihren Gedanken sitzen?* ***Lily P.:*** *Ein sehr gutes. (...)*

Wie es sein wird, wenn sie mal nicht mehr so genug Kraft hat? Für diese Zeit hat sie zwei Bilder, eine Schreckensvision und eine wunderbare Aufforderung:

(...) Ja, schauen Sie, für alte Menschen, die jetzt, so wie ich, allein in einer Wohnung leben, ich lebe ja nicht allein. Ich habe die Frau W. als Nachbarin, zur Not gibt es hier ja zwei ganz junge Frauen auch noch. Und meine Kinder und wen immer. Ich habe schon Leute, die ich anrufen kann. Aber

das Gefühl, mal in ein Altenheim zu müssen, ist ganz schrecklich. (...) Denn, ein Altersheim kann geführt sein, wie es will, in dem Moment, wo man nicht gefordert wird, verliert man alles. Alle Möglichkeiten. Man verliert das Wissen, das man hat, wenn man nicht gefordert wird. Man verliert die Fähigkeiten. Das sehe ich ja selbst hier in meinem kleinen Haushalt. Und es ist wichtig, die Fähigkeiten zu behalten, wenn es nur irgendwie geht, körperlich und vor allem geistig. Und, im Grundgesetz heißt es so schön, die Würde des Menschen ist unantastbar, und die müsste unantastbar bleiben für jeden alten Menschen. (...)

(...) Für den alten Menschen ist es wichtig, dass man auch junge Leute um sich hat, dass man sich gegenseitig befruchtet. Alte Menschen haben auch ihre Talente gehabt und haben sie noch. Und wenn die irgendwie gefordert werden, sie müssen auch mal was sagen, sogar was tun, plötzlich können sie es, weil sie gerne zeigen wollen: das geht ja noch. (...) Es ist wichtig für älter Werdende, dass sie die Interessen der Jüngeren kennen lernen. Genauso! Das ist so am besten gesagt und dann gibt es schon Verbindungen, junge Interessen und alte Interessen. (...)

Andrea Zielke-Nadkarni, Märle Poser

Didaktisierung
Lily P., die auf die Gemeinheiten aufmerksam machen will

Arbeitsaufgabe 1 (Einzelarbeit)

Im Text steht die folgende Passage:

„Die Familie trennte sich, Lily P. und ihre Schwester wurden von der Mutter allein in den Zug gesetzt – um eine Verwandte zu besuchen. Denn in Begleitung eines Erwachsenen stand die Chance, in das Land zu kommen, noch schlechter. Die Erwachsenen und der Bruder gingen allein. Die Mädchen waren damals zwölf und dreizehn Jahre alt, und niemand in der Familie wusste, was sie auf dieser ‚Reise' erwartete und ob sie sich wiedersehen würden. Ihr Zuhause war für immer verloren."

Versetzen Sie sich in die Lage von Lily P. und ihrer Schwester: Welche Gefühle haben die beiden auf dieser „Reise"? Begründen Sie Ihre Antwort.

Arbeitsaufgabe 2 (Plenum)
Diskutieren Sie Ihre Ergebnisse aus Arbeitsaufgabe 1.

Arbeitsaufgabe 3 (Kleingruppen)
Lily P. hat, anders als ihr Mann, lange innerlich bewusst Abstand von der schrecklichen Vergangenheit genommen. Nach seinem Tod hat sie aber ihre Meinung geändert und steht jetzt für Fragen zur Verfügung:

„Ich wollte gar nicht so viel Wissen haben über alle KZs, über alle Arten wie meine Mitmenschen, Mitjuden umgekommen sind. Das wollte ich nicht. Ich war oft böse mit ihm. Aber jetzt, wo ich selber gefragt wurde, ob ich was von meinem Leben erzählen kann... Weil es wichtig ist, dass die Schüler auch mal jemanden sehen, der es wirklich erlebt hat. Denn die Neonazis behaupten ja, und ich möchte sogar sagen, die Feinde Israels behaupten, es hat den Holocaust nicht gegeben."

Welche Probleme sind für sie damit verbunden, dass sie nun vor SchülerInnengruppen und anderen Interessierten spricht? Schauen Sie im Text nach den entsprechenden Passagen und fügen Sie Ihre eigenen Überlegungen hinzu!

Fixieren Sie die Ergebnisse zusammenfassend auf einer Folie und stellen Sie sie der Gesamtgruppe vor.

Arbeitsaufgabe 4 (Plenum)
Überlegen Sie gemeinsam, ob und warum es sinnvoll wäre, ehemals NS-Verfolgte in Ihren Unterricht einzuladen, oder ob man dies lieber unterlassen sollte, um die Menschen nicht noch einmal mit all den Schrecken zu konfrontieren.

Arbeitsaufgabe 5 (Plenum)
Eines der immer wieder erwähnten Probleme von NS-Verfolgten ist die Konfrontation mit der TäterInnengeneration und die Unsicherheit, was alte Menschen, auf die sie treffen, wirklich denken: Sind sie VertreterInnen der Nazi-Ideologie oder nicht? Wie stehen sie zu dieser Zeit? Viele behaupten, sie hätten nichts gewusst. Diese Erfahrung macht auch Lily P.:

„Und da gibt es ja auch so kleine Feste. (...) Und Herr C. sitzt neben mir, und der Herr C. erzählte immer sehr viel von seiner Kriegsgefangen-

schaft in Sibirien. Das ist es ja, man muss auch mit Geduld immer Sachen anhören, und auch die Klagen der Menschen, die eigentlich mit im Krieg waren und die erzählen, sie haben nichts gewusst. Obwohl doch jeder, gerade jeder Soldat, es gewusst hat. Sein Auftrag war, zuerst die Juden, die Juden gefangen nehmen, einsammeln, in die KZs schicken.

Also ich hab' auch darauf nicht geantwortet. Normalerweise hätte ich mich provoziert fühlen müssen, wenn jemand sagt, er hat nichts gewusst, dass er im Krieg war und wie er gelitten hat in Sibirien, in der russischen Gefangenschaft, und wie tüchtig er trotzdem war. Und nach zwei, drei Bierchen stößt er mich an und sagt: ‚Wo waren Sie denn im Krieg?' Und ich hab' nur zwei Buchstaben gesagt: ‚KZ.' Er ist beinah von der Bank gefallen. (...)"

Was bedeutet die Behauptung, von nichts gewusst zu haben, für die Opfer?

Arbeitsaufgabe 6 (Einzelarbeit)

Lily P.s Eltern waren chassidische Juden. Informieren Sie sich über den Chassidismus.

Arbeitsaufgabe 7

Das Pflegemodell vom Monika Krohwinkel enthält die folgenden so genannten *Aktivitäten und existenziellen Erfahrungen des Lebens* (AEDL):

1. kommunizieren
2. sich bewegen
3. vitale Funktionen des Lebens aufrecht erhalten
4. sich pflegen
5. essen und trinken
6. ausscheiden
7. sich kleiden
8. ruhen und schlafen
9. sich beschäftigen
10. sich als Mann oder Frau fühlen und verhalten
11. für eine sichere Umgebung sorgen

12. soziale Bereiche des Lebens sichern
13. mit existenziellen Erfahrungen des Lebens umgehen.[55]

Stellen Sie sich vor, Lily P. müsste in ein Seniorenheim umziehen, weil sie sich aus gesundheitlichen Gründen nicht mehr selbst versorgen kann. Welche Probleme von Lily P. lassen sich a) aus dem Text entnehmen und b) welcher AEDL zuordnen? Krohwinkel schlägt vor, nicht alle AEDL für jeden Patienten/jede Patientin zu bearbeiten, sondern Prioritäten zu setzen, die drei für den jeweiligen Patienten/die jeweilige Patientin wichtigsten AEDL herauszusuchen und ihnen alle individuellen Probleme zuzuordnen. Versuchen Sie, diese Anregung in einer Kleingruppe umzusetzen.

Arbeitsaufgabe 8 (Einzelarbeit/Partnerarbeit)

Überlegen Sie für sich, welche Ressourcen Lily P.s Biographie enthält und wie Sie diese Ressourcen berücksichtigen können. Tauschen Sie sich am Ende Ihrer eigenen Überlegungen mit Ihrem Nachbarn/Ihrer Nachbarin aus.

Arbeitsaufgabe 9

Für die Lehrenden: Stellen Sie für die SchülerInnen den folgenden Artikel bereit:

Johan Lansen (2003): Die zweite Generation: Forschung, Theorien und Schlussfolgerungen in den Niederlanden, veröffentlicht in: A. Rossberg, Johan Lansen (Hg.): Das Schweigen brechen. Berliner Lektionen zu Spätfolgen der Shoa.

Machen Sie sich nach der Lektüre Gedanken darüber, warum die Kinder von Lily P. ihre Situation als schwierig empfinden könnten. Warum verkraftet es der jüngste Sohn, wie seine Mutter, kaum, offizielle Schreiben lesen zum müssen?

1. Welche Aussagen aus dem Sachtext könnten eine Erklärung liefern?
2. Welche Erklärungsansätze steuert die Biographie von Lily P. bei?

[55] Monika Krohwinkel (1993): Der Pflegeprozeß am Beispiel von Apoplexiekranken. Baden-Baden, S. 24.

Christina Hilgendorff

„Du musst dich wehren, du musst dein Leben verteidigen" – Begegnung mit Karl D.

(...) Ich weiß wohl, dass ich keine menschliche Zuwendung erwarten kann, sondern nur notwendigste Pflege, die ich ja nun reichlich genossen habe und weiß, was das heißt. Und da ist natürlich der Willkür Tür und Tor geöffnet. Ich weiß von Bekannten, eine gute Bekannte in L., die einen über 90-jährigen Vater hatte, der fast bis zum letzten Jahr fit war, geistig sowieso, aber auch körperlich. Aber im letzten Jahr brauchte der Pflege und da hatte sie einen Pflegedienst, und sie passte da sehr drauf auf, sagte: „Da kann etwas nicht stimmen, das hat der Pflegedienst nicht gemacht, er hat ihn nicht trocken gelegt." Und da war es nachher so, dass sie das auch nicht durch die Aussagen ihres Vaters kontrollieren konnte. War der da? Hat der dies oder jenes gemacht? Und sie hat viermal die Pflegedienste gewechselt.

Einmal kam da jemand, ich selber habe ihn auch gesehen, kannst du dir das vorstellen, einer mit 'ner Glatze und total tätowiert, in Lederhose usw. Muss ja nicht, kann aber sein, dass hier jemand, der überhaupt nicht qualifiziert dafür ist, dann solch eine Aufgabe wahrnimmt bzw. nicht wahrnehmen kann. Und das wäre natürlich ideal, wenn man in solch einem Falle, wo man hilflos und pflegebedürftig ist, solch einen Kontrolleur dort an der Seite hätte. Vertrauen ist gut, Kontrolle ist besser, das hab' ich leidvoll erfahren. Das blüht dir, wenn du hilflos bist, auch wieder in deinem Alter. Hilflos kommt der Mensch zur Welt, hilflos geht er aus der Welt, und wenn man nicht das Glück hat, schön friedlich einzuschlafen. (...).[56]

Die Situation erscheint aussichtslos, und die Befürchtungen scheinen unumstößlich: Inhumane und inkompetente Pflege erwarte ihn. Karl D. ist ganz ruhig, wenn er diese Einschätzung formuliert, und sie basiert auf einem grausamen Hintergrund. Karl D. ist als Kind in den 30er und 40er Jahren erst in einem Waisenhaus und später in einer psychiatrischen Anstalt groß geworden. Fern von jeder familiären Geborgenheit hat er dort eine gezielte

[56] Interview mit Karl D. am 12. Mai 2007.

und systematische Mangelversorgung in allen menschlichen Bedarfen erlebt, verbunden mit schwerer Arbeit, Terror und Misshandlungen. Manmade-desaster: „Erzähl mir was von den Menschen, mir kann keiner was von den Menschen erzählen."

Karl D. wird 1934 geboren. Seine Familie lebt damals auf dem Land, und als der Vater gewahr wird, dass Karl D. nicht sein leibliches Kind ist, reagiert er mit Gewalt. Die Mutter ist verzweifelt und versucht schließlich, sich mit ihren Kindern das Leben zu nehmen. Die Selbsttötung misslingt, sie wird in eine psychiatrische Anstalt eingewiesen. Die Kinder – Karl D. ist damals ein Jahr alt – werden auf katholische Waisenhäuser verteilt. Für Karl D. beginnt damit eine lange Leidensgeschichte. Nonnen führen das Waisenhaus, und Karl D. erzählt von Unterwerfung und Zerstörung kindlicher Lebenslust und -entfaltung im Namen der Kirche: Schläge, Hunger, Schweigen, Frieren. Als er dann in die Schule kommt, wird ein Lehrer auf ihn aufmerksam. Der Mann ist Verfechter des rassenhygienischen Programms, mit dem die NationalsozialistInnen den „arischen Volkskörper" von „Minderwertigen" befreien wollen. Er meldet das Kind aufgrund seiner Familiengeschichte den Behörden mit dem Hinweis auf „erblichen Schwachsinn". Karl D. gerät in das tötungswillige „Räderwerk" der NS-Rassenhygiene: 1939 erließ Hitler den so genannten Euthanasiebefehl, mit dem die systematische Tötung derjenigen begann, die nach den Kriterien der NationalsozialistInnen als lebensunwert eingestuft wurden. Zwei Jahre später führten Proteste aus der Gesellschaft zur formalen Einstellung der Tötungen, die daraufhin im Geheimen fortgesetzt wurden. Bis 1945 fielen etwa 300.000 Menschen der Euthanasie durch Vergasung, Erschießung, tödliche Injektionen sowie durch Hunger und systematische Erschöpfung zum Opfer.[57]

Ein Mediziner stellt bei Karl D. die unter den RassenmedizinerInnen beliebte Diagnose „Debilitis und Psychopathie" – ein Befund, der in der Wissenschaft nicht beschrieben ist –, und Karl D. wird in die Kinderfachabteilung einer psychiatrischen Anstalt gebracht. Hier entscheiden Ärzte und Ärztinnen, ob „erbkranke" Kinder getötet oder in andere Heilanstalten verlegt werden. Karl D. ist damals neun Jahre alt:

[57] Siehe hierzu Thomas Beddies, Kristina Hübener (Hg.)(2004): Kinder in der NS-Psychiatrie. Berlin. Heinz Faulstich (1998), Margaret Hamm (Hg.) (2005).

(...) Mein Schullehrer war Rektor der Schule, war spezialisiert auf Rassenhygiene, wie das meist die Volksschullehrer waren. Er hat dann durch die Nonnen über die tragische Geschichte meiner Geburt erfahren und hat dann gleich einen Antrag, einen Euthanasieantrag gestellt. Und Herr Dr. W. hat den Antrag genehmigt, ich sei geisteskrank und müsse in eine Anstalt eingewiesen werden. Das war April 1943, und das hieß dann mehr oder weniger, dass ich lebensunwert war, dass ich euthanatisiert werden sollte. Kam dann in die Kinderfachabteilung im Mai, 9. Mai 1943, und wurde dort per Lumbalpunktion untersucht. Das war die einzige Untersuchung, die sie gemacht haben, außer noch einen Intelligenztest einer Psychologin – das gab es dazumal noch, auch in der Kinderfachabteilung in K. –, und die stellte dann da fest, dass ich absolut nicht hilfsschulbedürftig sei, ein normal aufgewecktes Kind. Änderte aber nichts an der Diagnose des Herrn Professor, nicht Professor, Doktor W. Ich kam dann im September 1943 in die Idiotenanstalt L., der spezielle Name „Anstalt für Geisteskranke und geistesschwache Kinder", und dort bin ich bis September 1953 geblieben. (...)

Karl D. überlebt, schwer verletzt an Körper und Seele. Bis heute ist nicht sicher feststellbar, wie viele Kinder in dieser von der katholischen Kirche geführten Anstalt gestorben sind. Als Deutschland im Mai 1945 kapituliert, ist für Karl D. das Leiden aber noch nicht beendet. Die NS-Psychiatrie ist kein Thema in der Nachkriegsgesellschaft, die wenigen Prozesse gegen MedizinerInnen und Pflegepersonal enden oft mit Freisprüchen.

(...) Ich habe keine Schule besuchen können, d.h. die Verwahrschule der geistesschwachen und schwachsinnigen Kinder, die nicht von Lehrern geleitet wurden, sondern von unausgebildeten Nonnen des Ordens. Das ist ein Faktum, mit dem sich die Größen des Landeshauses heute noch beschäftigen und da etwas unternehmen wollen, wie so etwas möglich war. Eben weil es noch bis in die 70er Jahre der Fall war, dass für über tausend Kinder nicht ein Schullehrer bzw. Lehrerin dort war, das ist der Skandal. (...) Ja, um es kurz zu machen, ich bin da auf dem Bildungsstand eines achtjährigen Kindes stehen geblieben. Ich konnte lesen und schreiben, wie ich nach L. kam, und von daher hatte ich Glück, sonst hätte ich das wahrscheinlich auf dieser Idiotenschule nicht gelernt (...).

Natürlich mussten wir Kinder schwerstens dort arbeiten, das war das Programm, nicht nur Ora, sondern auch Labora. Und das Labora ging na-

türlich einträchtig mit dem Naziprogramm einher, das war kein Widerspruch. Wir triebhafte Wesen müssen rund um die Uhr so beschäftigt werden, damit wir absolut nicht zum Denken kommen. Wenn wir denken, denken wir nur Abscheuliches, eben Sexualität. Das war so die monströse Projektion, nicht nur der Pfaffen, ob katholisch oder evangelisch. Ich kenne die Literatur, ich weiß, wo meine Zeugen stehen, -zigtausende in der Bibliothek, kilometerlang stehen sie dort, und es ist nicht L. allein.

Und um es kurz zu machen, wie schrecklich die Zustände in dieser Anstalt waren, ein Krankenpfleger aus K., bei einer Gedenkveranstaltung in den 90er Jahren erzählte er den Presseleuten, die da zahlreich erschienen waren – Anlass war die Gedenkveranstaltung für die Opfer des Nationalsozialismus dieser Anstalt, der Euthanasie-ermordeten Kinder – der erzählte dann den Presseleuten, er war noch sehr emotional bewegt: „Etwas ganz Schreckliches habe ich in den 50er Jahren erlebt. Da kam ein Kindertransport aus L., die Kinder waren in einem solchen unmenschlichen Zustand, dass wir erschrocken und hilflos waren. Die waren so misshandelt und malträtiert, dass wenn wir den Tagesraum betraten, die zu zittern anfingen, sich in die Hose machten und sich unter dem Tisch versteckten. Wir waren hilflos. Was machen wir? Wir sind mit hoch erhobenen Armen in den Tagesraum gegangen, um ihnen zu zeigen, wir haben nicht irgendwelche Schlaginstrumente." Er sagte, die Kinder hatten auch Narben auf den Köpfen, Narben, die genäht worden waren. Man sah es als Krankenpfleger, dass dort schwere Verletzungen waren. Oder aber einige hatten noch blaue Flecken usw., Blutergüsse. Und das Schändlichste, sagt er, sie kamen von Nonnen, aus L., dass Nonnen so pervers sind mit Kindern, so etwas anstellen. Was aber war die Reaktion der Pressevertreter? Sie waren verschwunden, das war nicht zu vermarkten. (...)

Um es kurz zu machen, das war noch nach meiner Zeit. Ich habe sehr großes Glück gehabt, dass ich aus dieser Schlangengrube relativ unbeschädigt, nein, das ist falsch, natürlich war ich schwerstens geschädigt. Ein 18-jähriger Mensch, der auf dem Bildungsstand eines achtjährigen Kindes stehen geblieben ist. Das war es ja nicht nur allein, ich war ja durch das Malträtieren, das tägliche, so schwerst geschädigt, das saß. Dass ich ein schwerst hospitalismusgeschädigter Mensch war, der Angst hatte, wenn er einem Fremden begegnete, der nicht geradeaus sehen konnte, sondern im-

mer nur auf den Boden. Der Angst hatte, dass ihm etwas geschehen konnte, eben weil er unentwegt misshandelt worden war. Ohrfeigen waren das Gelindeste, der dicke Nussbaumknüppel usw. usf.

Das lief ja noch in den 60er Jahren in ganz normalen Heimen und nicht in einer idiotischen Verwahranstalt und das ist das. Na ja, wie kam ich da heraus aus der Anstalt? Ich bin dann im September '53 als chronisch Kranker, d.h. als debiler Psychopath zur endgültigen Unterbringung nach O. in die Heil- und Pflegeanstalt V. gekommen. Da sollte ich dann die restlichen Tage meines Lebens verbringen. (...)

Diese Verlegung ist eine Unterbringung auf Lebenszeit, ohne Aussicht, jemals ein freies Leben führen zu können. In V. ist er wie lebendig begraben. Aber in V. begegnet Karl D. auch einer völlig neuen, ihm fremden und wunderbaren Welt, die immer ein wichtiger Antrieb für seinen „Über-Lebenskampf" gegen den Ausschluss sein wird: Unter den PatientInnen sind Künstler und Akademiker, die ihn an ihren Gesprächen teilhaben lassen. Karl D. fühlt sich wie ein Schwamm, saugt alles auf, Sprache, Gedanken, Gefühle. Einer dieser Männer setzt sich nachhaltig für ihn ein, schreibt für Karl D. Entlassungsgesuche an das Vormundschaftsgericht. Und tatsächlich erreicht er etwas: 1954 darf der 20-jährige Karl D. die Anstalt verlassen und wird als so genannter Familienpflegling auf einem Bauernhof als Knecht untergebracht. Wenn er heute daran denkt, spiegeln sich Fassungslosigkeit und Wut angesichts der Inhumanität und Gleichgültigkeit, mit der die Verantwortlichen auch in dieser Situation wieder mit ihm umgingen:

(...) Ich hatte keine normale Sprache, ich sprach den Jargon, den ich von den Nonnen hatte. Und das alles sehr verhalten und furchtsam, man nannte mich immer den Jesus. Das war eine ganz abfällige Bemerkung, jemand, der Jesus, der musste nicht ganz dabei sein, der musste zurückgeblieben sein usw. Und das ist also das Problem. Einen lebenslänglich Hospitalisierten, den kann man ja doch nicht einfach vor die Anstaltsmauer jagen, und jetzt sieh mal zu, wie du fertig wirst. Es ist wie der Fisch auf trockenem Lande, der dann nach Luft schnappt, und der dabei in der Regel, wenn ihn keiner wieder in sein Element befördert, verreckt, nicht, und das war die Situation. (...)

Auf dem Hof sammelt er wieder bittere Erfahrungen, wieder hungert er und muss schwerste Arbeiten übernehmen. Es gibt noch andere Hilfsarbeiter auf dem Hof, die ihm das Leben schwer machen, die Männer sind untereinander aggressiv. Aber es sind auch diese jungen Männer, die ihm ein zweites Tor zur Welt eröffnen, seinen Widerstandsgeist weiter herausfordern und damit Veränderungen anstoßen. Unter ihnen fängt er an, sich gegen andere zu wehren, zuerst gegen ihre Gewalt, dann gegen Ausbeutung:

(...) Du musst dich wehren, du musst dein Leben verteidigen. Und so hab' ich das dann im Laufe meines Lebens gelernt. (...)„Bist du verrückt, umsonst zu arbeiten, du machst uns den Lohn kaputt, wenn du so wenig bekommst, dann brauchen wir ja auch nicht mehr, geh mal hin und fordere mal Geld." Konnte ich nicht. Konnte ich nicht, aufgrund meiner Sozialisation: Alles meinem Gott zu Ehren, in der Arbeit, in der Ruh'. Unanständig ist es, für Arbeit Geld zu verlangen. Und das hatte ich so verinnerlicht. Und natürlich ist man ja auch zu einem billigen, d.h. einem Arbeiter, der einen nichts kostet, sehr nett und sehr lieb. Und das waren natürlich erhebliche Barrieren psychologischer Art, jetzt zu sagen, diesen netten Bauern da anzuhauen: „Nun gib mal mehr." (...) Ich hab' es dann doch eines Tages geschafft, erst zehn Mark im Monat, und nachher hab' ich sogar 100 Mark im Monat bekommen. Ja, das war natürlich sehr schlecht für meine Rente. Ein Ungebildeter, Hospitalismusgeschädigter, der muss die dreckigste, die schmutzigste, die schwerste und natürlich die schlechtest bezahlteste Arbeit ausführen. Das ist heute noch so, noch dazu, wenn da kein Kläger ist. (...)

Drei Jahre schuftet Karl D. auf diesem Hof, bis er sich zum Auszug aus diesem Leben entschließt. Die Sehnsucht nach einem erfüllten und geborgenen Leben, nach Nähe und wirklichen Beziehungen zu Menschen, nach Bildung ist größer als alle Ängste und alle zerschlagenen Gefühle. 1957 bewilligt das Gericht endlich die Aufhebung der Vormundschaft, und Karl D. ist frei. Er ist 23 Jahre alt, und es fehlt ihm an vielem, was für junge Menschen ganz selbstverständlich ist: praktisches und intellektuelles Wissen über das Leben in unsrer Gesellschaft. Aber es fehlt ihm nicht an Hoffnung und Mut. Karl D. arbeitet als Hilfsarbeiter und versucht, in Abendkursen vieles nachzuholen, was man ihm in seinem Kinderleben verweigert hat. Anfangs ist er damit völlig allein:

(...) Dann bin ich von der Zeche ins Ruhrgebiet, verschiedene Industriebetriebe, Krupp zum Beispiel, Videa, immer als Hilfsarbeiter in der Transportkolonne usw. usf., erbärmliches Leben, schwere Arbeit, wenig Geld.

Und wie verbrachte ich meine Freizeit? Mit Lesen, ja, natürlich mit Edgar Wallace, Agatha Christie und was weiß ich, da verbrachte ich meine Zeit, ganz isoliert, abgeschieden. Später habe ich dann begonnen, Abendkurse in der Volkshochschule zu besuchen. (...)

Schließlich sucht er Hilfe, denn die Aufgabe ist zu groß für einen Menschen allein. Er findet Unterstützung bei einer Psychiaterin, die weiß, welche Erfahrungen hinter ihm liegen. Gemeinsam beginnen sie, um seine Rechte zu kämpfen.

(...) „Das ist ein Verbrechen, das an Ihnen begannen worden ist, und da lassen Sie sich nur nichts einreden." Das wusste sie alles, dass da an den Leuten ... (...) Der erste Mensch, der mir das so sagte: „Mensch, man wird wahnsinnig, wenn man daran denkt, dass das auch meinen Kindern geschehen könnte." Sie hatte zwei kleine Jungen. (...) „Ist doch ganz aussichtslos, Herr D., dass Sie da die Ihnen vorenthaltene Bildung auf diese Weise nach Schwerstarbeit am Feierabend nachholen können, schreiben Sie da eine Petition und nennen Sie da Ross und Reiter." Wusste ich, was eine Petition ist? (...)

Aber Karl D. schreibt eine Petition und erreicht 1966, nicht ohne diverse psychologische und psychiatrische Test machen zu müssen, dass das Land ihm eine Schulbildung bezahlt. 1971 besteht Karl D. das Abitur, vier Jahre hat er unentwegt gelernt. Diese Zeit ist schwer, weiter lebt er in Einsamkeit und Isolation, mit den anderen Schülern verbindet ihn nichts:

(...) Das war eine private Abendschule. Und das war eine schreckliche Zeit. Ich hatte doch gar nicht das Vorwissen, große Lücken, das waren Auflagen, binnen vier Jahren muss ich dann fertig sein. (...) Da war keine Hilfe usw. Und die da auf das Abendgymnasium gingen, das waren Lümmel, die das gezwungenermaßen machten, weil ihre Eltern das wollten, weil sie von der Schule runtergeflogen waren. (...)

Später beginnt er ein Studium der Germanistik und Philosophie und möchte Gymnasiallehrer werden. Der Wunsch nach Bildung erfüllt sich jetzt über alle Maßen, er studiert um der Bildung wegen und genießt jeden neuen Impuls. Aber es mischt sich Enttäuschung in die Entdeckung und Aneignung dieser so lang ersehnten Welt. Auch hier erlebt er das Gefühl von Fremdheit und Isolation:

(...) Ich, als total Entfremdeter, musste die Welt nun als total entfremdet erleben und war entsetzt, dass die anderen noch entfremdeter waren als ich. Dass die Wissen als Ballast ansahen und dass das ein Übel war, das man auf sich nehmen musste, um einen halbwegs angenehmen Job als Lehrer zu haben. Ganz eingleisig, schmalspurig, was rechts und links war, interessierte absolut nicht. Wer weiß wie oft hab' ich den Rat bekommen, das brauchte ich doch alles gar nicht als Lehrer, die ganzen Bücher. (...)

Ich hatte da einen ganz sympathischen Professor, den Professor N., in einem Spinoza-Seminar hab' ihn da angesprochen: „Die Isolation, die ist doch sehr groß." Das war das Problem, besonders hier an der Uni, eine Massenuniversität, wo viele Studenten sich umbrachten, eben wegen der Totalisolation. Das riesige Studienbüro mit zehn Psychologen, die da die Studenten betreuten und noch betreuen, ich glaube, es ist noch größer geworden. Da hab' ich das mal dem N. erzählt, dem Philosophieprofessor. „Herr D., wenn Sie Isolation nicht ertragen können, dann brauchen Sie auch keine Philosophie zu studieren." Ja, das bringt das Studium der Philosophie so irgendwo mit sich, aber dass man dann auch unbedingt diese bittere Pille da schlucken muss? Aber was wollte ich? Ich bin ein soziales Wesen, Bücher können für mich nur ein Ersatz sein. Wenn der Plato, der Rousseau und der Sokrates usw., wenn die mir persönlich begegneten, dann brauchte ich die Schwarten dort nicht. Das gibt es ja, dass man schon mal eine Sternstunde hat, dass man einem Menschen begegnet, der einen einen ganzen Abend herrlichst unterhalten kann. Nicht die Weltweisheiten usw., das erwarte ich ja gar nicht, aber doch so irgendetwas Substanzielles, noch dazu, wenn es humorig ist. Ich liebe Humor sehr. Eben weil ich den immer habe entbehren müssen, ich lache auch gern, wenn ich Grund dazu habe. Eben weil das verboten war in dem Irrenhaus, bei den perversen Nonnen: Lachen ist etwas sehr, sehr Böses in der Tradition der Klöster, im Kloster darf nicht gelacht werden. Gestern hab' ich das noch gelesen, das war ein Vergehen, das mit Züchtigung von den Oberen bestraft wurde. (...)

Spätestens in den 80er Jahren holt ihn seine Kindheitsgeschichte endgültig wieder ein. Als er das Zweite Staatsexamen machen will, wird ihm dieses verweigert mit der Begründung seiner NS-Psychiatriediagnose von 1943; die Ärzte bescheinigen sogar ein Gefahrenpotenzial. Er kommentiert diese Erfahrung gefasst, vielleicht auch ironisch:

(...) Ich hab' schon Schlimmeres erlebt. Ich war dann Gott sei Dank nicht mehr ein hilfloses Kind von zwei Jahren auf der Krabbelstation des Waisenhauses, wo eine Geisteskranke bzw. eine ältere Patientin aus der Heilanstalt uns Kinder betreute. (...)

Er geht juristisch gegen diese Entscheidung vor und gewinnt. Aber den Beruf darf er nie ausüben, keine Schulbehörde stellt ihn ein. Wieder erlebt Karl D., dass ihm BehördenmitarbeiterInnen, KollegInnen, ÄrztInnen seine Teilhabe und Entwicklung in der deutschen Gesellschaft verweigern. Er unterrichtet dann viele Jahre als Dozent an Volkshochschulen. Und auch wenn ihm diese Arbeit viel Freude und Erfüllung gegeben hat, so hat dieser erneute Ausschluss neben den seelischen gerade auch weitreichende materielle Folgen. Heute lebt er von Sozialhilfe, der damalige Verdienst reichte nicht für eine private Rentenversicherung. Erst 2003 hat sein Bundesland ihn als Opfer des Nationalsozialismus anerkannt und zahlt ihm seitdem eine kleine Entschädigungsrente. Bis heute kämpft er für die Belange dieser Opfergruppe: Menschen die durch die kirchlichen Einrichtungen und den Nationalsozialismus verletzt, terrorisiert und ermordet wurden und deren Anerkennung in Deutschland noch immer aussteht.

Karl D. ist heute Mitte 70, er lebt in einer kleinen Wohnung in einem großen Häuserblock am Rand von M. Seit 20 Jahren wohnt er hier und fühlt sich immer noch wohl. Seine Nachbarn sind überwiegend StudentInnen, denn die Uni ist nicht weit. Die Kontakte sind unverbindlich, aber offen und freundlich. Karl D. versorgt sich allein, wäscht, kocht, putzt, hat ein Auto, mit dem er vielfach unterwegs ist. Letztes Jahr hat diese Unabhängigkeit einen Riss bekommen. Karl D. hatte er einen Herzinfarkt, von dem er sich nicht wie erwartet wieder erholen kann. Er ist wetterfühlig geworden und hat nicht mehr die gleiche Kraft: Dinge, die ihm leicht von der Hand gingen, erschöpfen ihn heute. Nach dem Aufräumen muss er sich ausruhen, auch längere Fahrten mit dem Auto fordern ihren Tribut. Gedanken kommen auf, zum Beispiel, ob er auf Dauer eine Putzfrau braucht, das muss er doch noch alleine schaffen. Auch die Einstellung der Medikamente ist noch nicht gelungen, er fühlt sich unwohl wegen der Nebenwirkungen. Aber er scheut davor zurück, seinen Arzt aufzusuchen und das Problem zu thematisieren, manchmal nimmt er deshalb die Medikamente erst gar nicht ein. Das Misstrauen gegenüber ÄrztInnen ist groß, die Angst vor Entwürdigung und Demütigung nicht wegzudenken:

(...) Deswegen bin ich ja auch nicht ins Krankenhaus gegangen zur Operation, vergangenes Jahr im Dezember. (...) Um acht Uhr morgens hatten sie mich bestellt, um halb zwei kam dann erst die ganz simple Untersuchung, Ultraschall. Wie ich da nachfragte, ich hab' mich nicht beschwert, ich bin schon ein Dussel, ein Lamm, zur Schlachtbank lass' ich mich aber nicht führen. Da bekam ich dann diese sehr aufschlussreiche Auskunft: „Ja, wir bestellen die Patienten alle morgens hierher, die da untersucht werden sollen, und wenn die Ärzte dann mal Zeit haben, dann untersuchen die die Patienten." Das habe ich dort im Krankenhaus erlebt, zweimal, dass man wirklich noch auf diesem wirklich ganz unmenschlichen Standpunkt steht, der Patient ist auf uns angewiesen, ihn können wir zappeln lassen. Der Arzt erzieht seinen Patienten, in der Zeitschrift für Psychologie kann man es nachlesen. Besser noch, wenn man den Patienten nackt warten lässt. Das ist die Erziehungsmethode, es gibt doch nicht Hilfloseres als einen nackten Menschen, der warten muss. (...)

Er stellt eine Verbindung zwischen seinen Herzproblemen und seinen Verfolgungserfahrungen her und dabei weitere Gedanken in den Raum:

(...) Ich möchte das natürlich absolut nicht ausschließen, dass einen die Vergangenheit, ob bewusst oder unbewusst – meist ist es unbewusst – auf Schritt und Tritt verfolgt. Das hat nichts irgendwie Psychopathologisches, um es schlicht mit Freud zu sagen. Ich weiß, dass ich hin und wieder noch Alpträume habe und ich da entsetzt bin. Das ist jetzt umso schlimmer, denn ich habe kein gesundes Herz mehr. Wenn ich dann aufwache und sage: Mensch, wann wirst du bei solch einem Alptraum einen Infarkt bekommen, einen tödlichen? Na ja, es ist dann kein schlimmer Tod. Lieber an einem Alptraum krepieren, um es mal salopp zu sagen, als von fremden Personen irgendwo gepflegt zu werden, wenn es böse ist, geschunden zu werden. Und da gibt es ja nun wahrlich Berichte genug über die Altenheime. (...)

In der Rehabilitation habe man ihm gesagt, er solle sich regelmäßig bewegen, aber es ist schwer, sich allein zu motivieren:

(...) Ich gehe viel spazieren, wenn es das Wetter erlaubt, wenn ich mich aufraffen kann, mich von meinen Büchern trennen kann... (...) Doch, natür-

lich, wenn man Anstoß bekommt, dann ist das leichter, aber dann muss ich mich selber anstoßen: der unbewegte Beweger. (...)

Sich durch die Teilnahme an einer so genannten Herzgruppe hierin unterstützen zu lassen, lehnt er ab:

(...) Und ich weiß auch nicht, ob es das irgendwo angebracht ist bei mir, durch meinen Werdegang bzw. meine geistigen Interessen. Ich gehe gern spazieren mit jemandem. Beispielsweise, mein Freund, mit dem ich mich da unterhalten kann, über dieses und jenes, nicht irgendwelchen Tratsch und Klatsch, sondern was er in dieser oder jener Zeitung oder Zeitschrift gelesen hat. Das ist wirklich ein dialogisches Gespräch. (...)

Zwei gute Freunde, Kommilitonen aus der Studienzeit, hat Karl D., aber beide wohnen in einer anderen Stadt, sodass man sich nicht so oft sehen kann, wie es allen gut tun würde. Die beiden waren es auch, die sich bei seinem Infarkt um ihn gesorgt, ihn im Krankenhaus besucht und sich um seine Wohnung gekümmert haben. Karl D. hat in M. nicht viele Bekannte und ist gegenüber seiner eigenen Generation misstrauisch, im Gegensatz zur Jugend, von deren noch spielerischen Uneindeutigkeit er begeistert ist:

(...) Leute, die ihre Sozialisation im Obrigkeitsstaat, im Polizeistaat, im NS-Staat erfahren haben, da kann ich nichts anderes mehr erwarten, als dass sie mit dieser Mentalität wieder von dieser Welt gehen. Ja, das steckt da drin. (...) Und das kann man im Alter dann natürlich nicht mehr ablegen, ein hartes männliches Gesicht. (...). Sensibilität war ja total pervers, unmenschlich, rassisch minderwertig, usw. usf. (...) Als Kinder mussten wir schon mal marschieren. Und ich hasste das Marschieren. Ich hasste das Marschieren. Ein Kind will nicht marschieren, ein Junge will spielen, das ist aber doch nicht: eins, zwei, eins, zwei, rechts, links. Und wenn das ein Subjekt, ein Junge, akzeptiert und dann da hinein wächst, das prägt auch. Stahlharte Gesichter. ‚Das will ich, eine stahlharte Jugend, schnell wie Windhunde und hart wie Kruppstahl, zäh wie Leder'. Und das kann man ja heute an den Jugendlichen sehen, nicht, die Haarschnitte, die schönen langen Haarschnitte usw. usf. Das ist das Schöne, dieser Unisex, dieses Androgyne, nicht wahr, das mir persönlich junge Menschen so sympathisch macht, ob nun Junge oder Mädchen. (...)

Andrea Zielke-Nadkarni, Märle Poser

Didaktisierung
Karl D., der lernen musste, sein Leben zu verteidigen

Arbeitsaufgabe 1

Schon kurze Zeit nach der Machtübernahme der Nazis beginnt die systematische Vorbereitung der Vernichtung psychisch kranker und geistig behinderter Menschen: Im Januar 1934 tritt das Gesetz „zur Verhütung erbkranken Nachwuchses" in Kraft. Im Herbst 1939 unterschreibt Hitler eine Ermächtigung zur Euthanasie. Speziell ausgewählte Pflegende werden ab 1940 in die Tötungsabsichten eingeweiht und vertraglich zu Stillschweigen und Kooperation verpflichtet.

Viele professionell Pflegende kooperieren während des „Dritten Reiches" mit den Nazis. Dies geschieht zum Teil zunächst aus Unwissenheit und Obrigkeitsgläubigkeit. Hier die Aussage einer Pflegeperson vor Gericht:

„Auf den Gedanken, mich den getroffenen Anordnungen zu widersetzen, bin ich nicht gekommen, da ich davon überzeugt war, zur damaligen Zeit auf meinem Posten genauso seine Pflicht tun zu müssen, wie man sie von den Soldaten an der Front verlangte."[58]

Zum Teil kooperieren Pflegende aus Überzeugung und zum Teil aus sadistischem Vergnügen, das mit politischer Überzeugung getarnt wird. Historische, christlich begründete Werte der Krankenpflege, wie Dienen, Opfern, Gehorsam, Gutes tun, werden uminterpretiert. Das Dienen gilt dem Führer und dem Volk, Gutes tun beinhaltet nun auch Mord, da er als „Erlösung" für den Kranken bzw. als Dienst an der Gesellschaft dargestellt wird. Nachweislich waren Pflegende an den folgenden Aufgaben beteiligt:

1. Vorbereitung zum Abtransport, Richten und Auflisten der persönlichen Gegenstände; Kennzeichnung der PatientInnen mittels Pflasterklebestreifen oder direkt auf die Haut, wobei mit Tintenstift zwischen die Schulterblätter Angaben zur Person geschrieben wurden, Entkleiden der PatientInnen.

---

[58] Hilde Steppe (Hg.) (1993): Krankenpflege im Nationalsozialismus. Frankfurt/M., S. 165.

2. Begleitung der Transporte zur Zwischen- oder Tötungsanstalt; während der Fahrt wurden unruhige PatientInnen mit Fesseln oder Medikamenten „beruhigt".
3. Begleitung der PatientInnen in die Tötungsanstalten, Hilfe beim Entkleiden und der Vorführung bei ÄrztInnen.
4. Begleitung der PatientInnen bis zur Gaskammer.
5. Entgegennahme der persönlichen bzw. anstaltseigenen Sachen der PatientInnen nach der Ermordung.[59]

Suchen Sie in dem Geschichtswerk „Krankenpflege im Nationalsozialismus" von Hilde Steppe ab S. 146 Berichte sowohl von Pflegepersonen heraus, die an den Euthanasievorgängen beteiligt waren, als auch von Pflegepersonen, die sich diesen Vorgängen entzogen haben.

1. Suchen Sie nach den Rechtfertigungen des Pflegepersonals für die eigene Beteiligung: Welche Begründungen werden angeführt?
2. Welche Argumente werden gegen eine Beteiligung vorgebracht?
3. Diskutieren Sie Ihre Ergebnisse miteinander.

Arbeitsaufgabe 2

Karl D. äußert folgendes Problem, das ihn u. a. davon abhält, den Gedanken an ein Pflegeheim für sich selbst überhaupt zuzulassen:

(...) Und sie hat viermal die Pflegedienste gewechselt. Einmal kam da jemand, ich selber habe ihn auch gesehen, kannst du dir das vorstellen, einer mit 'ner Glatze und total tätowiert, in Lederhose usw. Muss ja nicht, kann aber sein, dass hier jemand, der überhaupt nicht qualifiziert dafür ist, dann solch eine Aufgabe wahrnimmt bzw. nicht wahrnehmen kann. Und das wäre natürlich ideal, wenn man in solch einem Falle, wo man hilflos und pflegebedürftig ist, solch einen Kontrolleur dort an der Seite hätte. Vertrauen ist gut, Kontrolle ist besser. Das hab' ich leidvoll erfahren. Das blüht dir, wenn du hilflos bist, auch wieder in deinem Alter. (...)

Diskussion (zunächst in Partnerarbeit, Ergebnisse in der Gesamtgruppe diskutieren)

- Welche Probleme hat Karl D. mit diesem Pfleger?

---

[59] Dies., S. 152.

- Was sind seine Erwartungen an das Äußere eines Pflegers?
- Worauf basieren sie?
- Sind sie berechtigt?

Arbeitsaufgabe 3 (Gesamtgruppe)
Erläutern Sie miteinander die in der Grafik unten genannten Faktoren und ergänzen Sie die Aspekte gemäß Ihrer eigenen Erfahrung.

Arbeitsaufgabe 4 (arbeitsteilige Kleingruppen)
Überlegen Sie, wie diesen Faktoren entgegengewirkt werden könnte (pro Gruppe ein Bereich/eine Liste).

Faktoren, die Gewalt in der Altenpflege begünstigen

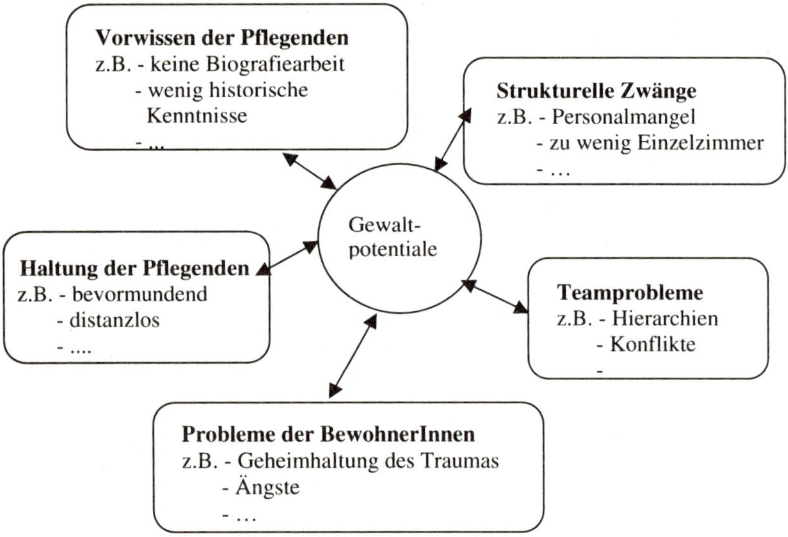

Arbeitsaufgabe 5 (arbeitsteilige Kleingruppen)
Erstellen Sie ein Arbeitspapier mit Ihren Ergebnissen für die Leitung des Altenheims mit dem Ziel, die vorliegenden strukturellen Mängel zu beheben.

Christina Hilgendorff

„Ich wollte nicht mein ganzes Leben mit diesem Stein im Herzen bleiben" – Begegnung mit Chana G.

Chana G. war gerade sechs Jahre alt, als sie 1941 mit ihren Eltern in ein Ghetto in Transnistrien, dem Grenzgebiet zwischen dem damaligen Rumänien und der ukrainischen Sowjetrepublik, verschleppt wurde. Drei Jahre lebten sie hier unter schrecklichen Bedingungen, bis sie im Frühjahr 1944 endlich befreit wurden. Rumänien hatte 1940 unter politischem Druck Teile seines Staatsgebiets an die Sowjetunion sowie an Ungarn und Bulgarien abtreten müssen. In der Folge strömten Flüchtlinge in den verkleinerten Staat, aggressiver Nationalismus und Antisemitismus bestimmten immer stärker das politische Leben. Ende des Jahres schloss sich das diktatorisch regierte Rumänien schließlich den faschistischen Staaten an, antisemitische Maßnahmen und Übergriffe auf Juden nahmen zu.

Mit dem deutschen Angriff auf die Sowjetunion im Juni 1941 kam es dann zu grausamen Pogromen gegen die jüdische Bevölkerung. Über 13.000 Menschen sind in diesen ersten Tagen von der Zivilbevölkerung, rumänischer Miliz und den eintreffenden deutschen SS-Einsatztruppen erschlagen, erschossen und massakriert worden. Parallel dazu begannen Massenerschießungen und eine systematische Vertreibung der rumänischen Juden in das eroberte Gebiet Transnistrien zwischen Bug und Dnestr. Der Landstreifen war durch den Krieg völlig zerstört, ohne jegliche Versorgung starben tausende Menschen an Hunger, Kälte und Krankheiten in den Ghettos. Im März 1944 befreite die sowjetische Armee die Lager. In der heutigen Forschung geht man davon aus, dass in den Jahren 1941-1944 zwischen 280.000 und 380.000 rumänische und ukrainische Juden in Rumänien und in den unter rumänischer Verwaltung befindlichen Gebieten umgekommen sind.[60]

---

[60] Zur Situation in Rumänien siehe Mariana Hausleitner, Brigitte Mihok, Juliane Wetzel (Hg.) (2001): Rumänien und der Holocaust. Zu den Massenverbrechen in Transnistrien 1941 - 1944. Berlin.

Chana G. spricht selten von ihrem Leben im Ghetto und gibt ihrem Gegenüber auch keine Veranlassung, sie auf das erlittene Leid anzusprechen. Sie scheint nach außen bewusst in der Gegenwart zu leben. Mitte der 30er Jahre geboren, ist sie heute Anfang 70, eine gepflegte ältere Dame, die nie einen Hauch von Farbe auf ihren Lippen vergisst. Freundlich und immer zu einem guten Gespräch bereit, sitzt sie unter ihren Bekannten, die sich alle zwei Wochen zum Kaffeetrinken und Plaudern treffen. Bei besonderen Anlässen lässt sie sich von ihnen ermutigen, kleinere Stücke am Klavier zu spielen, und löst damit immer wieder eine Begeisterung aus, die ihr peinlich ist und doch auch sehr große Freude bereitet.

Mitte der 90er Jahre ist Chana G. aus U., einem der Nachfolgestaaten der Sowjetunion, gemeinsam mit ihren Kindern und deren Familien nach Deutschland gekommen. Ihr Mann starb damals kurz vor der Ausreise. Chana G., damals Anfang 60, gehört zu den so genannten jüdischen Kontingentflüchtlingen, die seit 1991 im Rahmen einer humanitären Aktion aus der zerfallenden Sowjetunion nach Deutschland immigrieren konnten. Im Sommer 1990 hatte sich die damalige DDR-Regierung zu einem neuen Verständnis der eigenen Vergangenheit bekannt. Dazu gehörte auch die Wahrnehmung der Verantwortung für den Nationalsozialismus. Die letzte DDR-Volkskammer verabschiedete ein Gesetz, das Juden aus der Sowjetunion die Einreise und den ständigen Aufenthalt in der DDR ermöglichte. Nach der Wiedervereinigung beschlossen die Ministerpräsidenten aller Bundesländer die Fortsetzung der Aufnahme jüdischer ZuwanderInnen aus den GUS-Ländern auf der Grundlage des Gesetzes über Maßnahmen für im Rahmen humanitärer Hilfsaktionen aufgenommene Flüchtlinge.[61] Die Situation, auf die Chana G. in Deutschland traf, war schwer. Menschen aus unterschiedli-

[61] Die so genannten „Kontingentflüchtlinge" erhielten den Status von Flüchtlingen nach der Genfer Flüchtlingskonvention mit Anspruch u.a. auf Unterbringung, Sprachkurse und Sozialhilfe. Zuwanderungsberechtigt waren alle Personen, die nach amtlicher sowjetischer Zuordnung „jüdischer Nationalität" waren oder von mindestens einem jüdischen Elternteil abstammten. Auch nichtjüdische Ehepartner und Kinder durften einreisen. Mit dem Zerfall der Sowjetunion setzte eine Auswanderungswelle ein. Die Bundesrepublik wurde dabei zum drittwichtigsten Aufnahmeland für die russischsprachigen Juden und Jüdinnen. Eine Million Menschen zogen nach Israel, 350.000 in die Vereinigten Staaten und etwa 200.000 nach Deutschland. Mit dem Inkrafttreten des Zuwanderungsgesetzes am 1. Januar 2005 verlor die Kontingentregelung ihre Gültigkeit.

chen Kulturen, von denen sehr viele schwere Verletzungen durch Bürgerkriege, Flucht und Vertreibungen in sich tragen, mussten auf engstem Raum miteinander leben.

(...) Haben wir gelebt auf einem Schiff am Rhein. Zusammen mit verschiedene Leuten, aus Bosnien und verschiedenen anderen Ländern. Und es war nicht so leicht, weil nicht alle sind so zivilisiert gewesen. Und deshalb war es schwer. Und was noch war schwer, Essen haben wir bekommen, aber Geld... Damals hab' ich noch keine Hilfe bekommen, und diese Sozialhilfe war auch sehr gekürzt. Haben wir nur so Taschengeld bekommen damals. Aber das ist nicht das Schrecklichste gewesen. Es war schwer in den kleinen Kajüten. Zwei auf zwei haben wir gelebt, die Kinder und ich, mit einer Frau, ich weiß nicht, woher sie war. Es war moralisch ein bisschen schwierig. Und ich war dort sechs Monate, meine Tochter auch. Mein Sohn ist früher weg, hat eine Wohnung gekriegt, hier in W., deshalb sind wir auch alle hier in W. geblieben. Wir wollten in der Nähe sein, weil wir sind gewöhnt gewesen, nicht weit von einander zu leben. Und weil ich ohne Mann bin, wollte ich auch in der Nähe von meinen Kindern sein, weil damals schon meine gesundheitliche Probleme haben begonnen. Und es war mir schrecklich, allein zu sein. (...)[62]

Chana G. liebt ihre Familie sehr, ihre Kinder und Enkel sind der wichtigste Halt in ihrem Leben. Aber in einer kapitalistischen und immer stärker auf Individualität ausgerichteten Gesellschaft verlieren die Menschen unweigerlich ihren engen Zusammenhalt. Wohnformen und Arbeitswelten lassen wenig Platz für die Familiepflege, und so haben die Kinder in Deutschland nicht die Zeit für die Mutter, die sie sich wünscht und braucht.

(...) Die Kinder sind mir näher als alles im Leben. Die Familie ist nicht groß: Die Kinder und meine Enkelin, und jetzt habe ich noch einen kleinen Enkel. Und das ist mir am wichtigsten. Und ich lebe jetzt so, dass wenn es der Familie geht gut, ist es mir auch gut. Sogar gesundheitlich, weil meine Gesundheit ist auf emotionale Weise gegründet, wie sagt man? Ich kann es nicht ausdrücken sehr gut. (...) Wenn ich habe gute Emotionen, ist mir besser. Und man hat es festgestellt, wenn es der Familie gut geht, dann geht es auch mir gut. (...) Ich bin sehr verbunden, obwohl ich sehe, dass die Kinder

[62] Interview mit Chana G. am 29. November 2006.

haben einfach keine Zeit für mich. Trotzdem verzeihe ich den Kindern, weil ich liebe sie sehr, und obwohl ich bin einige Male unzufrieden. Ich suche mehr Wärme, ich suche mehr Zärtlichkeit, ich weiß nicht. (...) Und ich mache die Kinder vielleicht einige Male nervös. Weil ich verlange vielleicht ein bisschen mehr, als sie können mir geben. So ist es bei mir, das Leben hier, aber nehme ich mich zusammen. Und ich verstehe, dass ich kann es nicht ändern. (...) Und die Kinder sind schon hier so integriert, dass sie sehen, das Leben ist so. Dass hier meistens wohnen nicht zusammen die Eltern mit den Kindern. Und sie, die Kinder, sie sind schon auch dieser Meinung. Das ist schwer. (...)

In U. hat sie die Kinder und Enkel viel um sich gehabt und an deren Leben teilgenommen, aber damals war Chana G. weniger auf sie angewiesen. Bis zum Tag der Ausreise arbeitete sie als Klavierlehrerin an der Musikhochschule, hatte ihr Einkommen, berufliche Anerkennung und ein in vielen Jahren aufgebautes und gepflegtes soziales Umfeld. Als sich dann immer mehr Freunde, Freundinnen und Verwandte entschlossen auszuwandern, wollte auch ihr Mann das Land verlassen. Er träumte davon, nach Westeuropa zu gehen, dem er sich durch die Kultur verbunden fühlte.

(...) Nach Deutschland sind wir gefahren, weil noch als mein Mann am Leben war, wollte er immer nach Deutschland. Er sagte, dass es ist ein europäisches Land. Wir sind gewöhnt. U., obwohl es war eine Republik in der Sowjetunion, es war mehr europäisch gewesen, in der Nähe zu Österreich usw. Vielleicht nach Israel konnten wir, aber ich weiß nicht, die europäische Kultur und alles andere war uns sehr nah, musikalische Kultur. Und wie die Kinder, so hab' ich es auch gemacht, obwohl meine Verwandten leben in Israel. (...) Aber diese Reise, der Stress. Das ist auch nicht so einfach, die Heimat zu verlassen. Aber wir hatten keine Wahl, weil alle Verwandten sind ausgewandert. (...) Und wir sind so allein geblieben . (...)

Chana G.s jüdische Identität ist nicht leicht zu erklären. Sie setzt sich aus verschiedenen Aspekten zusammen, und diese wiederum spiegeln auch die Umbrüche und Katastrophen des 20. Jahrhunderts wider: Judentum als Religion und Tradition, in die sie als Kind hineingeboren wird. Judentum als ein von außen zugeschriebenes rassisches Merkmal, durch das sie der staatlichen Verfolgung ausgesetzt ist und die Zerstörung des osteuropäischen Judentums erlebt. Und schließlich Judentum als Nationalität in der Sowjetunion, mit dem die überlebenden Juden schwer an die durch die Zerstörung nur noch rudimentär bestehenden jüdischen Lebenswelten anknüpfen können und das auch deshalb weiter verloren ging.

(...) Und in meiner Familie sind jüdische Traditionen gewesen, aber gläubig waren wir nie. Es war so eine Zeit, wenn es ist selten gewesen. (...) Damals sind wir atheistisch erzogen, aber trotzdem, in meiner Familie hat man die Traditionen, wie sagt man, gehalten. (...) Die Kinder haben es bei mir nicht gesehen. Weil ich hatte keine Zeit, alles so vorbereiten und so weiter. Bei der Oma, besonders bei den Eltern meines Mannes, die waren gläubig, sogar orthodox. Dort hat man das gesehen. Aber meine Kinder, die sind nie ... (...) Leider. Ich weiß nicht. Vielleicht es ist schlecht, aber es war so eine Zeit bei uns. (...) Ich verstehe gar nicht alles, aber ich gehe auch, wenn es so ein Tag ist, Rosh HaShana[63]*, gehe ich in die Synagoge, ich fühle mich als Jüdin. (...) Und besonders, und ich war auch verfolgt als Jüdin. Ich habe es gespürt, verstehen Sie? Das kann nicht von mir heraus, es ist geblieben in meinem Herzen. Ich bin Jüdin, aber ich verstehe nicht diese Lehre, und ich habe keine Möglichkeit, jetzt das wirklich zu verstehen. Man muss das lernen von Anfang an, als Kind. Wie das alles geblieben ist in meinem Kopf vom Krieg. Wenn ich lerne das, bleibt es auch bei mir, aber das habe ich nicht, leider, so ist es. (...)*

In Deutschland gehört Chana G. zu den jüdischen Kontingentflüchtlingen.[64] Wieder ist es eine von außen auferlegte Definition, verbunden mit gesetzlichen Reglungen, unter der sie bei den deutschen Behörden, aber auch in den jüdischen Gemeinden eingeordnet und wahrgenommen wird. Chana G. fügt diesen Aspekten einen weiteren, ganz eigenen dazu: „*Ich will nicht das ganze Leben mit diesem Stein im Herzen bleiben.*“ Diese Entscheidung hilft ihr, eine innere Autonomie aufzubauen und selbstbestimmter in Deutschland zu leben:

(...) Ich kann sagen, dass ich fühle mich wohl. Obwohl einige Male, hat man mir vielleicht so zu spüren gegeben. (...) Im Sozialamt ist es ein bisschen schwierig, wenn man will etwas, und kommt man und man bittet, wie eine Fremde. Und alles andere? Nein, die Leute sind zu mir freundlich. Ich

[63] Jüdisches Neujahrsfest.

[64] Zur Situation der jüdischen Migranten siehe Eliezer Ben-Rafael et al. (2006): Building a Diaspora. Russian Jews in Israel, Germany and the USA. Leiden; Bosten: 2006.

kann nicht klagen. Diese Leute, welche ich kenne, niemand hat mich an der Straße oder irgendwo beleidigt. (...) Einige haben mich gefragt: „Wie kannst du, nachdem du im Krieg in so einer Hölle warst, wie kannst du nach Deutschland, Deutsche sehen und deutsche Sprache...“ Na, ich weiß nicht. Ich hab' gesagt: „Und ich wollte es nicht, mein ganzes Leben mit diesem Stein im Herzen bleiben.“ Nein, nein. Ich will es nicht. Ich erinnere mich, es ist sehr schwer. Aber ich will nicht diesen Stein.

Und wenn ich sehe einen deutschen Menschen, soll ich denken: Ach, der war... Es waren viele, aber nicht alle. Es war doch dieser Film ‚Nicht alle sind Mörder gewesen', oder wie heißt doch dieser Film? Die Biografie eines jüdischen Künstlers. (...) Und was ich in dem Film gesehen habe, viel Ähnliches war, was ich überlebt habe. Und ich kann sagen auch, ich finde nicht, dass alle sind Mörder gewesen. Und wenn ich sehe einen alten Menschen, welcher vielleicht im Krieg war, das heißt nicht, dass er war ein Mörder. Man schickt, und die schießen, ja? Die müssen schießen, die Soldaten. Also die SS, dass die Nazis..., das verstehe ich. Aber sie waren doch auch nicht alle solche. Und dafür will ich nicht mit diesem Stein leben. (...)

Chana G. ist mutig und entschlossen. Es geht dabei nicht um Verdrängen und schon gar nicht um Verzeihen. Verzeihen ist eine Antwort auf eine persönliche Bitte. Aber indem sie differenziert, kann sie der deutschen Gesellschaft offener gegenübertreten und ihr Leben im Land der Täter und Täterinnen freier und lebendiger gestalten.

(...) Wir wollten uns integrieren, niemand hat uns nicht gezwungen. Weil, wenn man kommt und das ist schon die zweite Heimat, kann man nicht leben nur mit dem, was dort vorkommt, was man zuhause kennt. Zum Beispiel ich, obwohl ich bin schon alt, aber ich fühle mich ganz gut integriert. Und ich besuche verschiedene Kreise, wo ich treffe mich mit deutschen Leuten. (...)

Mit einer dieser Gruppen hat sie sich vor einigen Jahren einen großen Wunsch erfüllt und ist mit dem Bus bis nach Amsterdam, Paris und Wien gereist, um endlich diese Städte zu sehen. Viel Energie hat sie für das Erlernen der deutschen Sprache aufgewandt, die sie nur aus dem Schulunterricht kannte, als sie 1995 nach Deutschland kam. Chana G. hat aber auch durch ihre Musik eine wunderbare Möglichkeit, Menschen zu begegnen, Sprach- und Kulturbarrieren zu überwinden und so auch dem gefürchteten untätigen Alleinsein zu entgehen:

(...) Ich bin so eine Person, es gefällt mir kennenzulernen Leute. Ich kann nicht allein sein. (...) Und ich hab' begonnen, mich zu informieren (...). Wissen Sie, man fragt doch, welchen Beruf haben Sie. Und ich habe gesagt, dass ich bin eine Pianistin gewesen und Musikerin. Und habe die mich eingeladen zu spielen, wenn die Feste hier gewesen sind, solche Geburtstagsfeier und Sommerfest usw. Habe ich begonnen, dort zu spielen ein bisschen. Nicht so wie eine Pianistin, welche auf der große Bühne, ich war so eine nicht. Ich war eine Klavierbegleiterin und eine Klavierdozentin, solo bin ich selten aufgetreten. (...) Hab' ich gespielt, und die haben mich kennen gelernt gut. Und ich war zufrieden. Warum erzähle ich? Ich wollte mich integrieren. Ich wollte Deutsch sprechen, ich wollte kennen lernen die Leute. Ich wollte die Feste kennen. Man muss kennen das Volk, wenn man lebt schon hier.

Und dann habe ich auch einmal gesehen, wie die Tanzgruppe vom Begegnungszentrum ist aufgetreten, und es hat mir so sehr gefallen. (...) Und ich habe gebeten diese Leiterin und ihren Mann, (...) die sollten mich hinein nehmen in diesen Kreis. Haben die gesagt: „Wir sehen, dass haben Sie einen guten Rhythmus." Aber trotzdem: „Kommen Sie, wir machen Ihnen eine Prüfung." Und ich bin gekommen, die haben mich eingenommen, und jetzt, neun Jahre bin ich in diesem Kreis. Es ist viel Zeit. Und es gibt Jüngere, aber es gibt Ältere als ich. Es gefällt uns sehr, das ist Bewegung, das ist Musik, das ist Unterhaltung, und das ist Freundschaft, und wir unternehmen dort etwas auch. (...) Die sind mit mir sehr gut. Der Herr, er war so gutherzig, er war so weich oder... Ich weiß nicht, er wollte, dass die ganze Zeit ich sollte nicht spüren, dass ich bin eine Fremde in diesem Kreis. In ein paar Tagen man hat mich schon zum Geburtstag eingeladen. (...)

Heute ist eine Besichtigung in der, wie heißt es, in der Druckerei der Stadtzeitung. Aber ich kann nicht mitmachen heute. Weil es tut mir weh mein Rücken, wenn ich länger besichtige etwas, ich weiß nicht warum. Der Hausarzt hat es noch nicht festgestellt. (...)

Chana G. hat seit ihrer Kindheit gesundheitliche Probleme. Nach der Befreiung begann sie unter Ängsten zu leiden, immer wieder traten Magen-Darm-Probleme auf. (Über-) Leben im Ghetto bedeutete jeden Tag existenzielle Angst, Hunger, Kälte, Erleben von Gewalt, Terror und Tod. Chana G. war damals ein kleines Kind und konnte diesen Erfahrungen deshalb noch weniger entgegensetzen und sich noch schlechter schützen, als Erwachsene das vermochten. Es vergeht heute kein Tag, an dem sie sich nicht daran erinnert. Hinter ihrem bewussten Leben in der Gegenwart ist sie in ihrem Inneren fest damit verbunden.

In den letzten Jahren sind neue Beschwerden hinzugekommen. Nach dem Tod ihres Mannes und dem Verlust der Heimat schmerzt ihr Herz. Ihr Hausarzt hat eine Hypertonie festgestellt, kann aber die neuerdings damit einhergehenden hypertonen Krisen nur schwer einstellen.

(...) Die Probleme haben begonnen, als mein Mann krank ist geworden mit schrecklicher Krankheit, mit Krebs. Damals hat bei mir alles begonnen. Obwohl, nach dem Krieg bin schon auch nicht so gesund gewesen als Kind. Ich hatte immer Magen-Darm-Problemen, auch diese Angstzustände. Weil diese Angst ist bis jetzt geblieben, es geht nicht weg, ehrlich gesagt. Angst, vor allem Angst. Und emotional ist man auch schon anders. Ich bin empfindlich, vielleicht ist auch mein Beruf nicht passend dazu. Weil ich bin noch empfindlicher geworden, emotional, das kann ich sagen. (...) Diese Angst begleitet mich die ganze Zeit. (...)

Alles macht mir Angst. Wenn ich etwas höre. Das ist geblieben vom Krieg, weil damals war... Es war diese Angst um die Eltern, und wenn man sieht, wenn die Eltern... Man schlägt die Eltern. Weil das Kind versteht doch, ich war doch schon fast sieben, und das ist nicht ein kleines Kind. Und alles ist bei mir geblieben, ich erinnere mich an alles, alles ist vor meinen Augen, wie im Kino steht es bei mir. (...) Immer, immer. Es geht nicht weg. Was war später in meinem Leben, vergesse ich jetzt öfter als diese Zeit von damals, weil es war so schrecklich, dass es alles geblieben ist in meinem Sinn. (...)

Die Beschwerden schränken inzwischen ihre Selbstständigkeit im Haushalt ein, und sie wünscht sich eine Haushaltshilfe, die ihr beim Putzen und Waschen hilft. Aber dafür reicht ihr Geld nicht. Als so genannter Kontingentflüchtling bekommt sie Sozialhilfe, es gibt keine Rentenverträge zwischen ihrem Heimatland und Deutschland. Die zuständige Sozialarbeiterin weist sie darauf hin, dass sie zuerst ihre Kinder mehr einbeziehen muss.

(...) Es ist mir schwer, weil ich bin ein kranker Mensch, mit diesem Kreislauf, Blutdruck, Herz und diese Knochen usw. Es ist mir viel schwerer geworden aufzuräumen, die Fenster putzen, waschen, die Schränke. Man muss sich bücken. (...) Ich habe Angst, auf dem Stuhl zu stehen. Es ist mir

schwer. Sogar wenn ich sauge, tut es mir alles schon weh. Ich mache es jetzt, ich hab' keinen anderen Ausweg. Aber ich mache es nicht in einem Tag wie früher. Zwei Tage, drei Tage, ein bisschen dort, ein bisschen hier. Es ist nicht so wie früher. Ich wollte immer bei mir perfekt sein. (...)

Es verging eine Zeit, es ist gekommen eine Sozialarbeiterin zu mir, nicht nur zu mir, noch zu einer Frau hier. Sie hat geguckt, sie hat mich gesehen, sie hat mich gefragt, ich habe alles erzählt, und dann bekomme ich eine Absage. Die schreiben, weil meine Kinder wohnen in dieser Umgebung. Die Tochter, mein Sohn wohnt nicht so nah, man muss fahren dort mit dem Bus und dann mit der Bahn, sollen die mir helfen. (...)

Und habe ich einen Widerspruch geschrieben, trotzdem habe ich bekommen so eine sehr kurze und eine sehr trockene Antwort. (...) Dass es ist nicht zu schwer für meinen Sohn – obwohl er ist so beschäftigt, und hat seine Familie – zwei Stunde für mich in der Woche zu haben, etwas zu bringen. Und die Tochter kann auch kommen und mir staubsaugen. Und ich habe geschrieben, meine Tochter ist wirklich – es ist wirklich nicht einfach so gesagt – wirklich schwache Frau. Und jetzt, dass sie gemacht hat noch mal die Blutanalyse. Sie hat Anämie. Sie hat schon allein keine Kraft, sich selbst etwas zu tun. (...)

Die Tochter Raisa G. war in der Sowjetunion eine etablierte Redakteurin. Hier in Deutschland kann sie in diesem Bereich nicht Fuß fassen und hat Schwierigkeiten, ein neues Leben für sich und ihre Tochter aufzubauen. Wenn Chana G. über die schwere Situation der Tochter spricht, ist ein Thema ausgespart, und es bleibt offen, ob die Familie darüber spricht. Welche Schmerzen und Ängste haben die Kinder von ihren Eltern, die die Shoah überlebt haben, übernommen und leiden heute daran? Die internationale Traumaforschung hat hierfür den Begriff der „Second Generation" geprägt und arbeitet mit Kindern und Enkeln der NS-Verfolgung. In Deutschland ist diese Arbeit noch nicht überall Routine, weder für TherapeutInnen noch für Betroffene.

Denkt Chana G. an ihre Zukunft im Alter, so hat sie Angst. Sie wohnt in einer kleinen Seniorenwohnung am Rand der Stadt W. Der gesamte Wohnblock ist Teil einer Seniorenanlage. Bis jetzt hat Chana G. keines der bestehenden Versorgungsangebote in Anspruch nehmen müssen. Aber sie hat bei einer Nachbarin erlebt, dass die Pflege unzureichend gewesen ist und die Frau hilflos und einsam starb.

(...) Wenn ich beginne, daran zu denken... Ich bin eine Empfindliche. Und ich muss immer diese Gedanken wegschmeißen. Weil wenn ich denke, steigt bei mir mein Blutdruck. Es wird mir schlecht. Ich will nicht denken, ehrlich gesagt. Ich will nicht. Und wenn ich kann, gehe ich raus, schnell weg von zuhause, um nicht allein zu bleiben. Ich will nicht denken. Was Gott wird schon mir geben, sehen wir. (...) Und ich weiß auch nicht, ambulante Dienste. In diesem Haus, einige Mal vergibt man die Wohnungen schon an schwer kranke Menschen. Zum Beispiel meine Nachbarin, sie war so krank. Es ist schrecklich. Es war schrecklich noch zu sehen, eine schreckliche Operation, und der ambulante Dienst hat nicht gereicht für sie, sie ist allein in der Wohnung verstorben. (...) Ich will es nicht mir vorstellen, ehrlich gesagt. (...)

Mit ihren Kindern hat sie über diese großen Ängste noch nicht gesprochen. Es scheint keinen Ausweg zu geben aus diesem Dilemma, da die Kinder weder Platz noch Geld haben, um die Mutter zu unterstützen und zu schützen. So bleibt sie mit diesem sie so bedrückenden Thema lieber allein. Aber sie spricht über ihr schmerzendes Herz.

(...) Es wäre ein Thema, aber ich will es nicht beginnen. Weil ich weiß, wenn zum Beispiel mein Sohn ein Haus hätte und irgendwo dort im Haus könnten sie ein Zimmer für mich haben. Das wäre gut, aber... Von der Tochter spreche ich überhaupt nicht. Die haben zwei Zimmer, und sie wohnen zusammen, meine Enkelin wohnt noch mit der Mutter. Weil die haben keine Möglichkeit, getrennt zu wohnen. Der Zustand ist finanziell so, dass sie kann noch nicht ausziehen. Wenn sie arbeitet, ist das etwas anderes. (...)

Andrea Zielke-Nadkarni, Märle Poser

Didaktisierung
Chana G., die nicht ihr ganzes Leben mit diesem Stein im Herzen leben wollte

Arbeitsaufgabe 1

Zur Vorbereitung für die Lehrenden: Nutzen Sie die Literaturhinweise im Anschluss an diese Aufgabe sowie das Internet, um für die SchülerInnen

Sachtexte zum Thema „Zugehörigkeit zum Judentum“ unter den drei im Text genannten Gesichtspunkten bereitzustellen.

In der Biografie von Chana G. finden sich drei Aspekte, die die Zugehörigkeit zum Judentum ausmachen (können). Arbeiten Sie anhand von Sachtexten dazu diese Aspekte so heraus, dass die Argumentationsgrundlage für jeden/jede von Ihnen deutlich wird:

1. Beschreiben Sie beispielhaft Besonderheiten innerhalb der jüdischen Religion und Tradition.
2. Welche Merkmale wurden Juden und Jüdinnen unter dem Gesichtspunkt der rassischen Zugehörigkeit zugeordnet und ist eine solche Zuordnung gerechtfertigt?
3. Was beinhaltet das Judentum als Nationalität in der ehemaligen Sowjetunion und wie verhält es sich mit dem jüdischen Verständnis von Zugehörigkeit zum Judentum im Vergleich dazu?

Literaturhinweise

Haim Ben-Sasson H. (Hg.) (1992): Geschichte des jüdischen Volkes. Von den Anfängen bis zur Gegenwert. München.

Benjamin Bloch, Esther Weitzel-Polzer (2001): Bewahrer der Tradition. In: Jüdische Altenhilfe 11, S. 38-41.

Helen Epstein (1987): Die Kinder des Holocaust. Gespräche mit Söhnen und Töchtern von Überlebenden. München.

Leo Friedman, Esther Weitzel-Polzer (2001): Die Biografie als Ballast. In: Jüdische Altenhilfe 11, S. 45-47.

Markus Fugmann (1998): Moderner Antisemitismus. Frankfurt/M.

Hermann Greive (1982): Die Juden. Grundzüge ihrer Geschichte im mittelalterlichen und neuzeitlichen Europa. Darmstadt.

Heiko Haumann (1990): Geschichte der Ostjuden. München.

Silvia Käppeli (1998): Zwischen Leiden und Erlösung. Religiöse Motive in der Leidenserfahrung von krebskranken Juden und Christen. Bern u.a.

Nicolas de Lange (2000): Illustrierte Geschichte des Judentums. Frankfurt/ M; New York.

Birgit Leonhard (2003): Pflege von älteren Holocaust-Überlebenden. Erfahrungen israelischer Pflegepersonen vor dem Hintergrund ihrer eigenen Lebensgeschichte. In: Pflege 03/16, S. 31-39.

Hans Jürgen Schulz (Hg.) (1999): Mein Judentum. Selbstzeugnisse. Zürich; Düsseldorf.

Andrea Zielke-Nadkarni, J. Gremlowski, L.R. Heinemann, C. Deittert (2004): Ethnografische Studie zu den Pflegeanforderungen jüdischer MigrantInnen in Deutschland. In: Pflege 17, S. 329-338.

Andrea Zielke-Nadkarni (2004): „Und das Leid tragen auch noch die nächsten Generationen“ - Eine internationale Literaturstudie zur Pflege jüdischer PatientInnen. In: Pflege 04/17, S. 319-328.

Dies. (2005): Spezifische Aspekte der gerontopsychiatrischen Pflege und Betreuung von jüdischen Menschen mit Verfolgungserfahrungen. In: Psych. Pflege Heute (5), 11. Jg., S. 244-251.

Arbeitsaufgabe 2

Für die Lehrenden: Setzen Sie das systemische Pflegemodell von Betty Neuman im Zusammenhang mit der Betreuung von Chana G. ein. Im Folgenden werden die für die Bearbeitung der Biografie von Chana G. wichtige Aspekte des Pflegemodells von Neuman kurz dargestellt.

Neuman (1998)[65] hat ihr Gesundheitsmodell ursprünglich als Curriculumsgrundlage für die universitäre Pflegeausbildung konzipiert. Unter anderem legt sie Millers systemisch-funktionalen Ansatz zugrunde. Miller betrachtet komplexe lebende Systeme als zielgerichtete, anpassungsfähige Einheiten, die ihre Struktur nach (Überlebens-)Bedarf modifizieren können. Neuman beschreibt den theoretischen Zusammenhang zwischen Klient/ Klientin, Umweltstressoren, Reaktionen auf Stress, Formen des Widerstands und Gesundheit mit dem Ziel, das komplexe Feld „Pflege“ mit Hilfe einer systemischen Perspektive so zu strukturieren und zu bewältigen, dass ein optimales Wohlbefinden des Klienten/der Klientin erreicht wird. Hierzu soll dem Klienten/der Klientin ermöglicht werden, durch sinnvolle pflegerische Interventionen die realen Lebensbedingungen nach seinen/ ihren Wünschen beeinflussen zu können.

Pflegebedarf entsteht nach Neuman, wenn Stressoren die Systemstabilität eines Klienten/einer Klientin bedrohen oder aus dem Gleichgewicht bringen. „Stressoren“ (im Sinne von Eustress und Distress) sind zunächst

[65] Betty Neuman (1998): Das Systemmodell. Konzept und Anwendung in der Pflege. Freiburg i.B.

neutral und üben erst durch die Einwirkung auf das Klientensystem einen für dieses günstigen oder schädlichen Einfluss aus. Neuman kombiniert systemtheoretische Aspekte mit entwicklungspsychologischen unter Verwendung der Stresstheorie von Selye (1950). Sie orientiert sich an dem Metaparadigma nach Fawcett, dessen Begriffe (Mensch, Umwelt, Gesundheit, Pflege) sie als Schlüsselbegriffe übernimmt und mit fünf Variablen (physischen, psychischen, soziokulturellen, entwicklungsbezogenen und spirituellen Einflüssen) kombiniert, deren erfolgreiches Zusammenspiel den KlientInnen von Umweltstressoren abschirmt. Zur Umwelt gehört alles, was den Klienten/die Klientin umgibt oder ihn/sie korrigierend bzw. regulierend beeinflusst.

Neumans komplexer Begriff der Person als System mit einer Kernstruktur und verschiedenen Widerstandslinien ermöglicht die konzeptuelle Erfassung der alltäglichen Beobachtung, dass Stressoren, je nach physischer oder psychischer Verfasstheit der betroffenen Person, unterschiedliche Wirkung haben.

Die Schüler und Schülerinnen sollten

1. die Probleme von Chana G. mit den Begrifflichkeiten und dem Pflegeverständnis nach Neuman beschreiben.
2. auf der Basis der fünf Variablen (physische, psychische, soziokulturelle, entwicklungsbezogene und spirituelle Einflüsse) die Ressourcen von Chana G. im Hinblick auf ihr Wohlbefinden im Alter analysieren und diskutieren, wie sie im Rahmen einer Pflege von Chana G. berücksichtigt werden können.
3. die Widerstandslinien von Chana G. in ihrer jetzigen Lebenssituation beschreiben.
4. auf der Basis ihrer Kenntnisse des Sachtextes von Johan Lansen (2003) aus der Didaktisierung „Lily P., die auf die Gemeinheiten aufmerksam machen will“, das Verhältnis zwischen Mutter und Tochter im Rahmen einer Diskussion einzuschätzen versuchen.

Christina Hilgendorff

„Dat, wenn man mich haben will als Mensch, dat man mir auch dann mein Recht zugestatten muss" – Begegnung mit Roman F.

(...) Als ich aus dem Krankenhaus kam, hat ja die Ärztin gesagt: „Na, da kann ja ihre Tochter helfen." Sag ich: „Nee, Frau Doktor, nix, die hat zwei Kinder und geht arbeiten, die kann ich nicht mehr belasten." Da hat sie gar nichts mehr gesagt, was will sie denn da auch noch sagen? ***Interviewerin:*** *Was, denken Sie, wäre eine gute Lösung?* ***Roman F.:*** *Die gute Lösung ist, dat ich mehr Kraft kriege, und das versuche ich mit Essen. (...)*[66]

Selbstbewusst und entschlossen wirkt Roman F., wenn er von seinen gesundheitlichen Sorgen spricht, und er lächelt dabei fast ein bisschen verschmitzt. 93 Jahre ist er im April geworden. Vor einigen Wochen hat er in einer Seniorenanlage seine neue Wohnung bezogen, Ein-Zimmer-Küche-Bad. Lange hatte er danach gesucht, denn die Wohnung sollte für seine Tochter schnell und leicht erreichbar sein. Sie sieht regelmäßig nach ihm und hilft, wenn er Unterstützung braucht – was selten der Fall ist. Der Einzug verlief anders als geplant. Kurz vor dem Termin hatte er nachts schweres Magenbluten und war in letzter Minute ins Krankenhaus eingeliefert worden. Sein Telefon war da schon abgemeldet, und nur seine verzweifelten Hilferufe haben ihn gerettet.

(...) Ich habe an und für sich doch ganz gut gelebt, bis das kam mit der Blutgeschichte. Da hat mir die Ärztin Tabletten aufgeschrieben gegen die Schmerzen, und die hätte das nicht machen sollen. Und die haben das bewirkt, dass ich diese Blutungen hatte. ***Interviewerin:*** *Aber Sie haben erzählt, dass Sie diese Tabletten nicht so gut vertragen. Warum haben Sie sich die trotzdem verschreiben lassen?* ***Roman F.:*** *Ja, weil ich vorher bei einem Arzt war, dem hab' ich gesagt: „Verschreiben Sie mir doch Zäpfchen." Und da hat der mich angeschrien: „Immer nur Zäpfchen, immer nur Zäpfchen..." Nu, und da hab' ich mich nich' so durchgesetzt. Und wenn dann der Arzt*

[66] Interviews mit Roman F. am 31. März und 28. April 2007.

Tabletten verschreibt... Aber die waren zu stark und die haben dann diese Blutungen ausgelöst. (...)

Den Umzug konnte er daher nicht begleiten, und nun hat er Mühe, seine Sachen wiederzufinden, da andere die Kisten ausgepackt haben. Roman F. ist ein Sammler, ein Archivar. Seine Regale stehen voller Aktenordner und Kisten, in denen er Papiere und Zeitungen aufbewahrt. Auch Tisch und Schreibtisch sind vollgepackt. Begonnen hat er mit dieser Leidenschaft schon in den 30er Jahren, aber von damals ist durch den Krieg nichts erhalten geblieben. Roman F. hat ein bewegtes Leben hinter sich, und wenn er sich erinnert, ist es nicht immer einfach, all den Wegen und Seitenpfaden, auf die es ihn verschlagen hat, zu folgen.

Geboren wird er 1915, während des Ersten Weltkriegs, in einem kleinen Ort auf dem Land. Die Eltern betreiben Landwirtschaft, Roman F. ist das jüngste von sechs Kindern, und als er die Schule beendet, sind seine Geschwister schon alle aus dem Haus. Der 14-jährige Roman F. dagegen bleibt bei den Eltern und will Landwirt werden. Schon zwei Jahre später muss er diesen Traum begraben: die Eltern können durch die anhaltende Weltwirtschaftskrise den Hof nicht halten und ziehen in die Stadt R. Hier arbeitet Roman F. im Freiwilligen Arbeitsdienst auf dem Bau, eine Maßnahme des Staates, um die Arbeitslosen von der Straße zu holen. Romans Bruder Ludwig arbeitet in R. als Redakteur und nimmt den Bruder mit in seine intellektuelle Welt. Und der 17-Jährige lässt sich inspirieren, beginnt mit dem Aufbau eines eigenen Zeitungsarchivs und versucht sich als Journalist. Später wird er dann zum Wehrdienst eingezogen und 1938 in Weimar stationiert. Die Kasernen liegen unterhalb des Ettersbergs, auf dem die SS 1937 das KZ Buchenwald errichtet hat. Ende 1938 sind dort schon über 10.000 Männer inhaftiert.

Roman F. arbeitet auch nach Kriegsbeginn 1939 weiter in der Wehrmachtsverwaltung und kann so erst einmal dem schrecklichen Kriegsgeschehen entgehen. Aber 1942 wird er kriegstauglich geschrieben – die Verluste an der Front werden immer größer – und sofort nach Russland versetzt. Bei Gefechten durchschlägt eine Kugel sein Bein, aber sehr viel gravierender ist ein anderes Ereignis. Roman F. wird wegen homosexueller Liebe vor einem Kriegsgericht in einem Schnellverfahren zu 18 Monaten Haft verurteilt, die er in einer Feldstrafgefangenenabteilung ableisten muss. Die Ideologie der Wehrmacht zielt auf „Manneszucht“ und Gehorsam. Homosexualität gilt als wehrkraftzersetzend, in der NS-Ideologie als „volksschädigend“ und wird mit hohen Haftzeiten bestraft.[67]

(...) Dat war der Paragraf 175, und der galt. Und dann hat der Hitler 'ne Idee gehabt: Wir schicken die Leute nicht mehr ins Gefängnis, sondern wir schicken die an die Front. Und ich war ja an der Front und kam dann in eine Feldstrafabteilung. (...) Es gab eine Gerichtsverhandlung, aber das war Ankläger, Verteidiger und Richter in einer Person, nich'. Das war das Kriegsgerichtsverfahren: eine Person, die machte alles gleichzeitig. (...)

Ein Militärhistoriker bewertete 2005 in seinen Forschungen die Feldstrafgefangenenabteilungen als den Konzentrationslagern ähnlich. Die Abteilungen wurden 1942 von der Wehrmacht für den Vollzug von Gefängnisstrafen eingerichtet, um so die verurteilten Soldaten weiter im Krieg einsetzen zu können. Die Männer wurden zu den härtesten Arbeiten überwiegend im Einsatzgebiet der kämpfenden Truppen im Osten eingesetzt. So mussten sie beispielsweise Minen- und Leichenfelder räumen und Stellungs- und Bunkerbauten errichten, täglich wurde mindestens zehn Stunden gearbeitet, und das Wachpersonal war aufgefordert, bei Fluchtversuchen und anderen Widerstandshandlungen sofort zu schießen. Die Versorgung der Männer war oft katastrophal. Sie litten unter drakonischen Disziplinarstrafen, gezielter Mangelernährung, schlechter Unterbringung und ungenügender hygienischer und medizinischer Versorgung.[68]

Vom Krieg und von seinem Überleben in der Feldstrafgefangenenabteilung spricht Roman F. wenig: Er sei bei Bauarbeiten im russischen Partisanengebiet eingesetzt gewesen, 1944 habe er den Warschauer Aufstand und die Zerstörung der Stadt miterlebt. 1945 sei er in französische Kriegsgefangenschaft geraten.

Bei seiner Entlassung 1946 ist Roman F. 31 Jahre alt, körperlich und seelisch verwundet und steht beruflich vor dem Nichts. Seine Eltern leben inzwischen hochbetagt in Wien. Deutsche dürfen zu diesem Zeitpunkt nicht mehr in die Stadt einreisen, und so sieht er seine Mutter erst drei Jahre später wieder. Sie wird nach dem Tod ihres Mannes 1949 nach Deutschland abgeschoben. Der Vater stirbt, ohne seinen jüngsten Sohn noch einmal wie-

---

[67] Zur Situation der Homosexuellen siehe: Günter Grau (Hg.) (2004).

[68] Manfred Messerschmidt (2005), S. 321-392, hier 350ff.

dergesehen zu haben. Roman F. findet Unterschlupf bei seiner Schwester. Sehr schnell versucht er, sein Leben wieder in die eigenen Hände zu nehmen, freiberuflich zu arbeiten und ein Studium der Soziologie zu beginnen. 61 Jahre ist das jetzt alles her, und auch in seiner Erzählung scheinen diese Ereignisse weit weg zu sein:

(...) Bis dann ich '46 endgültig entlassen wurde. (...) Und dann hab' ich versucht, hier journalistisch zu arbeiten. Und da hat der Engländer mir die Lizenz nicht gegeben. Da musste man Lizenzen haben. Warum, haben die nicht gesagt, wahrscheinlich auch wegen §175. Die Engländer waren ja scharfe Gegner. Ich vermute das. (...) Und dann bin ich in die Ostzone, weil ich studieren wollte. Ich hatte ja kein Geld und in der Ostzone konnte man kostenlos studieren. (...) Meine Schwester, die hatte in L. eine Wohnung, aber die konnte – und wollte – auch nicht da hin, in die Ostzone. Aber ich konnte da hin, und da hab' ich die Wohnung gehabt, 'ne Drei-Zimmer-Wohnung und alles, komfortabel. (...) Aber ich hab' keine Genehmigung gekriegt zum Studium. (...)

Damit erlebt er ein drittes Mal die Zerstörung seiner beruflichen Träume: die Weiterführung der Landwirtschaft seiner Eltern, vor und nach dem Krieg der Wunsch nach einer journalistischen Laufbahn. Stattdessen findet er eine Stelle als Lagerverwalter und geht schließlich Anfang der 50er Jahre enttäuscht nach Westdeutschland zurück.

(...) Die dreieinhalb Jahre hab' ich ja gesehen, wie das ist in der Ostzone. Und da hab' ich gedacht: Nee, das hat keinen Sinn, da biste Gefangener. (...) Und da war ja für mich die Zeit ab und ich bin ich schwarz über die Grenze. (...) Ich hatte in L. 'ne Sicherheit und gab die auf. Und Westdeutschland war es ja in den 50ern nicht rosig. Da hab' ich mich so durchgeschlagen. Meine Mutter kriegte 80 Reichsmark Rente bzw. vom Lastenausgleich. (...) Ich hab' dann als Handelsvertreter gearbeitet. Aber aus gesundheitlichen Gründen konnte ich dat nich' lange machen. (...)

Roman F. muss sich 1956 einer Operation unterziehen, bei der ihm zwei Drittel seines Magens entfernt werden. Seitdem achtet er streng auf seine Ernährung. Seine schlecht versorgte Kriegsverletzung am linken Bein verursacht bis heute immer wieder Schmerzen, besonders bei Wetterumschwüngen. Anfang der 60er Jahre erleidet er dann einen Bandscheibenvorfall, der operativ versorgt wird und eine Lähmung seines gesunden rechten Beins nach sich zieht. Danach ist er gezwungen, ein Korsett mit Beinschiene zu tragen, um überhaupt laufen zu können. Eine regelmäßige Berufstätigkeit ist ihm durch seine schlechte Gesundheit nie mehr möglich, auch wenn er zwischendurch immer wieder arbeitet. Aber Roman F. findet andere, selbstbestimmte Möglichkeiten der persönlichen Entwicklung: Er wird politisch aktiv, engagiert sich ehrenamtlich in der kommunalen Familien- und Sozialpolitik, übernimmt Vorstandsämter. Seit 1958 verheiratet, kümmert er sich als Hausmann um seine drei Kinder.

(...) Entweder waren die Kinder krank, oder die Frau war krank, oder ich war krank. Wir sind ja nur einmal in den ganzen Jahren in den Urlaub gefahren. (...) Ja, was sollten wir machen? So ist das praktische Leben, ja? Das is' nicht so illusorisch, wie Sie sich das vorstellen, bei dreien is' meistens immer irgendeiner nicht in Ordnung. (...)

1976 wird die Ehe geschieden, und Roman F. lebt seitdem allein. Als sich Anfang der 80er Jahre aus den neuen sozialen Bewegungen die politische Partei ‚Die Grünen' gründet, wird er hier sofort aktiv und sitzt für sie im Bezirksrat. Seine politische Identität ist aber nicht parteipolitisch gebunden, sondern richtet sich nach übergeordneten Werten wie Emanzipation, Gleichheit und Humanität.

(...) Politisch war ich ja immer. Aber nicht parteipolitisch. Politisch, gesellschaftspolitisch. (...) Ich bin ja auch bei den Schwulen eingetragen. Aber die waren ja nicht rein politisch, die waren ja mehr auf die Schwulen-Sache eingestellt. Und die hatten mich interessiert, aber doch nicht nur. Mich interessierte doch das Politische fast mehr als das andere. Mindestens zehn Prozent der Bevölkerung sind Schwule und Lesben, die Minderheit, wie man das nennt. Ich mag das Wort ja nicht, Minderheit, ich kann das Wort eigentlich nicht aussprechen. (...) Ich bin nicht minder, ich bin genauso berechtigt, ob ich lesbisch bin oder schwul bin, oder ob ich verheiratet bin oder dat bin. Ich bin genauso so ein Mensch wie die anderen auch. Und habe auch genau dieselben Fehler wie die anderen auch. (...) Und dann kamen eben die Grünen auf, in den 80ern, und dann habe ich mich natürlich dafür interessiert. (...)

Aus seinen Erfahrungen der deutschen Geschichte heraus ist er ein überzeugter Demokrat, bindet dies aber stark an eine sozialistische Ausrichtung.

Deshalb hat er sich immer aktiv in der Gesellschaft engagiert und Verantwortung übernommen:

(...) Ich will mich beteiligen an einer Sache, nur Mitglied sein irgendwo, dat hat für mich keinen Sinn. Da nur bezahlen, das kann man eine Zeit lang machen, aber auf die Dauer ist das ja nix. (...) Die Demokratie, das ist die beste von den bestehenden Staatsformen, das ist nämlich das A und O, Demokratie ist nicht ideal, aber es ist die beste Staatsform. (...) Und heute sage ich mir, die Bundesrepublik liegt noch in den Kinderwinkeln mit der Demokratie. Gesellschaftspolitisch als solches bin ich ja Sozialist, weil ich sehe, das Kapitalistische bringt nichts auf die Dauer. Eine Mischung, das könnte eventuell gelingen, da bin ich auch für. Deshalb hab' ich auch die DDR abgelehnt, weil die auch wieder so stur waren. Ich sage mal, auch von dem kapitalistischen System kann man etwas übernehmen. Aber man kann es nicht ganz durchführen, weil es schädlich ist für die Bevölkerung. Also deshalb, ich bin Sozialist durch und durch. (...)

In der 60er Jahren hat Roman F. das erste Mal einen Antrag auf Entschädigung für erfahrenes NS-Unrecht gestellt und ist damit gescheitert. Zwei weitere Verfahren musste er durchkämpfen, um 2001 wenigstens eine einmalige Zahlung zu erhalten. Eine Rente bekommt er nicht. Ausgehend von den Definitionen im bundesdeutschen Entschädigungsgesetz handele es sich in seinem Fall nicht um ein NS-Unrechtsurteil, da seine Verurteilung nicht übermäßig hoch gewesen sei und keine Inhaftierung in ein Konzentrationslager nach sich gezogen habe. Die Argumentation der Behörden empört und verletzt ihn:

(...) Die Entschädigungsrente ist abgeschmettert worden. Fünf Jahre hätte ich im Gefängnis sitzen müssen, unter dem Hitler, dann wäre das möglich gewesen, oder aber ich hätte in Lebensgefahr leben müssen. (...) Ich finde, das ist ein Unrecht. Und jetzt, die in der Ostzone, die kriegen ja nach sechs Monaten eine Entschädigung[69]*. (...)*

[69] Gemeint ist hier das 3. SED-Unrechtsbereinigungsgesetz, das im Sommer 2007 in Kraft trat. SED-Opfer können seitdem eine Opferpension von 250 Euro beantragen. Voraussetzungen sind, dass die Menschen länger als sechs Monate in Haft waren und heute in ihrer wirtschaftlichen Lage besonders beeinträchtigt sind. Die Pension wird nicht auf die Rente angerechnet.

Was Roman F. hier nicht erwähnt, ist ein dritter Grund für die Ablehnung einer Entschädigungsrente: seine Homosexualität. Der Paragraf 175 – Strafverfolgung der Homosexualität – aufgrund dessen er verurteilt wurde, bestand auch nach Kriegsende fort. Auch aus diesem Grund wird seine damalige Verurteilung nicht als spezifisches NS-Unrecht anerkannt. Erst Ende der 60er Jahre hat die Bundesrepublik diesen Paragrafen geändert, 1994 wurde er endgültig aufgehoben. Die Einmalzahlung 2001 ist Ausdruck einer geänderten politischen Haltung. Die Feldstrafgefangenenabteilung wird im Urteil als Strafbataillon anerkannt und als rechtsstaatswidrig eingestuft. 2001 ist Roman F. 86 Jahre alt. 40 Jahre hat er auf diese teilweise Anerkennung warten müssen.

Wenn Roman F. über sein Altsein spricht, wird deutlich, wie sehr auch diese Lebensphase für ihn eine aktive Aufgabe ist. Sensibel und sehr genau nimmt Roman F. die Veränderungen und Einschränkungen und das dadurch geforderte Umdenken wahr. Man spürt, welche Verluste an Lebensqualität er dabei erlebt, aber auch, wie er versucht, einen Umgang damit zu finden.

(...) Am liebsten stehe ich morgens um viere auf. Aber dann bin ich um acht, neun, schon wieder müde, nachdem ich was gegessen und so ein bisschen geprasselt hab. (...) Und da geht ja auch die Zeit mit vorüber, mit dem, ich sage mal, Vertrödeln. Man vertrödelt ja so viel Zeit. Das ging ja alles früher anders: Wenn schön' Wetter is', dann ziehe ich das Hemd da an. Heute überlegste, ziehe ich das an oder 'n anderes. Früher war mir das doch egal, da hab' ich eben keinen Mantel angezogen, hab' ich ein bisschen gefroren, na und? Aber das kann ich heute nicht mehr. Dat darf ich nicht mehr, dann hab' ich die Gefahr, dass ich mir ne Erkältung zuziehe, und da muss ich mich natürlich vor hüten. Weil, wenn Sie mal 'ne Erkältung kriegen, dann ist die Gefahr groß. Mir sagt der Arzt immer: „Halten Sie sich den Rücken warm." Und den ganzen Tag das Korsett an, da ham Se auch keine Freude.

(...) Zum Beispiel waren hier in R. die Montagsdemonstrationen. Da bin ich anfangs abends noch hingegangen. Aber dat ging nachher nicht mehr, dat lässt alles nach. Die Kraft, die Kraft fehlt, nicht der Wille. (...) Die Kraft, das alles noch so zu organisieren. (...) Ich hab' ja bei meiner Tochter, nachdem ich aus dem Krankenhaus 'raus bin, da hab' ich da gesessen den ganzen Tag. (...) Ich war immer beweglich und alles, aber jetzt is' dat alles

weg, dat kam so über Nacht. (...) Die Leute sagen ja: „Och, Sie sind ja gesund.“ Nach außen ja, aber die Kraft is' net da. Man hat den Willen, aber man kann nicht. Ich sitze öfter hier und denke: Dat möchte' eigentlich irgendwo woanders stehen, aber dann bin ich, man kann et auch sagen, zu faul, ich weiß es nit, zu faul aufzustehen und dat zu machen. Da denkt man: Ja, das musste das nächste Mal machen, wenn du mal aufstehst. Dat Aufstehen, dat fällt mir ja so furchtbar schwer. (...) Wenn ich einmal stehe und laufe, dann geht dat wieder.

***Interviewerin:** Gibt es auch noch andere Dinge, die Ihnen schwerer fallen als früher?* ***Roman F.**: Zum Beispiel lesen, mit den Augen und dat alles, früher habe ich noch sehr viel gelesen, zum Beispiel ich halte keine Tageszeitung mehr, weil ich ja gar nicht mehr richtig lesen kann. Ich hab' ja nicht mal mehr die Zeit.* ***Interviewerin:** Warum keine Zeit?* ***Roman F.:** Ja, warum keine Zeit? Weil ich sie nicht hab. Dann muss ich dafür sorgen, dann muss ich mir einen Tee kochen, dann muss ich ein Brot essen, ich muss ja quasi laufend essen. Dann muss ich dahin, dann muss ich zum Arzt. Alles braucht viel mehr Zeit. Ich komme mit der Zeit nicht mehr zurecht. (...) Früher, wenn ich nach R. fuhr, dann hab' ich vier Sachen erledigen können. Heute, wenn ich da eine erledige, dann bin ich schon fix und fertig. Und dann hab' ich schon viel geschafft! Vorige Woche, da war ich wegen dem Korsett beim Arzt, da war ich um 10 Uhr schon fertig. Da denk ich: Ach, da kannst du auch noch zum Ohrenarzt gehen. Und wie ich nach Hause kam, war es drei Uhr. Da können Se nix mehr.*

Und als ich da gesessen hab', da hab' ich ne Wut gehabt, 'ne. Schönes Wetter, und ich sitze da bei dem Arzt, 'ne. (...) Das hab' ich auch schon mal der Sprechstundenhilfe gesagt. „Ja, da müssen Sie morgens um halb acht kommen, müssen Sie ein Buch mitbringen und müssen dann eben warten.“ „Ja“, hab' ich gesagt, „ich gehe aber lieber spazieren, eh ich mich da zwei, drei Stunden beim Arzt hinsetze.“ (...) Danach bin ich müde, obwohl ich kaum was gearbeitet habe. (...) Man will doch, man hat doch den Willen, etwas zu leisten, und kann es nicht. An und für sich bin ich ja wütend, prinzipiell, aber das nützt mir ja nichts, mit der Realität muss ich leben. (...)

Roman F. geht oft spazieren. Er liebt es, in der Natur zu sein und fühlt sich tief mit ihr verbunden, was sich auch in seinem Körpergefühl widerspiegelt.

(...) Spielt natürlich auch das Wetter eine große Rolle. Man is' ja abhängig von der Natur, dat is' ja eben der Blödsinn. Gegen die Natur kann man nicht arbeiten. Wenn es da draußen regnet, dann regnet es bei mir auch innerlich, etwas, nicht so stark, aber etwas, nich'. Und wenn die Sonne scheint, dann scheint bei mir auch die Sonne. Man ist doch als Mensch der Natur verbunden. Und ich vor allen Dingen. Ich kenne meinen Körper, ich kann Ihnen vorher sagen: „Ach, jetzt wird es mir übel." Das merke ich schon vorher. (...)

Zurzeit braucht Roman F. in seinem Alltag keine Unterstützung, noch schafft er alles allein. Duschen fällt ihm in der Enge des Badezimmers manchmal schwer, aber da geht er dann in die Sauna, wo alles bequem und einfach ist. Seine Tochter sieht regelmäßig nach ihm, gemeinsam machen sie größere Einkäufe. Einmal in der Woche kommt eine Putzfrau. Mit seinem Schwerbehindertenausweis ist er mobil und kann von seinem Vorort die Stadt R. problemlos erreichen. Ein Leben im Altenheim ist für ihn unvorstellbar, weil seine Autonomie zerstört würde, und so kämpft er gerade mit den Behörden um die Auslegung einer Unterstützungsleitung.

(...) Ich bin ja zufrieden so, wie ich es habe. Schlimm wäre, wenn die versuchen, mich hier aus der Wohnung raus zu bringen, ins Altenheim zu stecken. (...) Da muss ich vorsichtig sein. ***Interviewerin:*** *Was befürchten Sie im Altenheim?* ***Roman F.:*** *Ja, ich bin nicht mehr selbstständig. Ich müsste alles aufgeben. Ich hätte ein einfacheres Leben, braucht' mich um gar nichts zu kümmern, kriegte mein Frühstück hingestellt, kriegte mein Mittagessen, braucht' überhaupt nichts mehr. Der ehemalige Präsident von Rheinland-Pfalz, der is' ja 80 Jahre alt, der wohnt mit seiner Frau in einem Heim. Ja, der hat Geld genug, der geht da hin und bestellt sich sein Essen, was er will, während ich müsste dat nehmen, wat die mir geben. (...)*

Dat is' ja der Krach, wo ich jetzt mit den Behörden habe. Die verlangen jetzt von mir, ich soll nur das gelieferte Essen da nehmen. Sag' ich, das geht doch nicht, wenn ich in der Stadt bin, dann kann ich doch nicht extra nach Hause fahren und was essen, dann bin ich in der Stadt und esse da was. Die wollen dat nicht. Bürokratie. Dat müssen wir jetzt klären, ob das Gesetz dat erlaubt. Der sagt, er hat dat gestrichen und ich muss dat alles zurückzahlen, wat ich zu viel bekommen habe. (...) Das ist jetzt die Streitfrage, jetzt müssen wir klären, ob der Gesetzgeber verlangt, das Gesetzbuch, dass ich unbedingt die Kost nehmen muss. (...) ***Interviewerin:*** *Ist das nicht anstrengend?* ***Roman F.:*** *An und für sich nicht. Es ist aber so, ich hab' die Gedanken und kann sie nicht niederlegen, weil ich nicht mehr so schreiben kann. Höchstens Gespräche, und das ist immer so schwierig, von denen Gespräche zu kriegen. (...)*

Was wichtig ist im Leben, nach all dem, was hinter ihm liegt? Eine tiefe Humanität und gelebte Verantwortung zwischen Menschen und das Gefühl,

(...) dat es reell zugeht im Leben. Dat, wenn man mich haben will als Mensch, dat man mir auch dann mein Recht zugestatten muss. Die Würde des Menschen ist unantastbar. (...) Ich hatte ja noch meine Schwester im Altenheim. Und mit der hab' ich ja auch immer Kontakt gehabt. Die ist jetzt im vorigen Jahr mit 96 gestorben. (...) Das war ja auch vielleicht eine Illusion, aber das war mal so gedacht, dat ich die noch zu mir nehme. (...) Weil die ja noch eine eigene Wohnung hatte, bis die dann die letzten zwei, drei Jahre immer wieder im Krankenhaus gelegen hat. Und dann hatte die ja auch kein Gedächtnis mehr, das war der Unterschied zwischen mir und ihr. Man konnte sich mit ihr kaum unterhalten. Aber ich hab' gekocht und ihr dat mitgenommen, na, was man so macht, nich', so ein bisschen persönlich noch: Ach, dat esse ich gern. Na, ich mach dir das und bring dir das dann mit. Bin ich mittags hingefahren, hab' Essen mitgebracht und haben wir zusammen gegessen. Das frisst einem aber die Zeit weg. Und dann war ich ja auch nicht mehr hundertprozentig. (...)

Andrea Zielke-Nadkarni, Märle Poser

Didaktisierung
Roman F., der sein Recht zugestanden haben möchte

Die folgenden Arbeitsaufgaben sollen in kleinen Arbeitsgruppen gelöst werden. Dazu werden die Aufgaben zunächst als Hausaufgabe verteilt, da hier Internet-Recherchen und ein Gang in die Bibliothek notwendig werden.

Arbeitsaufgabe 1 (Kleingruppe 1)
Ist Homosexualität genetisch bedingt, oder ist es eine Frage der Sozialisation? Wie sieht das bei eineiigen Zwillingen aus? Informieren Sie sich über das Internet und Literatur in Ihrer Bibliothek.

Arbeitsaufgabe 2 (Kleingruppe 2)

Verhinderte Karrieren, weil Roman F. homosexuell ist – ist das heute noch möglich?

Klaus Wowereit, Berlins Regierender Bürgermeister hat bei seinem Amtsantritt einen Satz gesagt, der zum geflügelten Wort wurde: *„Ich bin schwul, und das ist auch gut so!“*

Informieren Sie sich über das Leben von Schwulen und Lesben heute: Wie sieht es praktisch aus? Befragen Sie dazu Personen, die Sie kennen, oder/und nutzen Sie das Internet für Erlebnisberichte von betroffenen Männern und Frauen.

Arbeitsaufgabe 3 (Kleingruppe 3)

2001 trat das von der rot-grünen Koalition verabschiedete Lebenspartnerschaftsgesetz in Kraft. 2002 wurde es vom Bundesverfassungsgericht bestätigt. Seither sind schwule und lesbische Paare in vieler Hinsicht Ehepaaren gleichgestellt.

Wie sieht die Rechtslage historisch aus? Informieren Sie sich über den Zeitraum von 1900 bis heute. Nutzen Sie das Internet für Ihre Recherchen.

Arbeitsaufgabe 4:

Schauen Sie gemeinsam den Film „Aimée und Jaguar“ – die Verfilmung einer wahren Geschichte einer lesbischen Beziehung im „Dritten Reich“.

Diskutieren Sie:

1. Wie sah die Situation von Lesben im „Dritten Reich“ aus?
2. Ist es heute unproblematisch, lesbisch zu sein?
3. Welche historischen Themen spricht der Film an?
4. Stellen Sie sich vor, zwei alte Bewohnerinnen eines Altenheims, in dem Sie arbeiten, verlieben sich ineinander und möchten ein gemeinsames Zimmer? Wie würden die MitarbeiterInnen wohl darauf reagieren?

Christina Hilgendorff

Die MDK-Prüfung – Bei Marian B. werden Erinnerungen an die Zwangsarbeit in Deutschland wach[70]

Seit zwei Stunden wartet Marian B. auf den Vertreter des Medizinischen Dienstes der Krankenkassen (MDK). Ab neun Uhr hat sich der MDK angekündigt, inzwischen ist es elf. Schon gegen sieben hat Marian B. begonnen, sich mit Hilfe seiner Frau anzuziehen und zu rasieren, hat die guten Schuhe gewählt und sich einen Schlips umbinden lassen. Es ist ein wichtiger Besuch, und Marian B. möchte einen guten Eindruck machen, die Situation würdig bestehen.

Der MDK kommt schon das zweite Mal zu ihm in die Wohnung. Das erste Mal war es eine Krankenschwester, die sich erst mit ihm unterhalten und ihn dann auch einer körperlichen Prüfung unterzogen hat. Wie gut kann er sich bewegen und seine Alltagsversorgung allein bewältigen? Wochen später kam dann ein Ablehnungsbescheid für die beantragte Pflegestufe I. Marian B. ist verzweifelt, aber auch wütend. So lange hat er in die Kasse eingezahlt, nun verweigert man ihm, einem alten Mann, die Unterstützung. Seine Empörung und Enttäuschung sind groß. Und er macht keinen Unterschied mehr zwischen Kranken- und Pflegekasse, auf den ihn die Angestellten der Krankenkasse immer wieder hinweisen. Marian B. fühlt sich ungerecht behandelt und betrogen, und er weiß nicht, wie es zuhause weitergehen soll. Deshalb legte er nach einer Beratung mit Unterstützung des Bundesverbandes Information und Beratung für NS-Verfolgte e.V. Widerspruch ein.

Diese Nichtregierungsorganisation (NRO) kennt er seit einigen Jahren. 1999 wurde die Stiftungsinitiative der deutschen Wirtschaft „Erinnerung, Verantwortung, Zukunft“ ins Leben gerufen. Stifter waren deutsche Unternehmen, der Bund und die Bundesländer. Mit den zur Verfügung gestellten

[70] Diese Schilderung ist angelehnt an einem authentischen Fall aus der Beratung im dem Projekt „Anpassung der Versorgungssysteme der Altenhilfe an die Erfordernisse älterer NS-Verfolgter“.

Finanzmitteln erhielten ehemalige ZwangsarbeiterInnen, Opfer der Arisierungen und anderen NS-Unrechts eine einmalige Summe. Der Bundesverband half ihm damals bei der Antragstellung und der Nachweisbeschaffung über seine Zwangsarbeiterzeit. Während des Krieges war er als Jugendlicher nach Deutschland verschleppt worden und musste hier Zwangsarbeit leisten. Nach einer Arbeitsselektion, in der seine körperliche Verfassung – Kraft und Beweglichkeit – geprüft worden war, setzte man ihn als Arbeiter in der Bauwirtschaft ein. Die Lebensbedingungen gingen damals körperlich und seelisch über seine Kräfte. Immer wieder war er krank. Der Raum, in dem er schlafen musste, war feucht und kalt, und so hatte er häufig schwere Erkältungen, aber auch Hautprobleme. Die Zwangsarbeit war viel zu hart für den damals 17-Jährigen. Marian B. litt zunehmend unter Rückenschmerzen. Sein damaliger Chef hat ihn schließlich bei der Polizei denunziert: Der Zwangsarbeiter simuliere und wolle bloß nicht arbeiten. Marian B. musste daraufhin zu einer ärztlichen Untersuchung. Die Gefahr war groß, wegen Sabotage in ein „Arbeitserziehungslager“[71] eingewiesen zu werden. Doch der Arzt rettete ihn. Er wies die Gestapobeamten aus dem Zimmer und verteidigte nach der Untersuchung seinen Patienten. Marian B. wurde anschließend durch die mutige und selbstverständliche Humanität und das verantwortliche Handeln des Arztes an einen anderen Arbeitsplatz versetzt und überlebte.

Nach Kriegsende kehrte Marian B. nicht in seine Heimat zurück. Anfangs zu krank, hat er sich später bewusst dagegen entschieden. Zunächst lebte er in einem Displaced-Persons-Camp, in dem die Westalliierten die verschleppten Menschen aufnahmen, versorgten und sie von dort möglichst schnell in ihre Heimat zurückführen wollten. Als er repatriiert werden sollte, floh er. Die Berichte über die Situation zuhause waren erschreckend. Die neue polnische Regierung hatte 1945 sofort die Abtretung der Ostgebiete an die Sowjetunion gebilligt, und seine Heimatstadt lag danach in der Ukrainischen Sozialistischen Sowjetrepublik. Es kursierten Berichte über Umsiedlungen, aber auch über Verhaftungen und Verschleppungen ehemaliger ZwangsarbeiterInnen in der stalinistischen Sowjetunion. Über das Schicksal seiner Geschwister wusste er zu diesem Zeitpunkt nichts. Erste Nachrichten

[71] „Arbeitserziehungslager“ wurden ab Mai 1941 eingerichtet und unterstanden der Gestapo. In ihnen wurden ZwangsarbeiterInnen unter KZ-ähnlichen Bedingungen zur Strafe und Disziplinierung über Wochen und Monate inhaftiert.

erreichten ihn im Herbst von Verwandten aus Warschau. Sie berichteten, dass sein Bruder und zwei Cousins nach Deutschland verschleppt worden waren. Über die weitere Familie und das Elternhaus hatten sie keine Informationen. Mit ihrer Hilfe gelang es, ein Wiedersehen der Brüder in Deutschland zu organisieren. Die Brüder entschlossen sich, erst einmal in Deutschland zu bleiben und abzuwarten. Sie wussten damals nicht, dass dies eine Entscheidung für immer war. Sie entgingen mit ihrer Entscheidung der drohenden Verfolgung, die viele sowjetische ZwangsarbeiterInnen und Kriegsgefangene zuhause erwartete und die ihn auch hätte treffen können, da sein Zuhause jetzt in der Sowjetunion lag. Die Rückkehrenden wurden systematisch überwacht und verfolgt, viele von ihnen wegen Kollaboration mit dem Feind und Vaterlandsverrat zu Gefängnis- und Haftstrafen in sowjetischen Arbeitslagern verurteilt.[72]

Ende der 40er Jahre gründete Marian B. dann in Deutschland eine Familie und zog zusammen mit seiner Frau drei Kinder groß. Als Arbeiter war er erst in der chemischen Industrie tätig, später hat er dann einen weniger belasteten Arbeitsplatz gefunden, bei dem er aber Schichtarbeit leisten musste. Er war unter den KollegInnen beliebt und geachtet, und darauf ist er bis heute stolz. Der Betrieb des letzten Arbeitgebers ist groß und lädt bis heute langjährige MitarbeiterInnen immer wieder einmal zu Besichtigungen ein. Auch wenn Marian B. diese Einladungen nicht mehr wahrnimmt, freut er sich darüber, und dies stärkt einen Moment lang sein Selbstwertgefühl. Dort hat man ihn nicht vergessen. Seine Frau ist in den 70er Jahren bei einem Autounfall ums Leben gekommen. Lange hat er ihren Tod betrauert und allein gelebt. Wenige Jahre danach traf ihn erneut ein Schicksalsschlag. Sein jüngster Sohn verstarb an den Komplikationen einer Operation. Seitdem hat sich sein Misstrauen gegenüber ÄrztInnen, aber auch seine Angst vor medizinischen Eingriffen verstärkt. Bis heute fährt Marian B. einmal im Monat an die Gräber und bringt ihnen Blumen.

In den 90er Jahren lernte er dann seine zweite Frau kennen. Sie ist einige Jahre jünger als er und brachte zwei Kinder mit in die Ehe. Die Familie lebt heute in einer kleinen Dreizimmerwohnung. Marian B. finanziert den Le-

---

[72] Siehe zu diesem Thema Ulrike Goeken-Haidl (2006): Der Weg zurück. Die Repatriierung sowjetischer Zwangsarbeiter und Kriegsgefangener während und nach dem Zweiten Weltkrieg, Essen.

bensunterhalt mit seiner Rente. Die Kinder halten ihn jung. Aber die Anforderungen, die sie an ihn stellen, sind für Marian B. in den letzten Monaten immer schwerer zu erfüllen. Seine Hilfsbedürftigkeit wird angesichts seines Alters und seiner zunehmenden Beschwerden immer größer. Seine Frau kümmert sich nicht nur um den Haushalt und versorgt die Kinder, sondern sie muss inzwischen auch ihn immer stärker unterstützen. Marian B. trägt ein Korsett, um seinen Rücken zu stabilisieren. Das Neigen und Drehen des Oberkörpers fällt ihm sehr schwer. In letzter Zeit kann er wegen der Schmerzen seine Arme auch nicht mehr gut heben. Seit einem operativ versorgten Bandscheibenvorfall ist sein linker Fuß gefühllos. Lange hat ihm das Gehen trotzdem kaum Probleme bereitet. Jetzt lässt seine Körper- und Konzentrationskraft immer mehr nach, und als Folge ist sein Gang unsicher geworden. Schon mehrmals ist er in der Wohnung gefallen, weil er den Fuß nicht kontrollieren konnte. Marian B. leidet darüber hinaus unter chronischer Bronchitis, begleitet von rezidivierendem, eitrig-blutigem Auswurf. Er empfindet dies als sehr unangenehm und meidet in diesen Zeiten die wenigen sozialen Kontakte, die er hat. Sein langjähriger Hausarzt ist mit dem Zustand seines Patienten relativ zufrieden und verbleibt bei seinen Diagnosen und Therapien. Marian B. fühlt sich dagegen in seinen Beschwerden nicht mehr ernst genommen und beklagt nicht nur bei seiner Frau seine schlechte Gesundheit. Dennoch kann er sich nicht entschließen, den Arzt zu wechseln.

Marian B. war bis vor einem Jahr trotz der schwierigen Lebensumstände immer auch ein vergnügter und offener Mann. Auf Feiern ein besonders gern gesehener Gast, spielte er dort manchmal mit seinem Akkordeon auf. Heute ist seine Stimmung meistens gedrückt. Er fühlt sich kraft- und hoffnungslos. Immer schwerer fällt es ihm, seinen Alltag zu bewältigen und zu gestalten. Zu Spaziergängen muss ihn seine Frau immer häufiger überreden, von sozialen Kontakten zieht er sich zurück. Oft kreisen seine Gedanken um seine Krankheiten und die zunehmende Hilflosigkeit. In Gesprächen fällt auf, dass er häufiger seine Zeit als Zwangsarbeiter thematisiert. Daneben drückt ihn die Sorge um die Zukunft seiner Familie.

All das geht Marian B. durch den Kopf, während er auf den MDK wartet. Er ist still, die Unterhaltung der Eheleute stockt immer wieder, und seine Aufregung ist spürbar. Seine Frau hat in den letzten zwei Wochen sorgfältig das Pflegetagebuch geführt, das die Krankenkasse ihnen zugeschickt hat. Dort ist zeitgenau festgehalten, dass sie ihm bei verschiedenen AEDL helfen muss: Körperpflege, das Korsett anlegen, bekleiden oder auch die WC-Gänge. Auf dem Tisch liegen auch die verschiedenen ärztlichen Befunde, stehen seine Medikamente bereit. Als es klingelt, steht er schwerfällig auf, um den Arzt zu begrüßen.

Nach zwanzig Minuten ist alles vorbei. Der Arzt hat sich weder in seiner Rolle noch seine Aufgabe noch den Ablauf der Prüfung vorgestellt. Er ist durch die Wohnung gegangen, hat als völlig Fremder die Räume angesehen, auch das Schlafzimmer und das Zimmer der Kinder. Anschließend hat er seine Papiere auf dem Wohnzimmertisch ausgebreitet und ist zügig einen Fragebogen durchgegangen. Personendaten, Krankengeschichte, welche Medikamente und warum sie genommen werden. Das Pflegetagebuch blätterte er kurz durch und legte es ohne Nachfragen zu seinen Papieren. Marian B. musste aufstehen und das Korsett zeigen. Beim Ausziehen durfte ihm die Frau nicht helfen, entsprechend lange dauerte es. Eine beschämte Stille entstand zwischen den Eheleuten. Das geforderte Bücken gelang ihm nur unter Schmerzen, auch die Arme konnte er schlecht über die Waagerechte hinaus heben. Der zu Begutachtende zeigte seine körperlichen und geistigen Fähigkeiten, der Arzt bewertete und machte sich Notizen.

Marian B. saß anschließend mit geöffnetem Hemd und Hose am Wohnzimmertisch. Keiner der beiden Eheleute ergriff die Initiative, diese Situation aufzulösen. Der Arzt schien dies überhaupt nicht zu bemerken. Marian B.s Versuche, mit ihm über seine Erlebnisse als Zwangsarbeiter ins Gespräch zu kommen, scheiterten. Die Geschichte der Arbeitsselektion sowie die des rettenden Arztes ernteten ein Kopfnicken und eine kurze bestätigende Antwort. Der Arzt gab während der ganzen Prüfung keinerlei Auskünfte, was er sich warum notierte. Die Eheleute selbst wagten nicht zu fragen. Als er sich verabschiedete, verwies er darauf, dass sich in den nächsten Wochen der Widerspruch entscheide. Er werde sein Gutachten an die Kasse schicken, mehr könne er nicht sagen. Nach diesem kurzen Besuch ist es still in der Wohnung. Später kommen die Kinder aus der Schule und bringen Leben in die Wohnung.

Wenige Wochen später kommt eine erneute Ablehnung des Antrags der Pflegestufe. Wieder erreicht Marian B. nicht die geforderte Minutenzahl bei den Unterstützungsleistungen. Marian B. ist resigniert und will aufgeben. Der nächste Schritt wäre die Klage gegen die Krankenkasse. Es dauert lange, bis er den Mut und die Energie aufbringt, die ihn beratenden NRO damit zu beauftragen. Er ruft in dieser Zeit oft an und klagt über seine Situation, ohne einen Entschluss fassen zu können. Diffuse Ängste und ein tiefes Gefühl der Hoffnungslosigkeit sind nach dieser Erfahrung sehr groß.

Wenige Monate später ist der durch den Bundesverband Information und Beratung für NS-Verfolgte e.V. beauftragte Anwalt erfolgreich. Nach einer erneuten Prüfung zahlt die Pflegekasse Marian B. die Pflegestufe I.

Andrea Zielke-Nadkarni, Märle Poser

Didaktisierung
Marian B., der dem MDK hilflos gegenübersteht

Für diese Fallgeschichte sollen die Methoden der ***ethischen Reflexion*** nach Rabe und die ***Zehn-Schritt-Methode*** nach Müller et al. zum Einsatz kommen.[73] Zu Beginn werden den SchülerInnen die beiden Methoden vorgestellt und Verständnisfragen beantwortet.

Die dreischrittige Methode der ***ethischen Reflexion*** beginnt mit einer ***Situationsanalyse***, bei der zunächst die persönlichen Reaktionen auf die Fallgeschichte im Vordergrund stehen. Sodann folgt die Betrachtung der Motive und Handlungen der beteiligten Personen, die aus der Perspektive dieser Personen erfolgen soll. Im Anschluss an diese Analyse werden verschiedene Handlungsalternativen zu den zentralen Problemstellungen gesammelt, die nachvollziehbar machen sollen, dass es mehr als eine Möglichkeit gibt, mit einer Situation umzugehen.

Der nächste Schritt beinhaltet die Frage nach den im Fallbeispiel angesprochenen ***ethischen Problemen***: Es werden Grundsätze, Werthaltungen

---

[73] Marianne Rabe (2005): Strukturierte Falldiskussion anhand eines Reflexionsmodells. In: Arbeitsgruppe Pflege und Ethik der Akademie für Ethik in der Medizin e.V. (Hg.): Für alle Fälle ... Arbeit mit Fallgeschichten in der Pflegeethik. Hannover, S. 131-144. K. Müller, B. Melcher, S. Lipowski (1998): Fallarbeit als Erwachsenenbildungskonzept. In: Zeitschrift für Grundlagen Praxis und Trends, 9, S. 273-277.

und Prinzipien benannt, die in diesem Fall verletzt werden, und die damit verbundene Verantwortung.

Aus den Ergebnissen der ersten beiden Schritte wird nun eine Gesamtbeurteilung erarbeitet, die schriftlich niedergelegt wird. Aus ihr werden wiederum ***Handlungsvorschläge*** entwickelt, die sodann auf ihre Praktikabilität hin diskutiert werden müssen.

Diese Methode wird in die ***Zehn-Schritt-Methode*** integriert, die im ersten Teil das hermeneutische Verstehen durch die SchülerInnen beinhaltet und im zweiten Teil eine kognitive Auseinandersetzung mit dem Fall. Die Erarbeitung erfolgt in zehn Schritten, die sich gegenseitig bedingen und aufeinander aufbauen. Dazu wird der Klassenraum in zwei Sitzkreise aufgeteilt: Innenkreis und Außenkreis (siehe Abb.). Im 1. Abschnitt sind der Fallerzähler/die Fallerzählerin (hier: ein Vorleser/eine Vorleserin) und die Teilnehmenden des Innenkreises aktiv; ab dem 6. Schritt (in Teil 2) diskutieren dann auch die Teilnehmenden des Außenkreises mit.

Abb.: Modell der Zehn-Schritt-Methode nach Müller et al. (1998)

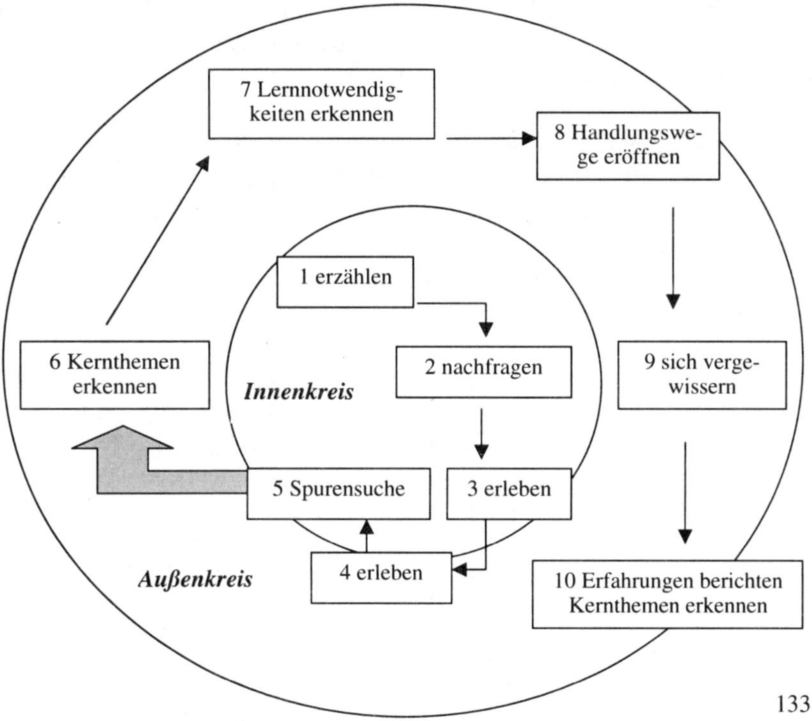

Die zehn Schritte:

1. Die Fallgeschichte wird vom Fallerzähler/von der Fallerzählerin vorgelesen.
2. Die Teilnehmenden im Innenkreis haben im Anschluss daran die Möglichkeit nachzufragen. (Der Fallerzähler/die Fallerzählerin muss aber nicht alle Antworten bereit haben, offen gebliebene Fragen können später arbeitsteilig bearbeitet werden.)
3. Die Teilnehmenden des Innenkreises äußern ihre persönlichen Reaktionen auf die Fallgeschichte.
4. Erst jetzt teilt auch der Fallerzähler/die Fallerzählerin seine/ihre Gefühle und Gedanken mit.
5. Es folgt die Spurensuche, bei der versucht wird, die verschiedenen Facetten der Fallgeschichte zu verstehen. Im Anschluss daran erarbeiten die SchülerInnen eine ***Situationsanalyse.***
6. Nun werden auch die Teilnehmenden des Außenkreises aktiv, indem sie zum einen Kernthemen benennen, die weiter bearbeitet werden sollen. Zum anderen suchen sie nach den im Fallbeispiel angesprochenen ***ethischen Problemen***, benennen Grundsätze, Werthaltungen und Prinzipien, die in diesem Fall verletzt werden, und die damit verbundene Verantwortung.
7. In diesem Zusammenhang tun sich Lernnotwendigkeiten auf, die den SchülerInnen neue Sichtweisen eröffnen. Für die Bearbeitung der Schritte 7 und 8 lösen sich die Kreise vorübergehend zu Kleingruppen auf, die arbeitsteilig (auch über längere Zeiträume) die Kernthemen bearbeiten.
8. Von allen Kleingruppen werden, entsprechend dem jeweils bearbeiteten Kernthema, ***Handlungslösungen*** im Plenum vorgestellt, diskutiert und verbessert.
9. Aus den insgesamt gewonnenen Erkenntnissen leitet nun jeder Schüler/jede Schülerin für sich Einsichten für sein/ihr berufliches Handeln ab. Dieser wichtige Schritt muss auch innerhalb der zu bearbeitenden Kernthemen eine Rolle spielen, d.h. sie sollen im Hinblick auch auf die Berufstätigkeit der SchülerInnen erarbeitet werden.

10. Abschließend findet ein Erfahrungs- und Meinungsaustausch der Gesamtgruppe zu den beiden Methoden statt, in dem die Fallarbeit reflektiert wird.

Christina Hilgendorff

„Ich bin immer so eine Art Eigenbrötler gewesen, wissen Sie, ich will selbst bestimmen, wann ich was tue" – Begegnung mit Paul S.

Paul S. ist ein tapferer, mutiger und eigenwilliger Mann, er war es 1944 und ist es bis heute geblieben. Gerade einmal 18 Jahre alt, hat er damals seinen Wehrdienst bei der Waffen-SS nicht angetreten und ist dafür als Deserteur zu fünf Jahren Zuchthaus verurteilt worden.[74] Anschließend wurde er sofort in das Konzentrationslager Dachau gebracht, wo er bis Kriegsende in einem Außenlager Zwangsarbeit leisten musste. Paul S. ist heute 81 Jahre alt, und wenn er aus seinem Leben erzählt, dann merkt man bald, dass er sich sehr mit den Geschehnissen auseinandergesetzt und einen rationalen Umgang mit seinen Erfahrungen gefunden hat. Er hat viel gelesen, sich auf die Suche nach eigenen Unterlagen gemacht und auch selber geschrieben. Wenn er aus seinem Leben berichtet, muss man Zeit mitbringen, denn Paul S. ist ein guter und interessanter Erzähler: Seine Reflexionen sind tiefgründig und machen nachdenklich, er mischt ihnen eine gehörige Portion Humor und Ironie bei und vergisst nie, den politisch-historischen Hintergrund zu erläutern. In seiner Sicht auf die Verfolgung spiegelt sich eine tiefe Humanität:

(...) Ich bin kein Held. Ich hab' wohl den Kriegsdienst verweigert, aber ich habe genauso Angst gehabt, wie jeder andere in dieser Situation Angst gehabt hätte. (...) Es war ein persönlicher, ein eigener, kein organisierter Widerstand. Ich war in keiner Partei. Ich war in keiner Widerstandsgruppe und nichts. (...) Ich war kein Verfolgter, das was ich erleben musste, hatte ich ja selbst zu verantworten, vergessen Sie das nicht. Wenn jemand ein Jude ist, nur aufgrund seiner Herkunft, seiner Geburt, seiner Religion wird der verfolgt. Oder, ich denke jetzt an die Homosexuellen oder Zeugen Jehovas usw., da wird er einfach verfolgt, weil er nur ein Mensch ist. Nur weil er an etwas anderes glaubt als ich. (...)[75]

---

[74] Zum Thema Desertion siehe Norbert Haase, Gerhard Paul (Hg.) (1995).

[75] Interview mit Paul S. am 16. und 21. Januar sowie am 2. März 2006.

Paul S. ist 1926 in A. in der Nähe von Halle zur Welt gekommen. Die Familie ist bürgerlich, die Mutter arbeitet als Hausfrau, der Vater ist Postinspektor. Paul S. ist ihr einziges Kind und wächst behütet auf. Als die NationalsozialistInnen an die Macht kommen, ist er acht Jahre alt. In seiner Heimatstadt findet der übliche Fackelzug statt, Lehrer kommen danach mit Parteiabzeichen zur Schule und zeigen ihre politische Einstellung. Später verschwinden zwei jüdische Kinder aus seiner Klasse, aber er hat keine Erinnerung daran, dass das jemanden näher interessiert hat, wahrscheinlich sind sie ausgewandert. Der Vater ist Weltkriegsveteran, deutschnational und hat ein Faible für das Militärische. Paul S. geht hierzu später – je näher er mit dem Älterwerden der Welt der Erwachsenen kommt – immer mehr auf Distanz, sie finden keine gemeinsame Welt. Über die NationalsozialistInnen herrscht Schweigen in der Familie, über Politik wird nicht gesprochen. Die Erwachsenen begnügen sich mit spöttischem Kommentar bei Hitlers Geburtstag: *„Feste feiern und Fahnen hochleiern', das war alles, mehr sagte er nicht (...)"* und passen sich dann doch an. Der Vater zögert den von Vorgesetzten gewünschten Parteieintritt länger hinaus, aber als eine Beförderung ansteht, gibt er nach. Nach dem Krieg erklärt er das seinem Sohn so:

(...) Wie hat er später mal gesagt, um sein Handeln, sagen wir mal, zu rechtfertigen? Ich hab' dem Kaiser geschworen, ich habe Ebert geschworen, ich habe Hinderburg geschworen. Und ich habe Hitler geschworen. Und wenn ich jetzt noch arbeiten würde, dann würde ich Walter Ulbricht schwören. Das nur kurz zur Haltung meines Vaters. Mein Vater verlangte vor allen Dingen Korrektheit bei den Schulaufgaben. Da gab es keinen Schwindel. Und so etwas, das musste korrekt sein. Und Pünktlichkeit, sonntags wurde Punkt 12 Uhr gegessen. (...)

Diese Haltung der angepassten Pflicht ist es auch, die den Vater wohl im November 1944 veranlasst, sich von seinem Sohn zu distanzieren, als er die Mitteilung erhält, dass dieser als Deserteur im Gefängnis sitzt.

Wie ist es dazu gekommen? Paul S. wird von seinen Eltern nach der Volksschule auf eine private Handelsschule in die größere Kreisstadt geschickt. Er ist ein guter Schüler und kann 1942 eine Lehre als Industriekaufmann beginnen. Und hier hat er Glück. Der Betrieb ist ein internationales Unternehmen, das prosperiert. Dem Lehrling tun sich ungeahnte Möglichkeiten auf, da er durch den kriegsbedingten Personalmangel verantwortungsvollere Aufgaben übernehmen kann und diese auch zur Zufriedenheit löst. Seine Welt wird immer größer, er lernt viele Menschen kennen und reist schließlich sogar im Auftrag der Firma ins besetzte Ausland. Es ist eine gute Zeit für Paul S. Er ist ein begeisterter und erfolgreicher Leichtathlet. und der Vater erlaubt dem Sohn zudem, sich einen großen Wunsch zu erfüllen. Nach der Arbeit darf er in der Lokalredaktion der Regionalzeitung mitarbeiten. Paul S. träumt mit einem Freund davon, später einmal eine eigene Zeitung zu machen, „Die Welt" soll sie heißen:

(...) Wir haben uns treffen können. Da gab es eine Tasse Kakao, Kuchen dazu, meistens Rührkuchen, war ja Kriegszeit. Und wir saßen dann zusammen: Du, wenn der Krieg mal zu Ende ist.... Und ich schwärmte von der Eröffnung eines eigenen Zeitungsverlages. (...)

Paul S. ist seit der Schule Mitglied der HJ, aber er kann sich nicht einfinden in deren Ideologie und Gruppendrill. 1943 gelingt es ihm tatsächlich durch einen Trick, von ihrer Mitgliederliste zu verschwinden und nicht mehr an Treffen und Veranstaltungen teilnehmen zu müssen. Das alles klingt nach einer fast normalen Jugend, und eine Berührung mit der Welt der nationalsozialistischen Verfolgung, die für viele Menschen zu dieser Zeit Realität ist, findet sich in seinen Erinnerungen an sein Erwachsenwerden im Nationalsozialismus erst einmal nicht. In diese Welt platzt im Sommer 1944 die Einberufung zur Waffen-SS nach Prag. Bis zuletzt hatte er gehofft, dass der Krieg vorher zu Ende ist. Aber die Angst vor der mörderischen Welt an der Front und der Respekt vor dem Leben der anderen bringt ihn dazu, eine folgenschwere und mutige Entscheidung zu treffen: Er plant, den Dienst zu verweigern und in die Schweiz zu flüchten.

(...) Ich konnte mit niemandem darüber sprechen. (...) Für mich war klar, wenn ich an die Front ging als SS-Mann, habe ich nicht die geringste Überlebenschance. Entweder ich falle normal, oder falls ich in Gefangenschaft kommen sollte, werde ich umgebracht. Das war mir klar. Andererseits, wenn ich jetzt desertiere und die erwischen mich, dann werde ich auch umgebracht. Nur, ich brauche mich dann nicht schikanieren zu lassen. Durch den Dreck jagen zu lassen, an der Front Kot abschieben, Menschen erschießen, die mir nichts getan haben und denen ich nichts tun will. Die auch Vater und Mutter haben. Die jungen Kerle, die Familie haben. Und das war schwer. Und ich hab' noch gekämpft. Das Bild vergesse ich nicht

wieder. Meine Mutter sagte: „Ich bleib' zuhause, ich kann das nicht sehen." Und da bin ich mit meinem Vater zum Bahnhof. Ich war in den letzten Waggon eingestiegen, und dahinten war es verglast, und jetzt sah ich – wie der Zug Richtung Leipzig fuhr – meinen Vater immer kleiner werden und verschwinden. Und da dachte ich mir, ob du den wiedersiehst, ob du überhaupt alles wiedersiehst. (...)

Wenn Paul S. an die Zeit dieser widerständischen Flucht zurückdenkt, erinnert er sich immer wieder an Momentaufnahmen von Orten und Situationen, detailreiche Bilder. Nur nebenbei berichtet er von der übergroßen Anspannung, die ihn mit der Abfahrt nicht mehr losgelassen hat; seine Einsamkeit und Todesangst bleiben gänzlich im Dunkeln. Der 18-Jährige hat seine Flucht geplant, heimlich hat er sich über die Firma Fahrgenehmigungen und Essenskarten besorgt und sich den Schweizer Grenzverlauf eingeprägt. Als er in Prag ankommt, treibt er sich – noch immer in seinem Entschluss schwankend – in der Stadt herum und steigt dann tatsächlich in den Nachtzug nach Wien. Von dort geht es weiter nach Lindau und dann mit der Fähre über den Bodensee nach Konstanz.

(...) Und dann war ich in Konstanz. Da wurde mir klar, das ist ein sehr heißes Pflaster. Denn als junger Mann in Zivil, und dann auch noch stellenweise gerade zehn Meter weit weg von der Schweizer Grenze... (...) Die Straße, die nach Kreuzlingen führte, da war eine, ich schätze, drei Meter hohe Bretterwand. Brett an Brett, fugendicht. Ich konnte die freie Schweiz, für mich freie Schweiz, nur am Hafen sehen. „Da musste dir einen anderen Weg suchen." Ich habe mir dann schnell was anderes ausgedacht. „Gehste von Bregenz aus über die Grenze. Aber zuerst mal die Nacht verbringen." Die hab' ich dann im Bahnhof zugebracht. Und da bekam ich nachts die Kontrolle, hab' ich mein Gausiegerabzeichen angesteckt. Die haben meinen Pass aufgemacht, darin lang eine Fotokopie von der Sporturkunde, Unterschrift Adolf Hitler. Das war was. (...)

Die Kontrolle geht glimpflich ab. Aber auch der Versuch in Bregenz scheitert, da Soldaten im Grenzgebiet lagern. Kurz entschlossen steigt er mutig in den nächsten Zug nach Innsbruck.

(...) Das Bahnhofsgebäude in Innsbruck war zerbombt, aber im Gegensatz zu Deutschland weiß gekalkt. Die Ruinen sahen sauber aus. Bei uns stand das einfach da. Dann bin ich raus. Was nun? Den Berg hoch? Oder

den Berg hoch? Im Film hab' ich ja mal gesehen, in den Bergen gibt es überall Almhütten. (...)

An diesem Strohhalm hält er sich fest. Er ist sehr erschöpft, drei Nächte hat er nicht geschlafen, aber die Hoffnung gibt ihm Kraft, den beschwerlichen Weg hoch auf eine Alm zu schaffen. Und er hat Glück. Paul S. findet ein Zimmer, und man schenkt dem angeblichen Urlauber keine weitere Aufmerksamkeit. Zwei Monate kann er dort bleiben und sich zumindest vorübergehend erholen, so dass er Kraft sammelt, die große Anspannung auszuhalten. Seine Gedanken kreisen ständig darum, wie es weitergehen könnte. Mit dem Almabtrieb wird er seinen Zufluchtsort verlieren. Und so entschließt er sich tapfer, nach Wien zu fahren. Die Stadt ist voller Flüchtlinge, und er hofft, hier in der Menge untertauchen zu können. Aber dieser Wunsch erfüllt sich nicht. Als er am Bahnhof eine Zeitung kaufen will, wird er aufgegriffen, und schnell ist klar, dass mit seinen Papieren etwas nicht stimmt. Er wird inhaftiert. Nach den langen Wochen der Einsamkeit offenbart er sich dem Wachposten auf dem Revier und erinnert sich noch heute an die warme Freundlichkeit, mit der dieser ihm antwortet:

(...) Der erste, der das erfuhr, das war der Wachtmeister in der Revierzelle im Wiener Westbahnhof, der mich einschloss. Nach 'ner Weile kommt er wieder, brachte mir 'nen Pot Kaffee. „Junge", sagte der mir, „ich bringe dir noch ein paar Decken, das ist doch zu kalt für dich hier." So war der, natürlich wienerisch. (...)

Paul S. wird nach Prag gebracht, inhaftiert und bald in einem lächerlichen Gerichtsverfahren zu fünf Jahren Zuchthaus verurteilt – bis zum Kriegsende ist er in einem Konzentrationslager unterzubringen. Während der ganzen Zeit des Wartens auf die Verhandlung war er sich des Todesurteils sicher. Über seine Todesangst spricht er nicht, aber er kann sich an viele Mitgefangene genau erinnern und beschreibt das unter ihnen kolportierte Schafott, mit dem die Menschen hingerichtet wurden. Paul S. wird anschließend nach Dachau gebracht und leistet hier bis zur Befreiung im Außenlager Allach noch vier Monate in Tag- und Nachtschicht Zwangsarbeit für BMW. In dem Lager werden durch die Evakuierungen aus anderen Lagern immer mehr Menschen zusammengepfercht, und die Lebensumstände sind furchtbar.[76] Als die SS auch dieses Lager im April 1945 räumt, versteckt er sich im Splittergraben, um nicht mit auf den Todesmarsch gehen zu müssen:

(...) Wir waren wirklich durchgehungert. In Allach hab' ich keine Kartoffeln gesehen, nur Wassersuppe mit Hirse oder was das war. Die schwamm da drin rum, und ein bisschen Kraut, aber überwiegend, sagen wir mal 99% Wasser, kein Fett dran. (...) Und dann wurde uns mitgeteilt, dass das Lager verlegt wird. (...) Und wie dann, in dem Wirbel: alles wegtreten, Decken schnappen usw., da bin ich in einen Splitterschutzgraben rein. Die SS hatte da Akten verbrannt. Und darin hab' ich mich versteckt. (...)

Paul S. erlebt im Lager den Einmarsch der Alliierten, dies ist aber für ihn noch nicht die Rettung. Betrunkene Soldaten vermuten unter Gruppen der Zurückgebliebenden SS-Leute, und es kommt in der ersten Nacht zu Misshandlungen und Tötungen. Erst am nächsten Tag kommt Paul S. in ein sicheres Lager der Alliierten und wird im Mai 1945 schließlich – körperlich erholt – offiziell entlassen.

Paul S. hat mehrere Interviews über seine Geschichte als Deserteur gegeben, und er spricht heute mit Jugendlichen über die Geschehnisse und seine Entscheidung.[77] Was ihn dazu brachte, diese Entscheidung zu treffen? Seine Erzählung verweist auf eine sich langsam im Gegensatz zur NS-Ideologie entwickelnde Haltung, die anderen Menschen und Kulturen gegenüber offen ist und sie achtet:

(...) Ein Kriegsversehrter besuchte unsere Firma. Er hatte seinen Arm verloren. Wie wir dann zusammen saßen, hat er mir erzählt: „Eines kann ich nie vergessen. Beim Vorwärtsdrängen in Russland kommt plötzlich ein Russe auf mich zu, beide Arme hoch, will sich ergeben. Und dann greift der in seine Brusttasche, die hatten ja Riesentaschen. In dem Augenblick", sagt der, „hab' ich gedacht, der zieht einen Revolver, und hab' geschossen. Und dann hab' ich später die Hand rausgezogen. Der hatte in der Hand ein Foto, er mit Frau und Kindern. Er wollte nur zeigen – er konnte ja kein Deutsch –, er wollte nur sagen: Ich bin Familienvater." Solche Kleinigkei-

---

[76] Zdenek Zofka (1986): Allach – Sklaven für BMW. Zur Geschichte eines Außenlagers des KZ Dachau. In: Dachauer Hefte 2, S. 68-78.

[77] Vgl. dazu auch Geschichtswerkstatt Marburg e.V. (Hg.) (2000): „Ich musste selber etwas tun." Deserteure – Täter und Verfolgte im Zweiten Weltkrieg. Marburg.

ten waren das. Da hab' ich mich dann im Stillen gefragt... (...) Ich hatte im Laufe der Zeit irgendwie Glück, mal mit Leuten anderer Nationen zu sprechen und dann festzustellen, die sind doch genau wie wir. Das sind auch Menschen. (...)

Bei Kriegsende ist er gerade 19 Jahre alt und steht völlig allein da, weiß nicht, wo er hin soll. Nichts zieht ihn zu den Eltern, die ins Prager Gefängnis geschrieben haben, dass sie nichts mehr mit ihm zu tun haben wollen. Paul S. entscheidet sich, nach Westen zu gehen, weg von den Eltern und dem alten Leben, und ein neues Leben auf sich zukommen zu lassen. Auf seinem Weg hat er gehört, dass die Franzosen Zivilarbeiter suchen, daher meldet er sich bei der Militärkommandantur in B. Er wird als Arbeiter in eine Drahtfabrik vermittelt und engagiert sich dort bald für die deutschen Arbeiter in der Gewerkschaft. Dabei lernt er viel von den französischen Kollegen, wird politisiert. Und hier beginnt auch seine bis heute anhaltende Auseinandersetzung mit dem Nationalsozialismus.

Erst in den 50er Jahren kann er sich Deutschland wieder zuwenden. Er kehrt in seine Heimatstadt zurück, die in der inzwischen gegründeten DDR liegt. Über die erste Begegnung mit den Eltern spricht er nicht, ruhig bemerkt er nur, man habe nicht viel über die Geschehnisse von damals gesprochen. Aber Paul S. bleibt nicht in der DDR, obwohl er hier in seinem Beruf eine Stelle findet und nebenbei als Journalist arbeitet. Aber er kann die politischen Entwicklungen nicht mittragen und flüchtet 1957 nach Westberlin. Dorthin folgt ihm wenig später seine Freundin und spätere Frau. Aber die beiden müssen die Stadt verlassen, da sie keine Aufenthaltsgenehmigung bekommen.

In Westdeutschland angekommen, entscheidet das Ehepaar, sich im Saarland ein neues Leben aufzubauen. Bis sie eine Wohnung finden, leben sie in einem Flüchtlingslager. Die Arbeitssituation ist schwierig, Paul S. hangelt sich als Buchhändler, Kaufmann und Handwerker von Vertretungsstelle zu Vertretungsstelle, bis er endlich eine feste Anstellung in A. findet und die Familie – inzwischen sind zwei Kinder geboren – wieder umzieht. Die nächsten Jahrzehnte sind bestimmt von seiner Arbeit und der Familie; für das journalistische Schreiben oder politische Aktivitäten findet er nie mehr die Zeit. Die Desertion tilgt er aus seinem Lebenslauf; solange er berufstätig ist, erfährt niemand davon:

(...) Ich habe überhaupt nicht darüber gesprochen. Meinen Lebenslauf hatte ich mir angewöhnt in der Adenauerzeit zu kürzen. Ich habe geschrieben Volksschule, Handelsschule, Lehrzeit, Militärdienstzeit, Gefangenschaft in Frankreich. So hab' ich das abgekürzt. Ich hielt es nicht für gut, mich hier, in der so genannten Demokratie, als Kriegsdienstverweigerer zu erkennen zu geben. Wir hatten das zwar in der Verfassung stehen, inzwischen ist es ja verbessert, aber, nee. Ich hab' da Dinge erlebt. (...) So lange man erwerbstätig war, war es empfehlenswert zu schweigen. Denn dem KZ haftet immer noch an, das sind ja alles Kriminelle. (...)

Auf eine Entschädigung für das erlittene Unrecht hat er lange warten müssen. Bei dem jahrelang umkämpften Entschädigungsgesetz für Opfer der Militärjustiz von 1998 wurde er in der Einzelfallprüfung abgelehnt, weil Angehörige der Waffen-SS von diesem Gesetz explizit ausgeschlossen waren. Erst eine aufwändige Auseinandersetzung mit dem Bundesfinanzministerium und der Druck der Öffentlichkeit änderte diese Entscheidung, und er erhielt eine einmalige Leistung. Ein Antrag auf monatliche Leistungen aus einem Landeshärtefonds ist noch nicht entschieden.[78]

Als seine Frau und er in Rente gehen wollen, erkrankt sie, und die nächsten Jahre sind geprägt von ihrer Erkrankung. Viele Jahre hat Paul S. seine Frau gepflegt und den Haushalt geführt, trotz der ersten eigenen gesundheitlichen Beschwerden. Vor einem Jahr ist sie gestorben, unerwartet, und alle Hoffnungen auf und Wünsche für gemeinsame Jahre mit ihr. Die Zeit danach ist sehr schwer. Hals über Kopf haben ihm die Kinder eine kleinere Wohnung in ihrer Nähe organisiert, so dass er sofort auch mit dem Abschied von allem Vertrauten konfrontiert wird. Sachen müssen aussortiert, Möbel und Kleidung verschenkt werden, und er bewältigt diese Aufgaben ganz allein, die Kinder können nur sporadisch helfen.

Und so fängt Paul S. wieder von vorne an, lässt sich auf eine neue Situation ein. Inzwischen fühlt er sich auch wieder wohl, seine kleine Wohnung ist eingerichtet. Er kann sich gut allein beschäftigen, denn er liest gern und

---

[78] 1998 beschloss der Bundestag die Aufhebung aller NS-Unrechtsurteile, Urteile gegen Deserteure unterlagen dabei aber der Einzelfallprüfung. Erst 2002 wurden auch diese Urteile endgültig pauschal aufgehoben. Ausgenommen sind weiterhin die so genannten „Kriegsverräter" – die militärische Variante des Landesverrats, die weiter der Einzelfallprüfung unterliegen.

hat eine Leidenschaft für Filme. Unmengen an Büchern und DVDs stehen in seinen Regalen. Treuester Freund ist Mäuschen, ein kleiner Hund, den er geschenkt bekommen hat, als seine Frau noch lebte. Den Kontakt zu seinen Nachbarn und Nachbarinnen hat er schnell gefunden, man sitzt immer mal wieder abends zusammen, spielt etwas oder sieht zusammen Filme an. Eine Bekannte nimmt ihn glücklicherweise auch einmal in der Woche mit zum Einkaufen in den Supermarkt.

Aber es gibt auch Schwierigkeiten. Paul S. ist starker Raucher, seine Heiserkeit, die sein Sprechen schwer verständlich macht, ist chronisch, und sein Husten hört sich schlimm an. Daneben leidet er unter Arthrose in den Gelenken, sodass ihm das Laufen und Treppensteigen schwer fällt. Öffentliche Verkehrsmittel kann er nicht mehr benutzen. Für Noteinkäufe im Spätkauf gleich um die Ecke braucht er sicher eine Viertelstunde, und dann darf es nicht überraschend regnen, sonst ist er klitschenass. Und es fehlt ihm an Gesellschaft:

(...) Ich bin ja den ganzen Tag über allein. Und das ist natürlich dann auch unangenehm. Nicht nur für mich, sondern auch, wenn dann mal jemand kommt, dann quatscht man und quatscht man, und das will ich ja auch nicht. (...)

Der Kontakt zu seinen Kindern hat sich leider nicht intensiviert, sie kommen unregelmäßig, und vielleicht fällt es ihnen auch schwer, den Vater aus seiner gewohnten Familienrolle als sorgendes Familienoberhaupt zu entlassen. Und es ist auch seine Sache nicht, auf andere angewiesen zu sein, denn er betont:

(...) Ich, wie will ich sagen, bin immer so ne Art Eigenbrötler gewesen, wissen Sie. Ich will selbst bestimmen, wann ich was tue, und wenn ich mal keine Lust habe, dann mache ich eben nix. (...)

Und so sind es nur Andeutungen, in denen Bedürfnisse oder auch Ängste des alten Herren sichtbar werden können, wenn er beispielsweise vorsichtig bemerkt:

(...) Meine Nachbarin ist ja auch des Öfteren allein. Obwohl, sie hat ja immer noch Glück, nachmittags kommt die Tochter. Die bringt ihr das Essen. Am Abend kommt noch mal die Tochter. Oder der Enkelsohn, der ist auch schon groß, bringt das Essen. Dann lässt sich der Schwiegersohn, der Hausmeister, des Öfteren mal sehen. (...)

Alle zwei Wochen besucht Paul S. einen Treffpunkt für ehemals NS-Verfolgte. Er kommt gern dorthin und genießt die geschützte Vertrautheit des Ortes:

(...) Alle, die da sind, haben irgendwie ein Schicksal aus der Hitlerzeit. Und auch wenn man nicht darüber spricht, verbindet das, und so fällt es nicht schwer, zu Erich Erich und du zu sagen. (...) Da komm' ich mal aus der Isolierung raus. Das ist ja im Grunde genommen ein fester Termin. Da weiß ich, in 14 Tagen, da treffen wir uns wieder. Und wenn man sich dann sieht, das ist nicht nur Wiedersehen, das bedeutet auch, wir leben noch. (...)

Andrea Zielke-Nadkarni, Märle Poser

Didaktisierung
Paul S., der selbst bestimmen will, wann er was tut

Paul S. ist ein sehr positives Beispiel dafür, dass die Gesinnung das motivierende Element unseres Handelns ist. In seiner Biografie finden sich implizit die Werte und Normen, die seine Gesinnung und sein Handeln bestimmen und für die er auch schwerste persönliche Konsequenzen hinzunehmen bereit ist.

Unter ethischen Gesichtspunkten wird zur Beurteilung von Situationen zwischen *Gesinnung, Handlung* und *Folgen* unterschieden, die alle drei betrachtet werden müssen. Man spricht dann von ethischen Normen und Werten, wenn diese einer Prüfung am Maßstab der Menschenwürde standhalten. Die Gesinnung bildet dabei den entscheidenden Aspekt, wenn eine Handlung unter ethischen Gesichtspunkten insgesamt bewertet werden soll. Eine ethisch gute Gesinnung fördert die Menschenwürde. Ethische Handlungsnormen haben einen geschichtlichen Charakter, d.h. sie müssen auch immer auf der Basis der vorhandenen Möglichkeiten einer Person betrachtet werden.

Jeder Mensch sieht sich permanent vor die Aufgabe gestellt, Entscheidungen zu treffen, bei denen er verschiedene Faktoren gegeneinander abwägen muss. Dazu ist er aufgrund seines Gewissens, das er im Rahmen seiner

Sozialisation ausgebildet hat und das ihn drängt, das Gute zu tun, auch fähig. Das Gewissen ist der Träger der moralischen Verantwortung.[79]

Arbeitsaufgabe 1 (Einzelarbeit)

1. Beschreiben Sie die Gesinnung von Paul S. vor dem Hintergrund der Nazi-Ideologie.
2. Beschreiben Sie die Gesinnung seiner Eltern vor dem Hintergrund der Nazi-Ideologie.
3. Beschreiben Sie die Gesinnung des Wiener Wachtmeisters vor dem Hintergrund der Nazi-Ideologie.

Arbeitsaufgabe 2 (Einzelarbeit)

1. Suchen Sie die konkreten Handlungen von Paul S. aus der Biografie heraus.
2. Suchen Sie die konkreten Handlungen seiner Eltern aus der Biografie heraus.

Arbeitsaufgabe 3 (Einzelarbeit)

1. Beschreiben Sie die Folgen dieser Handlungen für Paul S.
2. Beschreiben Sie die Folgen dieser Handlungen für seine Eltern.

Arbeitsaufgabe 4 (Plenum)

1. Diskutieren Sie Ihre Ergebnisse im Plenum.
2. Diskutieren Sie: Was bedeutet wohl „ein gutes Gewissen zu haben“ für Paul S., seine Eltern, den Wachtmeister?

Arbeitsaufgabe 5 (Partnerarbeit):

Suchen Sie sich einen Wunschpartner/eine Wunschpartnerin aus Ihrer Lerngruppe.

Überlegen Sie zunächst für sich, welche Entscheidungen Sie schon einmal in Ihrem Privatleben treffen mussten, die eine ethische Komponente beinhaltet haben. Wie sah diese Situation aus, und warum haben Sie sich wie entschieden?

---

[79] Arie van der Arend, Chris Gastmans (1996): Ethik für Pflegende. Bern, S. 25 ff.

Tauschen Sie sich mit Ihrem Partner/Ihrer Partnerin über Ihre Motive und Erfahrungen aus!

Arbeitsaufgabe 6 (Partnerarbeit)
In den letzten drei Jahrzehnten hat sich die Pflege sehr bewusst auf ein humanistisches Menschenbild besonnen, den Begriff der Personenorientierung geprägt und zu einem zentralen Konzept ihrer Arbeit mit den PatientInnen gemacht. Humanismus beinhaltet dabei das Bemühen um eine menschenwürdige, individuelle Form der Pflege und Unterstützung. Jeder Mensch besitzt allein durch seine Existenz Würde und einen unantastbaren Wert. Ausnahmslos alle Menschen haben ein Recht auf Autonomie, Wachstum, Selbstverwirklichung, Gesundheit, Identität, Unabhängigkeit und Freiheit – um nur einige Grundwerte zu nennen.

Auf der Basis eines solchen humanistischen Menschenbildes formulierte der Weltbund der Krankenschwestern und Krankenpfleger (ICN) 1973 Ethikregeln für die Kranken- und Gesundheitspflege.[80] Diese Regeln, von denen im Folgenden die wichtigsten genannt werden, bilden einen Maßstab für das berufliche Handeln und sollen die Pflegenden bei der Entscheidungsfindung im Berufsalltag unterstützen:

„Die vordringlichste Verantwortung der Krankenschwester gilt dem pflegebedürftigen Menschen.“

„Die Krankenschwester hält die Pflege auf dem höchstmöglichen Stand.“

„Die Krankenschwester teilt mit anderen die Verantwortung dafür, dass Maßnahmen zu Gunsten der gesundheitlichen und sozialen Bedürfnisse der Bevölkerung ergriffen und unterstützt werden.“

„Die Krankenschwester greift zum Schutz der Patientin/des Patienten ein, wenn ihr/sein Wohl durch Mitarbeitende oder eine andere Person gefährdet ist.“

Wo sehen Sie heute Probleme für die Einhaltung der hinter diesen Aussagen liegenden Werte?

[80] International Council of Nurses (ICN) (1973): Ethische Grundregeln für die Krankenpflege. Deutscher Berufsverband für Pflegeberufe. Eschenborn.

Wie sieht es beispielsweise mit den Konsequenzen des Spardrucks im Gesundheitswesen im Zusammenhang mit einer qualitativ hochwertigen Betreuung und dem Schutz aller PatientInnen aus?

Literaturempfehlungen

Silvia Käppeli (1988): Moralisches Handeln und berufliche Unabhängigkeit in der Krankenpflege. In: Pflege. 1(1). Bern, S. 20-27.

Annemarie Kesselring (Hg.) (1996): Die Lebenswelt der Patienten. Pflegewissenschaftliche Studien. Bern.

Hagen Kühn (1991): Rationierung im Gesundheitswesen – Politische Ökonomie einer internationalen Ethikdebatte. In: Jahrbuch für Kritische Medizin 17.

Helga Kuhse, Peter Singer (1993): Muss dieses Kind am Leben bleiben? Das Problem schwerstgeschädigter Neugeborener. Erlangen.

Ute Möller, Ulrike Hesselbarth (1994): Die geschichtliche Entwicklung der Krankenpflege: Hintergründe, Analysen, Perspektiven. Hagen.

Christina Hilgendorff

„Man muss einen Weg finden, wo man laufen kann, und dann geht es weiter" – Begegnung mit Josefa O. und ihrem Sohn Adam O.

(...) ***Josefa O.:*** *Ich hab' mir das schon als Kind angehört, was die Eltern und Verwandtschaften alles erzählt haben. Die haben immer so ein Feuer gemacht. Und dann haben sie sich draußen hingesetzt, und dann hat jeder seine Geschichte erzählt. Das habe ich mir immer so mit angehört.* ***Adam O.:*** *Sie haben erzählt von Zigeunern, die haben sich in Lagern ausgegeben, dass sie gar keine Zigeuner sind. Und der Lagerführer, oder wer auch immer, der hat sich immer große Menschen ausgesucht. Und wenn die dann blond waren und groß, dann mussten die sogar ihre eigenen Leute schlagen, und was weiß ich alles.* ***Josefa O.:*** *Und dann, wenn einer weggelaufen ist, dann mussten die ganzen Leute stehen, so lange, bis der andere gefunden wurde oder totgeschlagen worden ist. Im Winter. Nackt.*

Adam O.*: Davon hat mein Vater auch diesen Knochenkrebs, diesen Knochenfraß gehabt. Aus dem Konzentrationslager. Der hat sich irgendwie mal das Bein aufgeschlagen, und dadurch entstand dann Knochenfraß.* ***Josefa O.****: Die Mutter musste arbeiten in so einem Steinbruch. Und als Kind hat er sich verletzt dort an den Steinen. (...) Das war später ein ganz großes Loch. Das kam immer wieder. Die Operationen gingen immer weiter. Er hat ein paar Operationen gehabt am Bein. Der Knochen hat sich immer weiter entzündet. Dann wurde der Knochen immer abgeschabt. Immer wieder ging das so.*

Adam O.*: Aber auch psychisch. So dass er in der Nacht aufgewacht ist. Dass er geschrien hat. Dass er kleine Kinder trampeln hörte und schweißgebadet aufwachte und solche Sachen.* **Interviewerin***: Wie haben Sie versucht, sich da zu helfen? Josefa O.: Er hat viel Alkohol getrunken deswegen.* ***Adam O.****: Das hat nicht nur er so gemacht.* ***Josefa O.****: Die haben vorm*

Doktor... ***Adam O.****: Ja, da ist heute ein ganz anderes Vertrauen da, ganz anderes System da, wissen Sie, was ich meine? (...)*[81]

Der Mann von Josefa O. ist vor drei Jahren gestorben. Verschiedene Symptome in den Erzählungen über den Vater deuten darauf hin, dass Herr O. an den Folgen einer Traumatisierung litt. Bis zu seinem Tod hat er nie professionelle Hilfe in Anspruch genommen und vermutlich auch niemals angeboten bekommen. Das Wissen über Traumatisierung, deren mögliche Folgestörungen und die entsprechenden therapeutischen Angebote waren in Deutschland bis in die 90er Jahre sehr gering. Auf der anderen Seite war und ist die Angst der NS-Verfolgten vor deutschen ÄrztInnen nicht selten groß, ganz gleich, ob man in ihnen NS-TäterInnen sah oder aktuell die Konfrontation mit dem Arzt selbst als Kontrollverlust erlebt und Angstzustände bekommt. Viele NS-Verfolgte haben zudem sehr schlechte Erfahrungen in ihren Entschädigungsverfahren gemacht. Bedingung für das Gesundheitsschadensrecht ist der nachgewiesen kausale Zusammenhang zwischen Verfolgung und Erkrankung. Deutsche ÄrztInnen wiesen (und weisen nicht selten heute noch) diese Zusammenhänge häufig zurück.[82] Und bis heute kann man beobachten, dass die Berührungsängste vieler Menschen bei der Inanspruchnahme medizinisch psychologischer Hilfe hoch sind.

Die Sintessa Josefa O. ist seit Ende der 40er Jahre in Deutschland. 1941 in böhmischen Teil der besetzten Tschechoslowakei geboren, lebte sie als Kind mit ihren Eltern versteckt auf der ständigen Flucht vor Verfolgung. Das Land war 1938 in einem internationalen Abkommen zerschlagen worden, Böhmen und Mähren wurden dem Deutschen Reich als Protektorate untergeordnet. Sinti lebten hier seit Jahrhunderten vor allem in der Böhmischen Grenzregion und waren 1939 sofort von Verfolgungs- und Zwangsmaßnahmen betroffen. Das Herumziehen in Wagen wurde verboten und Nichtsesshaftigkeit mit Arbeitslager bestraft. Viele Menschen gerieten dadurch in eine ausweglose Situation, da die Gemeinden ihnen die Ansiedlung häufig verweigerten. 1940 wurden die so genannten Zigeunerlager, Arbeitslager für Sinti und Roma, in Lety und Hodonin errichtet, in denen anfangs nur Männer, später ganze Familien inhaftiert waren. Der größte Teil der Sinti und Roma aus Böhmen und Mähren wurde zwischen 1942 und 1944 nach

[81] Interview mit Josefa und Adam O. am 10. Juni 2007.
[82] Siehe Pross (1988).

Auschwitz deportiert.[83] Die Familie von Josefa O. tauchte wie andere damals unter, um diesem Schicksal zu entgehen. Ständig auf der Flucht, versuchten die Eltern auch in Ungarn und Österreich, Sicherheit für sich und die Kinder zu finden, wurden aber schließlich entdeckt, verhaftet und zur Arbeit gezwungen.

(...) Meine Eltern, die waren in keinem Lager. Die haben sich immer versteckt, in Wäldern und so. Und da kam die Gestapo und hat die eingefangen und hat die bei den Bauern arbeiten lassen. Zwangsarbeit. Aber das kann man nicht nachweisen, deswegen haben wir kein Geld gekriegt davon. In Fabriken, da wurden die Leute irgendwie registriert, aber beim Bauern nicht. ***Adam O.:*** *Da war sie nur bei die Mama hinten auf dem Rücken, so hat sie es mir mal erzählt.* ***Interviewerin:*** *Haben Sie irgendwelche Erinnerungen da dran?* ***Josefa O.:*** *Nein, nein. (...)*

Josefa O. spricht nicht viel über die Zeit der Verfolgung, ebenso wenig greift sie auf Geschichten zurück, die sie bei dem gemeinsamen Erzählen an den Feuern der Wagencamps von ihrer Familie erfahren hat. Ihr Sohn Adam O. geht mit dieser Familiengeschichte anders um. Der Enkel erzählt die Geschichte seiner Großmutter.

(...) ***Adam O.:*** *Meine Oma, wo wir auf Reisen waren, da hat sie mir erzählt, wie sie im Konzentrationslager war. Was ihr so passiert ist und wie sie da rausgekommen ist mit den vier Kindern. Sie sagte, also erstmal, sie sind getrennt worden. Der Vater, also mein Opa, dem haben die Kernseife gegeben und Handtuch, der soll sich waschen gehen. Und dann haben sie ihn in eine Gaskammer reingetan. Aber sie hat zu mir gesagt: „Dann haben sie den in so ein großes Feuer reingeschmissen." Aber ich kann mir nur vorstellen, dass das eine Gaskammer war. (...) So sind die da getrennt worden, und aus irgendeinem Konzentrationslager ist sie da auch raus gekommen mit den vier Kindern. Da war mein Vater drunter. Damit die aber alle überleben konnten – im Wald, überlegen Sie mal, im Wald, ganz weit drinne, es schneit zum Beispiel –, haben sie sich Schuhe gemacht von Kuhfladen und große Blätter drumgewickelt oder Lumpen. Und dann sind die in Wäl-*

[83] Zur Verfolgung der Sinti und Roma siehe Michael Zimmermann (1998): Die nationalsozialistische Zigeunerverfolgung. In: Ulrich Herbert, Karin Orth, Christoph Dieckmann (Hg.): Die nationalsozialistischen Konzentrationslager. Entwicklung und Strukturen. Band II. Göttingen, S. 887-910.

der rein gegangen. Tannenwälder, die sind dicht. Haben dort erstmal eine freie Fläche gemacht, Feuer gemacht, das Feuer dann weggemacht, so dass die Erde warm war. (...)

Sein Entsetzen über das, was man seiner Familie angetan hat, ist greifbar und die Stille danach ohne Trost. Adam O. ist das vierte Kind von Josefa O. Er lebt mit seiner Familie in der Nähe seiner Mutter und schaut immer mal wieder bei ihr herein. Josefa O. wohnt am Stadtrand von F., gemeinsam mit ihrem ältesten Sohn. Er ist behindert und kann nicht allein leben. Die Wohnung ist klein. Nur er hat ein eigenes Zimmer, die Mutter schläft in der Wohnküche. Wenn es zuhause Probleme gibt, schläft manchmal auch noch ein Enkelsohn bei ihr. Ihre Liebe ist übergroß, und sie gibt all ihre Kraft in die Unterstützung ihrer Kinder, Enkel und der nahen Verwandten. Immer hat sie ein offenes Ohr und ein offenes Haus, sie fungiert als Beraterin und ist Gesprächspartnerin bei Behörden. Das Leben der heute 67-Jährigen ist kein Leben im Ruhestand. Es ist noch nicht lange her, dass sie vorübergehend den Haushalt der ältesten Tochter organisiert hat, als diese mit Verdacht auf Herzinfarkt im Krankenhaus lag. Aber sie gibt nicht nach.

(...) Hart, ja, ein hartes Leben. Aber es kommt immer drauf an, wie man das alles nimmt. Manchmal ist man verzweifelt, das stimmt schon, weil auf einen zu viel zukommt. Aber man muss einen Weg finden, wo man läuft, und dann geht es wieder weiter, oder? Dann sieht man wieder im Fernsehen, wie andere Leute noch ärmer sind. (...)

Die tiefe Verantwortung für die Familie hat sie bei ihren Eltern erfahren, und sie lebt sie bis heute als ihren zentralen Wert im Leben:

(...) Wir waren immer als Großfamilie zusammen. Wenn mein Vater gemerkt hat, ich war nicht dabei, oder war ich woanders, ein, zwei Tage, dann musste ich schon wieder kommen. ***Interviewerin:*** *Er ist ohne Sie nicht weitergefahren?* ***Josefa O.:*** *Nein. Er sagte: „Wenn ich weiß, es geht dir gut, dann kannst du hinziehen, wo du willst, aber ich muss wissen, dass es dir gut geht." So war das.* ***Interviewerin:*** *Hätten sich Ihre Eltern für ihre Tochter etwas anderes erträumt?* ***Josefa O.:*** *Das Beste.* ***Interviewerin:*** *Was wäre das Beste?* ***Josefa O.:*** *Erstmal nicht so viel Kummer haben, nicht so viel Sorgen, die hätten gesagt: „Mach dir nicht so viel Sorgen." Und die hätten mir das meiste abgenommen, so, wie ich meinen Kindern alles abnehme.*

Das, was mir meine Eltern gegeben haben, das geb' ich meinen Kindern weiter. (...)

Früher hat Josefa O. gemeinsam mit ihrem Mann als Händlerin gearbeitet und die Tradition der Familie damit fortgesetzt. Sie ist im Wohnwagen groß geworden und mit der Familie durch ganz Deutschland gereist.[84] Niemals hat sie eine Schule besucht und Lesen und Schreiben gelernt. All ihre Fähigkeiten und Kenntnisse entstammen dem eigenen Erfahrungswissen oder dem tradierten Wissen einer Kultur ohne Schriftsprache. Josefa O. ist stolz und selbstbewusst, wenn sie über ihre Berufstätigkeit spricht. Damals hat sie ein unabhängiges und selbstbestimmtes Leben geführt.

(...) Ich habe Teppiche verkauft, Tischdecken, und mein Mann hat auch dasselbe gemacht, Teppiche, Lederwaren. Wir sind von Haus zu Haus und haben dann feste Kunden gehabt. Ich habe lange verkauft an die Leute. Ich habe keinen Menschen betrogen, und da konnte ich immer wiederkommen und immer wieder was verkaufen. Wenn man keinen bescheißt. War schön! Stell'n Sie sich mal vor, wenn man sich ein bisschen Geld verdient. Da war noch alles in Ordnung. (...) Da waren Deutsche, die kannte ich seit 30 Jahren, wenn ich mal in Not geraten bin, bin ich da hingegangen, und die haben mir geholfen. Wie ich beschäftigt war, freilich, war das alles anders, bloß jetzt (...) Wie das jetzt hier ist, das ist doch schlimm. Wie es hier auf den Ämtern ist. Es gibt auch korrekte Menschen, davon abgesehen, aber hier, zum Beispiel Herr F., oh je, schlimm, schlimm. (...)

In den 80er Jahren haben deutsche Behörden Josefa O. den Gewerbeschein entzogen. Ihre Existenz als Händlerin war damit zerstört, und als Folge musste sie schließlich Sozialhilfe beantragen. Viele Jahre hat sie darum gekämpft, den Schein zurückzubekommen. Aber erst vor fünf Jahren ist ihr das gelungen, und jetzt fehlt der Sinn, noch einmal von vorne zu beginnen. Sich als Analphabetin allein in den Bestimmungen der Sozialgesetzgebung zurechtzufinden und die richtigen Informationen zu erhalten, ist unmöglich. So ist sie auf die zuständigen Behörden, die Unterstützung durch Beratungs-

---

[84] Zum Leben deutscher Sinti siehe Landeszentrale für politische Bildung Baden-Württemberg; Verband Deutscher Sinti und Roma/Landesverband Baden-Württemberg (1998): Zwischen Romantisierung und Rassismus. Sinti und Roma 600 Jahre in Deutschland. Stuttgart.

stellen und auf die Kinder angewiesen. Josefa O. fällt es nicht leicht, die Grenzen ihrer Autonomie zu erleben, es bringt Unsicherheit in ihr Leben.

(...) Egal, was man macht, wenn man zum Beispiel von hier aus nach D. will fahren, muss ich die Leute ausfragen. Und die anderen gehen hin, gucken auf so ne Tafel drauf und wissen schon, wo es lang geht. ***Adam O.:*** *Du bist immer auf andere Menschen angewiesen.* ***Josefa O.:*** *Ganz genau. Und wenn ein Brief kommt von der Behörde, dann muss ich erst immer warten, bis die Kinder kommen. Dass einer mir das vorlesen kann. Und zum Ausfüllen? Lass ich von den Kindern auch nicht, da denke ich immer, die machen das falsch. Da geh ich dann bei so Stellen, und die füllen mir das dann aus. (...)*

Josefa O. muss heute mit wenig Geld auskommen. Sie lebt von einer sehr bescheidenen Berufsrente, die durch Zahlungen gemäß dem Sozialgesetzbuch ergänzt werden muss. Inzwischen erhält sie auch eine monatliche NS-Entschädigungszahlung, die jährlich auf Bedürftigkeit geprüft wird. Aber es reicht, solange nichts Größeres dazwischen kommt. Fast ein Dreivierteljahr hat es gedauert, bis sie mit Hilfe einer Beratungsstelle eine Gebührenbefreiung durchgesetzt hatte, die ihr nach der Sozialgesetzgebung zusteht. Die anfallenden Kosten musste sie so lange selbst aufbringen, was schwierig war. Ihre eigenen Kinder können lesen und schreiben. Adam O. erinnert sich aber an die Schwierigkeiten, die er als Sinto in Deutschland während seiner Schulzeit hatte. Als Kind niemals fest an einem Ort, hat er ständig Schulen und Klassen wechseln müssen. Nie hat er einen Schulabschluss oder eine Ausbildung gemacht und ist deswegen heute immer wieder arbeitslos. Er klingt verletzt und traurig, wenn er darüber spricht. Die Erklärung für seine Situation ist komplex. Sie hat strukturell-politische und individuell-traditionale Aspekte. Es geht um Kompatibilität von kulturellen Systemen, um gerechte Bildungschancen und Förderung von Inklusion, aber auch um Familienwerte.[85]

(...) ***Adam O.:*** *Mich hat das interessiert: Warum können so viele Zigeuner nicht lesen? Sie sind aus dem Konzentrationslager rausgekommen, oder sie haben in den Wäldern überlebt. Dadurch konnten sie nicht in die Schule gehen, hatten keine Ausbildung. Also, wo tue ich mein Kind hin, auf welche*

---

[85] Siehe dazu die Untersuchung von Peter Widmann (2001): An den Rändern der Städte. Sinti und Jenische in der deutschen Kommunalpolitik. Berlin.

Schule, Realschule? Welche Ausbildung? Sie hatten keine Ahnung, okay? Und welche Schule hat die wenigsten Probleme gemacht? Das war die Sonderschule. Damit die auf Reisen fahren konnten und ihr Geschäft machen konnten. **Josefa O.:** *Aber wenn...* **Interviewerin:** *Würden Sie das genauso sagen?* **Josefa O.:** *Nein, nein, nein.* **Adam O.:** *Nein?* **Josefa O.:** *Wie wir auf die Reise gegangen sind...* **Adam O.:** *Die Hauptschule hatte direkt Geldstrafen.* **Josefa O.:** *... hab' ich die Kinder unterwegs in die Schule geschickt.* **Adam O.:** *Ja, ist ja in Ordnung. Aber trotzdem, die Sonderschule hat es genehmigt, dass du ein Buch bekommen hast, und in jeder Stadt, wo du ankamst, mussten wir dann in die Klasse gehen. Aber da bist du dann angekommen, waren die schon bei Schreibschrift, dann waren die schon was weiß ich wo dran.* **Josefa O.:** *Ja, genau, hast Recht. Aber der Jüngste, der ging in alle Schulen. Der Jüngste, der hat eine richtige Schule besucht. Da sind wir nicht mehr so auf Reisen gefahren. (...)*

Körperlich fühlt sich Josefa O. trotz all der Belastungen noch recht gut. Sie klagt aber seit Jahren über Schmerzen in den Gelenken. ÄrztInnen, die sie konsultiert hat, haben alle eine andere Antwort auf ihre Beschwerden und Therapien vorschlagen, die für sie nicht nachvollziehbar sind. Sie fühlt sich nicht ernst genommen und wehrt sich.

(...) Zwei Ärzte haben zum Beispiel gesagt, ich habe Osteoporose. Und dann sagte meine Cousine: „Weißt du was? Geh mal zum anderen Arzt, vielleicht hast du das nicht." Da habe ich so eine Knochenvermessung gemacht und viele Untersuchung. Wo ich die Knochenvermessung schon gemacht habe, sagte er: „Sie haben Osteoporose." Der andere Arzt sagt: „Sie haben gar nichts." Ich hab' gar nichts! Ich hab' aber jahrelang mit den Knien zu tun. Und jetzt passen Sie mal auf! Jetzt musste ich in vier Wochen vier Tabletten nehmen, jede Woche eine. (...) Sage ich zu der Ärztin: „Wenn ich diese Osteoporose jetzt nicht habe, muss ich die Tabletten dann weiter nehmen?"„Ja, die müssen Sie weiter nehmen." „Sie haben aber eben gesagt, ich hab' keine Osteoporose, warum soll ich das denn nehmen?" „Sie müssen mich aussprechen lassen." Bringe ich ihr zehn Röntgenbilder mit, sie guckt ein kleines an, nicht mal richtig, sag' ich zu ihr: „Ja hören Sie mal, ich habe so große Schmerzen in die Hüfte. Wenn ich lange sitze, brauche ich eine ganze Weile, bis ich wieder gehen kann." Da sagt sie: „Dann kommen Sie zum Röntgen." „Röntgen, was röntgen? Ich habe Ihnen zehn

Bilder gebracht, Sie haben ein kleines angesehen." „Ah", hab' ich gesagt, „Röntgen Sie sich selbst, auf Wiedersehen." Sie hatte alles, warum schickt sie mich wieder zum Röntgen? Das ist doch alles schädlich. Ich geh' da auch nicht mehr hin. (...)

Wenn sie müde und erschöpft ist, dann kann sie schon auch mal die Unterstützung der Kinder annehmen und die Rolle wechseln.

(...) Das ist das Einzigste, was ich kann, viel schlafen, oder ist das die Oma in mir? Manchmal, da gibt es einen Punkt, da geht gar nichts mehr, da bin ich alle. Da hat mir mein Sohn gestern, ich wollt nicht essen, hat er mir ein paar Eier gemacht mit Schinken. Hab' ich gesagt: „Ich hab' dir gerade gesagt, ich will nicht." „Mama, du musst essen!" Und da hab' ich gegessen. (...)

Josefa O. verfügt über weitere Strategien, sich zu erholen und handlungsfähig zu bleiben. Ganz wichtig ist ihr Glaube, eine große Portion Humor und Selbstdisziplin. Sie kann sich aus Situationen, die schmerzhaft sind, lösen und nach vorne gehen. Man spürt ihre Lebenskraft, aber auch, welche Verluste sie empfindet.

(...) Ich bete viel. Mein Vater war sehr religiös. Das hilft mir, sonst... Schauen Sie, ich habe einen kranken Sohn. Er hat einen Behindertenausweis und alles. (...) Er ist noch wie ein Kind. (...) Normalerweise ist das gar nicht zu schaffen. (...) Ich werde abhauen, ich hol' mir einen Millionär und dann ab. ***Interviewerin:*** *Wenn Sie sich etwas wünschen könnten, wo würden Sie sich hinwünschen, was müsste es sein?* ***Josefa O.:*** *Erstmal müssten meine Kinder gesund sein, damit ich nicht so viele Sorge habe. Und dann, ein ganz normales Leben, nichts Besonderes.* ***Interviewerin:*** *Vorhin haben Sie auch von Fernweh gesprochen.* ***Josefa O.:*** *Da wünsche ich mich in einen Wohnwagen, dort bin ich groß geworden. Und ich bin viel draußen. Also, wenn hier keiner ist, und ich hab' hier alles sauber, dann hau' ich ab nach draußen. (...) Vielleicht unsere Kinder werden schon wieder anders sein. Aber die Älteren, die nichts anderes kannten. Nur raus. Ach, das ist schlimm, eine Wohnung. Und dann, wir waren immer geschäftlich, und jetzt sitzt man hier drinne. Und was ist das? Manchmal gehe ich auf den Trödelmarkt. (...)*

Josefa O. ist realistisch, was ihre Erwartungen für das Alter angeht, sie wird in ein Altenheim gehen. Auch wenn sie mit einem Lächeln erzählt, dass sie davon träumt, weit wegzufahren in ferne Länder und wieder in einem Wohnwagen zu leben. Ängste vor Misshandlungen und schlechter Pflege verstrickt sie dabei gut sichtbar in ihren Humor.

(...) Ich möchte nicht zu meinen Kindern. Das sage ich schon immer, ich such' mir so ein Heim, und da kriegt man dann noch eine Abreibung da drinne. ***Interviewerin:*** *Wonach würden Sie das aussuchen?* ***Josefa O.:*** *Ich weiß nicht, ein katholisches, vielleicht sind die Menschen dann nicht so böse. (...) Ich habe schon mal gesehen, im Fernseher haben die das gezeigt, da werden die alten Menschen geprügelt noch.* ***Adam O.:*** *Und viele Arzneimittel ganz falsch gegeben.* ***Josefa O.:*** *Und, und, und... (...)*

Mit ihrem kranken Sohn hat sie über ihren Tod gesprochen, und es schmerzt sie, ihn dann allein zu wissen. Aber dieser sie so sehr kennzeichnende Realismus entspringt ihrem tiefen Verantwortungsgefühl. Sie möchte ihn darauf vorbereiten.

(...) Ich hab' ihn schon vorbereitet. Ich hab' ihm gesagt: „Wenn ich nicht mehr bin." Der soll sich schon... „Mama, sag so was nicht!" Sag' ich ihm: „Jeder Mensch muss sterben. Bist du jetzt verrückt geworden? Jeder Mensch muss sterben." „Sag das nicht, Mama." (...) Man muss ihn vorbereiten. ***Interviewerin:*** *Aber das ist für Sie auch ganz furchtbar.* ***Josefa O.:*** *Ja, dann stirbt man mit Kummer. So ist es, hart und grausam. (...)*

Das Thema Angst und Diskriminierung hat in ihrem Leben keinen Platz. Ihre Haltung ist eine andere: Es geht nicht um Deutsche und Sinti, nicht um Stigmata und Diskriminierung. Es geht um Menschen und Menschlichkeit. Vielleicht hat das etwas mit ihrer Kraft zu tun und dem Anspruch, die Dinge, das Leben in die eigene Hand zu nehmen.

(...) Gute und schlechte Menschen gibt es überall. (...) Zu einem deutschen Arzt zu gehen, ist kein Problem. Passen Sie mal auf! Es gibt doch Ärzte, als Menschen. Hier ist zum Beispiel einer, hier oben, der setzt sich hin und fragt sie aus: „Sagen Sie, was für Probleme haben Sie?" Und dann sagen Sie, was Sie für Probleme haben, und er hört zu. Und das ist ein Arzt. (...)

Und doch erinnert sie sich an die älteren Überlebenden der Verfolgung, mit denen sie kurz nach dem Krieg nach Deutschland gekommen ist, und weiß um deren Ängste vor Deutschen. Adam O. geht noch etwas weiter, wenn er beschreibt, wie er selbst lange Wut empfunden hat, weil sie das Leben seiner Familie, seines Vaters zerstört haben.

(...) ***Josefa O.:*** *Ich denke mal, die sind abgeschoben worden, sonst würden die hier nicht nach Deutschland kommen. Weil, wenn die Älteren so zu sich gesprochen haben, dann haben manche gesagt: „Guck mal, wo wir hier wieder sind, nach Hitler und so." Ach je, war schlimm für viele gewesen.*
Adam O.: *Dieser Hass, nicht? Der hat sich aber auch weitergegeben bis auf mich. Bis in einem gewissen Alter war das in mir selber auch drin, wo ich dann erst abschätzen konnte: Nicht jeder Deutsche ist so, hören Sie? Auch für mich war vorher jeder Deutsche, jeder Polizist war so. Dieser Hass. Die sind schuld, dass mein Opa umgebracht wurde. Die sind Schuld, dass so viele von uns gequält worden sind. Man kann es ja gar nicht mehr aufzählen, welche Scheußlichkeiten passiert sind.*

Und diese Wut haben ja die Ältesten, wie Onkel etc. Ganze Familien, die darunter gelitten haben, sehr viele Menschen darunter verloren, die auf grausamste Weise umgebracht worden sind. Welcher Hass da in diesen Menschen ist, und das nimmt man als Kind dann ja auch auf. (...) Wenn dann Filme gekommen sind, so von Hitler zum Beispiel, dann sind hier die Adern von meinem Vater richtig dick geworden. Viele ältere Frauen, die haben doch... ihre Kinder, die da doch umgebracht worden sind. Manche sind alleine rausgekommen, die ganze Familie ist drinne geblieben. (...) Und als Kind erinnere ich mich auch. Wir waren vier Kinder, und wir sind irgendwo mit dem Wohnwagen auf irgendeinen Platz gekommen, und da ist ein Polizeiwagen vorbeigefahren. „Polizei, Polizei, du musst, du musst..." Da haben uns die Männer versteckt. Solche Sachen sind passiert. (...) Das Schlimmste ist, dass es heutzutage so was noch gibt. Das ist das Schlimmste, dass es immer noch solche Menschen gibt. (...)

Später am Nachmittag, als der letzte Kaffee getrunken ist, berichtet Josefa O. noch kurz von ihrem Besuch in einen offenen Altenclub, zu dem sie seit einiger Zeit zusammen mit einer Cousine geht. Es tut ihr gut, andere Menschen zu treffen. Es klingt eine jugendliche Leichtigkeit durch, wenn sie dazu lächelnd bemerkt:

(...) Und von da aus sind wir in die Stadt. Wir beide sind rumgerast. Der Club ist ein Grund, auch mal in die Stadt zu gehen. Man kommt hier raus und man kann eine Stunde nicht an den Mist hier denken. Dann ist man ein bisschen fort von hier. (...)

Andrea Zielke-Nadkarni, Märle Poser

Didaktisierung Josefa O., die bislang immer einen Weg findet, wo man laufen kann, und dann geht es weiter

Arbeitsaufgabe 1 (Einzelarbeit)
Arbeiten Sie mit Hilfe der Biographie der Familie O. die Besonderheiten der Situation der Roma und Sinti heraus. Was unterschied sie von anderen Verfolgten? Vergleichen Sie Ihre Ergebnisse im Plenum.

Arbeitsaufgabe 2 (Plenum)
Stellen Sie eine Liste mit Fragen zusammen, die nach der Beendigung der Arbeitsaufgabe 1 noch bleiben oder sich aufgrund der Bearbeitung stellen.

Arbeitsaufgabe 3 (Partnerarbeit)
Schauen Sie, ob Sie im Internet Antworten auf Ihre Fragen finden.

Arbeitsaufgabe 4
Im Folgenden wird die Pflegetheorie von Peplau eingesetzt. Hierzu kann entweder der Lehrende selbst eine Einführung geben (die nachstehenden Erläuterungen sind nur aspekthaft, um einen Einstieg zu gewährleisten und diese Wahl zu begründen, also nicht vollständig) oder den SchülerInnen unter Angabe von Bearbeitungskritierien (wie Definition von Pflege/Krankheit/Gesundheit; Ziele der Pflege; grundlegende Begriffe des Modells; Annahmen des Modells bzw. Verbindung zwischen den Begriffen; Schwerpunkte/Methoden der Pflege; Rolle der Pflegekräfte in der Praxis; Sichtweise des Patienten/der Patientin im Modell; mit dem Modell verbundene Wertvorstellungen; Anwendungsbereich des Modells) die Erarbeitung überlassen.

1952 veröffentlichte die US-Amerikanerin Hildegard Peplau (1909-1999) ihre Theorie der interpersonalen (zwischenmenschlichen) Beziehungen in der Pflege. Darin erläutert sie primär, wie die Beziehung zwischen PatientIn und Pflegeperson gestaltet werden sollte, um einen guten Genesungsvorgang zu gewährleisten. Peplau arbeitete hauptsächlich in der Psychiatrie, ihre Theorie ist jedoch für die Pflege allgemein und für unsere

Klientel insbesondere ausgesprochen hilfreich. Aus heutiger Sicht ist jedoch zu ergänzen, dass die Familie einbezogen werden sollte und der Kontext der zu pflegenden Person, also ihr soziokultureller Hintergrund.

Peplaus Ziel ist, Menschen zu befähigen, ihre momentanen und zukünftigen Probleme zu erkennen und zu lösen und daraus zu lernen. Diesen Prozess, der im Dialog zwischen Pflegeperson und PatientIn/BewohnerIn abläuft, nennt Peplau „interpersonales Lernen". Sie vertritt die These, dass nur eine vertrauensvolle Beziehung die Grundlage für eine erfolgreiche Pflege bilden kann, eine These, die für Menschen wie Josefa O. sicherlich besonders bedeutungsvoll ist.

Peplau postuliert vier Phasen der Interaktion zwischen Pflegeperson und PatientIn:

1. In der Orientierungsphase versucht die Pflegeperson gemeinsam mit dem Patienten/der Patientin, seine/ihre Probleme zu identifizieren. Dabei soll der Bewohner/die Bewohnerin seinen/ihren Zustand wie auch die Hilfsbedürftigkeit erkennen und verstehen. Die Pflegeperson hat ebenfalls die Aufgabe, die Probleme zu erkennen und verstehen. Abgeschlossen ist diese Phase, wenn Pflegeperson und BewohnIn den Problemen die gleiche Bedeutung beimessen und erste gemeinsame Ziele formulieren.
2. In der Identifikationsphase identifiziert sich der Bewohner/die Bewohnerin positiv oder negativ mit der Pflegeperson. Dabei kann er/sie auf verschiedene Weisen auf die Angebote der Pflegeperson reagieren: durch aktive Mitarbeit an der Pflege, was zu einer fruchtbaren wechselseitigen Beziehung zwischen Pflegeperson und BewohnerIn führt, durch Verweigerung der Kooperation oder durch passives Geschehenlassen. Die Aufgabe der Pflegeperson besteht darin, die Gefühle des Bewohners/der Bewohnerin zuzulassen und zu verstehen und dabei professionell empathisch zu bleiben.
3. In der Nutzungsphase kann sich der Bewohner/die Bewohnerin gänzlich auf die angebotene Pflege einlassen und diese zu seinem Wohle nutzen.
4. In der Ablösungsphase erreicht der Bewohner/die Bewohnerin zunehmend die Fähigkeit, (wieder) für sich selbst zu sorgen. Diese Phase folgt nach Abschluss drei vorangehenden Phasen und ist im Alten-

pflegeheim nur bedingt möglich, im Sinne der Wiederherstellung bestimmter Fähigkeiten nach einem akuten Krankheitsfall oder aufgrund rehabilitativer Maßnahmen.

Kleingruppenarbeit

1. Erheben Sie die Probleme und Ressourcen von Josefa O.
2. Stellen Sie sich vor, Sie wären die Bezugspflegeperson von Josefa O. in einem Altenpflegeheim. Wie sähen die o.g. Phasen nach Peplau für Josefa O. aus?

Arbeitsaufgabe 5 (Kleingruppenarbeit)

Peplau gibt verschiedene mögliche Rollen an, die von Pflegepersonen im Rahmen psychosozialer Unterstützung vorwiegend eingenommen werden. Suchen Sie diese aus ihrer Theorie[86] heraus und nennen Sie die Rollen, die bei der Pflege von Josefa O. wichtig wären. Begründen Sie Ihre Entscheidung. Nach Peplaus Pflegeverständnis zielt Pflege auf ein kooperatives Pflegebündnis. Das bedeutet, dass die Pflegekraft zusammen mit dem Bewohner/der Bewohnerin die Pflegeplanung durchführt und somit ihre Verantwortung mit ihm teilt. Dadurch haben die BewohnerInnen einen entscheidenden Einfluss auf das, was mit ihnen geschieht. Inwiefern ist dies gerade für NS-Verfolgte und gesellschaftliche Randgruppen wie Roma und Sinti bedeutungsvoll?

---

[86] Hildegard Peplau (1995): Interpersonale Beziehungen in der Pflege. Basel.

Märle Poser, Andrea Zielke-Nadkarni

Trauma

Der Begriff Trauma (griechisch = Verletzung) stammt ursprünglich aus der Fachsprache der Chirurgie und bezeichnet eine Verletzung von Körperteilen oder Organen durch Fremdeinwirkung. Obgleich spätestens seit Freud mit dem Begriff Trauma nicht nur körperliche, sondern auch psychische Verletzungen beschrieben werden, hat sich die Psychotraumatologie, die Lehre von den seelischen Verletzungen, erst seit ca. zehn Jahren in Deutschland als eigenständige Fachrichtung herausgebildet. Die Psychotraumatologie beschäftigt sich mit den Auswirkungen von Traumata auf eine Vielzahl von psychischen und psychosomatischen Erkrankungen sowie auf Verhaltensauffälligkeiten. Historisch knüpft sie an das von Freud entwickelte Konzept der „traumatischen Neurose" sowie an die darauf fußenden psychiatrischen Therapieansätze in der Behandlung von Kriegsneurosen nach dem Ersten Weltkrieg an. Weiterhin gelten die wissenschaftlichen Auseinandersetzungen mit Traumatisierungen bei Überlebenden der Shoah nach dem Zweiten Weltkrieg sowie die Beschäftigungen mit psychopathologischen Auffälligkeiten der Vietnamkriegsveteranen als geschichtliche Vorläufer. Schließlich ist es insbesondere das Verdienst der Frauenbewegung, die Gewalt gegen Kinder und Frauen in das gesellschaftliche Bewusstsein gerückt zu haben; infolgedessen sind verstärkt die psychischen Folgen von körperlicher und sexueller Gewalt wissenschaftlich untersucht und Behandlungskonzepte entwickelt worden.

Im Folgenden wird es zunächst darum gehen, den Begriff des Traumas näher zu definieren, um dann gesundheitliche Auswirkungen psychischer Traumatisierungen zu beschreiben.

Definition der traumatischen Erfahrung

Sigmund Freud, der Begründer der Psychoanalyse, definiert ein Trauma als ein „Erlebnis, welches dem Seelenleben innerhalb kurzer Zeit einen so starken Reizzuwachs bringt, dass die Erledigung oder Aufarbeitung derselben in normal-gewohnter Weise missglückt, woraus dauernde Störungen im Energiebetrieb resultieren müssen".[87] In Definitionen neueren Datums wird die Dramatik für die Betroffenen wesentlich deutlicher beschrieben. So heißt es in der Deklaration der WHO (im ICD 10), dass ein Trauma „ein belastendes Ereignis oder eine Situation außergewöhnlicher Bedrohung oder katastrophenartigen Ausmaßes (darstellt, d.V.), die bei fast jedem eine tiefe Verstörung hervorrufen würde". [88]

Im DMS-IV wird ein traumatisches Ereignis, das eine Person erlebt, noch differenzierter gefasst:

„1. Die Person erlebte, beobachtete oder war mit einem oder mehreren Ereignissen konfrontiert, die einen tatsächlichen oder drohenden Tod oder ernsthafte Verletzung oder eine Gefahr der körperlichen Unversehrtheit der eigenen Person oder anderer Personen beinhalteten,

2. die Reaktion der Person umfasste intensive Furcht, Hilflosigkeit oder Entsetzen." [89]

Im Vergleich zum DSM-III-R, in dem das traumatische Ereignis als „außerhalb der üblichen menschlichen Erfahrung (...) und für fast jeden stark belastend"[90] definiert worden ist, beinhaltet die Definition im DSM-IV von 1996 sowohl die Konfrontation mit dem traumatischen Ereignis als auch die Reaktion auf dieses Ereignis.

In die Definition fallen unterschiedliche traumatische Ereignisse, die sich nach verschiedenen Gesichtspunkten zusammenfassen bzw. einteilen lassen. Zunächst einmal wird zwischen kurz- und langfristigen Traumen unterschieden bzw. zwischen Typ-I-Trauma mit kurz dauernden einmaligen Traumatisierungen und Typ-II-Trauma mit länger dauernden wiederholten Traumatisierungen. Schock, akute Lebensgefahr, Plötzlichkeit und Überraschung sind charakteristisch für ein Typ-I-Trauma. Hierzu zählen z.B. Na-

---

[87] Sigmund Freud (1917/1973): Gesammelte Werke XI. Frankfurt/M, S. 284.

[88] ICD-10: Internationale Klassifikation psychischer Störungen (2004): Klinisch-diagnostische Leitlinien von H. Dilling; W. Mombour; T. Schmidt. Bern.

[89] Diagnostisches und Statistisches Manual Psychischer Störungen, vierte Fassung, in: APA American Psychiatric Association (1996). Diagnostisches und Statistisches Manual psychischer Störungen DSM IV, übersetzt nach der 4. Auflage des Diagnostic und statistical manual of mental disorders der American Psychiatric Association/dt. Bearbeitung und Einführung von Henning Sass. Hogrefe. Göttingen, Bern, Toronto, Seattle.

[90] Diagnostisches und Statistisches Manual Psychischer Störungen, DSM-III-R, 3. korrigierte Auflage 1991. Weinheim; Basel, S. 307.

turkatastrophen, schwere Unfälle oder Gewalttaten. Kennzeichnend für Typ-II-Traumen sind demgegenüber wiederholte Belastungen und eine geringe Vorhersehbarkeit der weiteren Ereignisse. Hierzu gehören beispielsweise Geiselhaft, KZ-Haft, Folterung und fortgesetzter Kindesmissbrauch. Die Typ-II-Traumen werden auch als Polytraumatisierung beschrieben, wobei diese unterteilt wird in multiple, sequenzielle und kumulative Traumatisierung.

Bei der multiplen Traumatisierung werden mehrere, voneinander unabhängige traumatisierende Erfahrungen erlitten. Gewalterfahrungen in der Kindheit addieren sich zum Beispiel mit Verlusterfahrungen im Erwachsenenalter durch Tod eines nahestehenden Menschen. Die sequenzielle Traumatisierung beschreibt eine über einen langen Zeitraum hinweg stattfindende und in sich geschlossene traumatisierende Erfahrung wie zum Beispiel einen jahrelangen sexuellen Missbrauch. Unter einer kumulativen Traumatisierung ist schließlich eine Häufung von dramatischen Stressoren zu verstehen, die zu einem Zusammenbruch der Abwehrmechanismen führt. Andauernde existenzielle Geldsorgen oder eine lange lebensbedrohliche Erkrankung eines Familienangehörigen sind Beispiele hierfür.

Die Reaktion auf das traumatische Ereignis ist – wie im DSM IV beschrieben – durch Furcht, Hilflosigkeit oder Entsetzen charakterisiert. Grundsätzlich ist das menschliche Gehirn in der Lage, auch erhebliche Belastungen zu bewältigen. In Gefahrensituationen werden verschiedene Hormone ausgeschüttet, die eine Abwehrreaktion durch Kampf oder Flucht begünstigen. Diese natürliche Reaktion des Organismus nannte der amerikanische Forscher Walter Cannon 1914 bereits „Fight-or-flight-Reaktion".[91] Wenn das Ereignis derart bedrohlich ist, dass die Abwehrmöglichkeit zusammenbricht, findet eine so genannte „Freeze-Reaktion" (Einfrieren) statt. Der Körper bekämpft die Todesangst durch körpereigene Opiate und Endorphine; eine Lähmungssituation tritt ein, eine Art innere Erstarrung, sowie ein Entfremden vom Geschehen.[92]

---

[91] Vgl. Michaela Huber (1996): Multiple Persönlichkeiten. Überlebende extremer Gewalt. Frankfurt/M., S. 41 ff.

[92] Dies, S. 43.

In ihrem Lehrbuch der Psychotraumatologie betonen Fischer und Riedesser[93] die Wechselwirkung von traumatischen Umweltbedingungen und subjektivem Erleben und Verhalten sowie subjektiven Bedeutungszuschreibungen. Sie beschreiben einen zeitlichen Verlaufscharakter psychischer Traumatisierung und unterscheiden drei Phasen:

- die traumatische Situation
- die traumatische Reaktion und
- den traumatischen Prozess.

Die traumatischen Situationen, wie zum Beispiel Gewalteinwirkungen oder Katastrophen, müssen verstanden werden als wechselwirksamer Zusammenhang zwischen Ereignis und Erlebnis, zwischen realer Situation und psychischer Disposition des Individuums. In dieser Perspektive der Betrachtung kann die traumatische Reaktion von der traumatischen Situation kaum getrennt werden. Bei ersterer liegt der Schwerpunkt jedoch mehr auf der innerpsychischen Ebene von Abwehr- und Bewältigungsversuchen, wobei häufig ein Wechsel zwischen Verleugnung und Reizüberflutung zu finden ist. Die traumatische Reaktion wird jedoch nicht als Krankheit im engeren Sinne begriffen, sondern vielmehr als Notwehrmaßnahme der betroffenen Person zum Schutz der körperlichen und psychischen Integrität. Die mittel- und langfristigen Folgen von Traumata für die Erlebnis- bzw. Beziehungsfähigkeit und die Persönlichkeitsentwicklung bezeichnen Fischer/ Riedesser als den „traumatischen Prozess".[94] Ein Kind mit traumatischen Gewalterfahrungen wird zum Beispiel die Entwicklungs- und Reifungsaufgaben in der Adoleszenz kaum noch bewältigen können, da sein gesamtes Selbst- und Weltverhältnis massiv erschüttert wurde.[95] Der traumatische Prozess bzw. die Folgen von traumatischen Erfahrungen sollen im Weiteren ausführlicher dargestellt werden.

---

[93] Gottfried Fischer, Peter Riedesser (2003): Lehrbuch der Psychotraumatologie. 3.Auflage. München.

[94] Dies, S. 58 ff.

[95] Ebenda.

Folgen der traumatischen Erfahrung

Die Folgen schwerer seelischer Belastungen, wie sie in der Psychotraumatologie benannt werden, können ein sehr unterschiedliches Ausmaß annehmen. Unterschieden werden im Einzelnen

- die Akute Belastungsstörung (ABS)
- die Posttraumatische Belastungsstörung (PTBS) und
- die Anpassungsstörung.

Infolge oder während eines traumatischen Ereignisses treten bei der Akuten Belastungsstörung dissoziative Symptome wie zum Beispiel Bewusstseinseinengung, Gefühllosigkeit und emotionale Taubheit auf. Es kommt zu einem Wiedererleben der traumatischen Situation, zu Vermeidungsverhalten und einem erhöhten Erregungsniveau bei der betroffenen Person. Die Störung ruft in klinisch relevanter Weise Leiden und Beeinträchtigungen im Leben der betroffenen Person hervor. Die Symptomatik stellt eine unmittelbare Folge des traumatischen Ereignisses dar. Sie hält nach dem Belastungserlebnis mindestens zwei Tage und höchstens vier Wochen an. Die akute Belastungsreaktion klingt nach einigen Tagen oder Wochen wieder ab. Halten die Symptome länger als vier Wochen an, besteht die Möglichkeit, dass eine akute Posttraumatische Belastungsstörung vorliegt, die durch eine lang anhaltende Symptomatik gekennzeichnet ist.

Nach dem DMS IV (Diagnostisches und statistisches Manual für psychische Störungen) lässt sich die Posttraumatische Belastungsstörung in drei Symptomgruppen unterscheiden, die infolge eines traumatischen Ereignisses auftreten können:

1. Wiedererleben des traumatischen Ereignisses zum Beispiel in Form von wiederkehrenden belastenden Träumen, intrusiven (sich aufdrängenden) Gedanken oder Erinnerungen an das Ereignis, Momenten, in denen die Person so handelt oder fühlt, als ob das Ereignis noch mal passiert (Flashback-Episoden), psychischer Belastung und physiologischen Reaktionen wie zum Beispiel Herzbeschwerden, Schwindel, Magen-Darm-Beschwerden infolge traumatischer Erinnerungsreize.
2. Vermeidung der mit dem Ereignis verbundenen Reize, was sich zum Beispiel im Meiden von Aktivitäten, Orten und Menschen äußert, die mit dem Trauma in Verbindung stehen, Erinnerungslücken bezüglich des traumatischen Ereignisses, ein Interessenverlust an Aktivitäten,

ein Gefühl der Isolierung und Entfremdung von anderen sowie eine reduzierte Fähigkeit, Gefühle im Rahmen von Intimität, Zärtlichkeit und Sexualität zu empfinden.

3. Symptome gesteigerter Erregung wie zum Beispiel Einschlafstörungen, starke Konzentrationsstörungen, ausgeprägte Schreckreaktionen.

Bei einer Posttraumatischen Belastungsstörung kann von der temporären Dimension her zwischen einem akuten (Symptomdauer weniger als drei Monate) und einem chronischen (Symptomdauer mehr als drei Monate) Krankheitsbild unterschieden werden.

Die Anpassungsstörung als dritte Symptomgruppe wird im DSM-IV als Belastungsstörung definiert, die innerhalb von drei Monaten ab Einsetzen des Stressors auftritt. Belastungen können beispielsweise persönliche Verluste und/oder eine Umstellung der Lebensweise sein. Die betroffene Person erfährt durch die Belastung eine Beeinträchtigung im sozialen und beruflichen Leben. Von der temporären Dimension her wird auch bei der Anpassungsstörung zwischen einer akuten (weniger als sechs Monate) und einer chronischen (sechs Monate und länger) unterschieden. Die Abgrenzung zwischen der Anpassungsstörung und der Posttraumatischen Belastungsstörung erfolgt ebenfalls über die zeitliche Dimension. Die Posttraumatische Belastungssituation kann auch verzögert auftreten, d.h. Monate oder auch Jahre nach dem belastenden Ereignis. Die Anpassungsstörung wiederum tritt innerhalb der ersten drei Monate nach der Belastung auf und ist in der Regel zeitlich begrenzt.

Ist es heute unumstritten, dass die Folgen von traumatischen Erlebnissen in dem o.a. Sinne Krankheitswert haben und einer psychotherapeutischen Behandlung bedürfen, wurde ausgerechnet den KZ-Opfern über eine lange Jahre hinweg eine Anerkennung ihres traumabedingten Leidens verwehrt. Es galt die offizielle Lehrmeinung, nach der sich der (psychische) Organismus selbst nach schwersten Belastungen quasi unbegrenzt reorganisieren könne. In den 60er Jahren kam es über diese Frage zu einem GutachterInnenstreit im Rahmen der Beantragung von psychotherapeutischer Unterstützung. Erste „DissidentInnen" lösten sich in dieser Debatte von der herrschenden Lehrmeinung und beschäftigten sich intensiv mit der extremen gewaltvollen Wirklichkeit von Konzentrationslagern sowie der langfristigen Wirkung auf die psychische Verfassung der Opfer. Folgende Merkmale des

KZ-Überlebenden-Syndroms wurden dabei von psychoanalytischen ForscherInnen herausgearbeitet:

1. „Schwere, oft ganz plötzlich einsetzende Erregungs- und Angstzustände.
2. Ein unartikuliertes Gefühl des Andersseins als die, die nicht durch die Hölle von KZ, Ghetto, Arbeitslager und jahrelangem Leben im Versteck gingen.
3. Tiefe Überlebensschuld, d.h. Schuldgefühle desjenigen/derjenigen, der/die überlebte, gegenüber den ermordeten Angehörigen und KameradInnen.
4. Ein Zustand des seelischen Überwältigt- und Verringertseins, der nur schwer zu beschreiben ist und sich in Depressionen, apathischer Zurückgezogenheit, Kontaktmangel, Unfähigkeit zu Freude und Genuss bis zur völligen Starre und geistigen Abstumpfung äußert.
5. Das Bild des ‚lebendigen Leichnams', ein von der ständigen Begegnung mit dem Tod geprägtes, schattenhaftes, furchtsames, gedrücktes Verhalten.
6. Quälendes Wiedererleben der Schrecken des Lagers, als Hypermnesie bezeichnet, zum Beispiel der Misshandlung, Ermordung von Angehörigen.
7. Ermüdung, leichte Erschöpfbarkeit, Konzentrations- und Gedächtnisstörungen.
8. Sexuelle Störungen.
9. Psychosomatische Beschwerden wie Herzbeschwerden, Kopfschmerzen, Schwindel, Schweißausbrüche, Magen- und Darmbeschwerden, Schlaflosigkeit.
10. Psychotische Zustände mit Wahnvorstellungen (Gefühl noch immer im Lager und verfolgt zu sein)."[96]

Ein Vergleich der hier genannten Merkmale mit den o.a. Symptomen der Posttraumatischen Belastungsstörungen zeigt viele Überschneidungen. Damit wird zugleich deutlich, dass die psychoanalytischen Forschungsarbeiten von den 60er Jahren bis in die 80er Jahre hinein wegweisend und grundle-

[96] Dies, S. 234f.

gend für die Anerkennung von realer Traumatisierung und deren kurz-, mittel- und langfristigen Folgen für die Betroffenen sind.

Andrea Zielke-Nadkarni, Märle Poser

Traumatische Nachwirkungen der NS-Verfolgung vor dem Horizont der Pflegebedürftigkeit der Betroffenen im Alter

Die Erzählungen der NS-Verfolgten spiegeln die politischen Umstände wider, deren Spielball sie über viele Jahre gewesen sind. Erfahrungen des Ausgeliefertseins und der Willkür liegen den oft prägenden Phasen in ihren Lebensläufen zugrunde und bilden die Ursache für Ängste, Traumatisierungen und späte Trauer. Damit sind zugleich die bestimmenden psychologischen Faktoren für das Erleben gesundheitlicher Versorgung und Pflege, insbesondere, wenngleich nicht ausschließlich, in Senioren- und Pflegeheimen genannt.

Wenn sie überhaupt Unterstützung durch Einrichtungen der Altenhilfe in Anspruch nehmen, werden diese Menschen im Allgemeinen nicht über ihre Verfolgungserfahrungen reden. Wenn Pflegende aber merken, dass ein Patient/eine Bewohnerin zum Beispiel

- abends nicht ins Bett will (weil er/sie Angst vor Alpträumen hat),
- sich vor dem Duschen fürchtet, besonders wenn er/sie zum Duschen gedrängt wird,
- tief erschrickt, wenn plötzlich jemand im Zimmer steht oder ihn/sie überraschend berührt,
- Essensreste versteckt (weil er/sie sich vor dem Verhungern schützen muss),
- beim Feuerwerk zu Silvester und sonstigen Knallgeräuschen panisch wird,
- sich an Vertrauenspersonen klammert, anderen gegenüber aber abweisend verhält,
- das Weinen oder Schreien von MitpatientInnen/MitbewohnerInnen kaum erträgt
- oder auffällig Geld hortet (weil man ja die Wachen bestechen muss),

dann können dies Anzeichen dafür sein, dass es sich um eine Person mit Verfolgungserfahrungen handelt.

Aufgrund ihrer schrecklichen Erfahrungen sind NS-Verfolgte verständlicherweise oft misstrauisch. Die Mischung aus eigenem biografisch geformtem Misstrauen in Kombination mit der Tabuisierung der Shoah und der sozialen Randstellung alter, insbesondere kranker Menschen bildet eine erste gewichtige Barriere für den Umgang von Pflegenden mit Menschen mit diesem Erfahrungshintergrund.[97]

Der Übergang in den Ruhestand bzw. das Ende der aktiven Zeit der Mutterschaft wird von vielen Menschen aufgrund der psychischen und sozialen Bedeutung von Arbeit häufig krisenhaft erlebt. Zudem bringt das Alter als solches bereits viele Verluste mit sich: Status, Beruf, Menschen, Finanzen, körperliche Energien. Diese Phase, in der oft körperliche Probleme neben grundlegenden sozialen Veränderungen auftreten, kann für NS-Verfolgte ein Aufbrechen von Alpträumen und schrecklichen Erinnerungen bedeuten. Daher meiden viele NS-Verfolgte den Schlaf, um ihren Alpträumen zu entgehen.[98] Die nun unstrukturierte Zeit kann Abwehrmechanismen auflösen und psychosomatischen Problemen Raum geben,[99] wie zum Beispiel verfolgungsbedingten Depressionen, die mit Isolation und Einsamkeit einhergehen; das Leben erscheint leer.[100] Auch die Abnahme des Kurzzeitgedächtnisses und die wachsende Bedeutung des Langzeitgedächtnisses können unterdrückte Erinnerungen extrem beängstigend werden lassen.

Der Umzug in ein Pflegeheim kann von den Betroffenen unter Umständen als Rückkehr ins Lager/Gefängnis und damit als Retraumatisierung erlebt werden. NS-Verfolgte sind besonders sensibel gegenüber Institutionen, uniformähnlicher Kleidung und offiziellen Personen (z.B. Pflegedienstleitungen, ÄrztInnen, VertreterInnen des MDK), die sie in irgendeiner Form

---

97 Andrea Zielke-Nadkarni (2006): Biographisch orientierte Pflege – am Beispiel jüdischer Emigranten aus der GUS. In: Unterricht Pflege, Biographieorientierte Ansätze. 1, S. 31-36.

98 R.H. Honigman Cooper (1979): Concentration camp survivors: a challenge for geriatric nursing. In: Nursing Clinics of North America 14, S. 621-629. Benjam Bloch, Esther Weitzel-Polzer (2001): Bewahrer der Tradition. In: Jüdische Altenhilfe 11, S. 38-41.

99 F. Safford (1995): Ageing stressors for Holocaust survivors and their families. In: Journal of Gerontological and Social Work 24 (1/2), S.131-153.

100 Honigman Cooper (1979).

intensiv befragen, aber zum Beispiel auch gegenüber Pflegekräften, die eine Pflegeanamnese erheben möchten.

Dies alles kann Panik auslösen. Im Zuge neuer Gefühle der Machtlosigkeit können sie an „Flashbacks" leiden, in denen sie überfallartig und unkontrolliert von Erinnerungen überschwemmt werden und traumatische Ereignisse der Verfolgung wiedererleben. Flashbacks können zum Beispiel durch – von Pflegepersonen als banal erlebte – Probleme mit der Blasenkontrolle, unter der viele alte Menschen leiden und die sie schamhaft verheimlichen, ausgelöst werden. Manchmal genügt dafür schon der Geruch von Urin oder Kot. Kofferpacken, enge Räume sowie fehlende Privatheit in Zweibettzimmern rufen unter Umständen schreckliche Erinnerungen wach. Sterbende BettnachbarInnen lassen Szenen aus den Konzentrations- oder Zwangsarbeiterlagern ebenso vor Augen erscheinen wie medizinische Maßnahmen und jede Form von Zwang.

Aus einer theoretischen Perspektive zum Lebenszyklus ist die Hauptaufgabe des Alters die Integration des Ich durch Akzeptanz der guten wie bösen Lebenserfahrungen. Dies wird gewöhnlich durch Erinnerungsarbeit erreicht. Misslingt die Akzeptanz oder kann eine Rückschau nicht geleistet werden, so folgen u.U. Verzweiflung oder Depression. Wenn Kindheit und Jugend in der Hölle der Shoah verliefen, können anstelle einer normalen Entwicklung Konfusion, Isolation und Verzweiflung entstanden sein. Für Überlebende der Verfolgung kann eine Integration dieser Erfahrung im Alter unmöglich sein und die bewusste Ausklammerung ein Akt des psychischen Überlebens. Verzweiflung ist dann eine normale Reaktion. Hier brauchen die Betroffenen Unterstützung.

Häufig ersetzen Pflegepersonen und SozialarbeiterInnen die bereits verstorbene Familie[101]. In dem geschützten Rahmen einer Altenpflegeeinrichtung kann es für manche Betroffene auch eine Hilfestellung sein, über die Zeit der Verfolgung Zeugnis abzulegen und damit die Rolle eines „Historikers/einer Historikerin" anstelle der eines Opfers einzunehmen.[102] In jüdischen Altenpflegeheimen, wo eine homogene Gruppe von Betroffenen lebt, können zum Beispiel Erinnerungsgruppen gebildet werden. Im Rahmen solcher Gruppen, die nach Absprache auch nicht betroffene Personen einbezie-

[101] Bloch, Weitzel-Polzer (2001).

[102] Safford (1995), S.138 ff.

hen können, kann es zu einem Austausch untereinander oder sogar zu schriftlichen Zeitzeugnissen kommen. Das gemeinsame Reden und Zuhören bietet eine Chance, sich der Verstorbenen offiziell zu erinnern sowie eine Hinterlassenschaft für die eigenen Enkel zu gestalten. Allerdings ist eine Eigeninitiative der Betroffenen nicht zu erwarten, sondern es bedarf des Angebots von Seiten traumageschulter MitarbeiterInnen. Prä-Shoah-Erinnerungsgruppen helfen denjenigen, die nicht über ihre Erfahrungen reden möchten, selbst bestätigende Erinnerungsarbeit zu leisten.

Wenn NS-Verfolgte die Shoah als Kinder überlebt haben, so wuchsen sie ohne Kindheit, wurzellos, schutzlos, oft unter falscher Identität versteckt auf, begleitet von der immer währenden Angst vor Entdeckung. Sie mussten manchmal stehlen und lügen, um zu überleben. Manche wurden sogar zusätzlich sexuell missbraucht (auch inzestuös), sowohl in den Lagern als auch im Untergrund.[103]

Ähnlich wie bei den Älteren wurden auch für die Generation der überlebenden Kinder Merkmale vorzeitigen Alterns beobachtet. Diese Generation erscheint in einer Reihe internationaler Studien über einen Zeitraum von 25 bis über 40 Jahren nach der Shoah als die verletzlichste.[104] Sie zeigt ein hohes Risiko emotionaler Instabilität sowie Stresssymptomatik und bedarf am häufigsten klinischer Unterstützung. Je jünger die Kinder die Verfolgung und eine Trennung von den Eltern erleiden mussten, desto eher drohen ihnen Zusammenbrüche und leben sie mit dem Dauerrisiko einer Persönlichkeitsstörung.[105] Sie leiden häufig unter späten Trauerreaktionen, Depressionen und Angstzuständen.

Insgesamt ist diese Gruppe aufgrund ihrer scheinbar guten Anpassung gesellschaftlich und von Seiten der Forschung eher vernachlässigt worden, und erst in ihrer zweiten Lebenshälfte zeigen sich bei manchen Personen die

---

[103] Vgl. Safford (1995).

[104] Vgl. Hans Keilson (1979): Sequential traumatization in children. Forum der Psychiatrie. Stuttgart. R. Krell (1985): Child survivors of the Holocaust: forty years later. In: Journal of the American Academy of Child Psychiatry 24 (4), S. 377-412. S. Moskovitz, R. Krell (1990): Child survivors of the Holocaust: psychological adaptations to survival. In: Israel Journal of Psychiatry and Related Sciences 27(2), S. 81-91.

[105] Keilson (1979).

Folgeerscheinungen der frühen Ereignisse und der Bedarf an besonderer Zuwendung[106], der bei Pflegebedürftigkeit noch einmal besonders erhöht ist.

Die oben genannten Besonderheiten stellen auch für Angehörige, die ihre Eltern pflegen, häufig eine spezielle Herausforderung dar. In besonders belastenden Situationen kann sie zu Vernachlässigung und Missbrauch führen.[107] In Familien von Überlebenden der Verfolgung wird häufig von Beziehungsproblemen zwischen Eltern und Kindern berichtet, welche die Übernahme der Fürsorge und Pflege der Eltern durch die Kinder erschwert. Die Eltern leiden oft unter massiven Schuldgefühlen, weil sie selbst überlebt haben („survivor guilt"), während andere Familienangehörige oder FreundInnen, Bekannnte und NachbarInnen qualvoll sterben mussten. Das Weiterwirken des Traumas, unter dem viele Partnerinnen und Partner, aber auch Kinder und Enkelkinder der NS-Verfolgten leiden, kompliziert das ohnehin komplexe Beziehungsgeflecht zusätzlich.

Als Menschen mit Verfolgungserfahrungen weist unsere Zielgruppe insgesamt eine erhöhte Verletzlichkeit gegenüber psychischen Belastungen im Allgemeinen und gegenüber Situationen oder Impulsen, die verletzende Erinnerungen (Flashbacks) auslösen, im Besonderen auf. Daher stehen bei ihnen eine erhöhte Achtsamkeit und ein liebevoller Umgang im Vordergrund der Pflege. Sie sollte, basierend auf individueller Biografiearbeit[108], insbesondere Schutz- und Autonomiebedürfnisse berücksichtigen sowie Vertrauen auf- und Ängste abbauen sowie dem Bedürfnis nach Aufgehobensein Rechnung tragen. Zunächst gilt es daher, die individuellen Auslöser (Trigger) für Flashbacks zu erkennen und auszuschalten bzw. zu vermeiden. Solche Erkenntnisse müssen selbstverständlich im Team kommuniziert und dokumentiert werden, da sie sich eher indirekt als über eine entsprechende Gefühlsäußerung der Betroffenen vermitteln.

Noch immer gibt es in der (Alten-)Pflege das Problem der Über- bzw. Unterversorgung von Menschen, also eines nicht angemessenen Grades an

---

[106] Keilson (1979), Krell (1985), F. Hogman (1985): Role of memories in lives of World War II orphans. Journal of the American Academy of Child Psychiatry 24 (4), S. 390-396.

[107] Honigman Cooper (1979), Safford (1995), S. 142.

[108] Andrea Zielke-Nadkarni (2003): Individualpflege als Herausforderung in multikulturellen Pflegesituationen. Habilitationsschrift. Bern u.a.

Versorgung. Gerade für NS-Verfolgte ist jedoch die Berücksichtigung ihrer Schutzbedürfnisse vor Triggern für Flashbacks, Stressfaktoren aller Art oder unbedachten Äußerungen zur Nazizeit äußerst wichtig und zugleich die Wahrung ihrer Autonomie in allen persönlichen Entscheidungsbereichen. Eine Pflegebeziehung (in der Form der Bezugspflege) sollte daher durch einen behutsamen, herzlichen Umgang Stress meiden und Sicherheit gewähren.

Eine gleichzeitige Anwesenheit von Kriegsveteranen, die ebenfalls traumatisiert sind, trägt zusätzlich zur Verunsicherung und einem Gefühl der persönlichen Gefährdung auf Seiten der NS-Verfolgten bei. Professionell Pflegende können dem entgegen wirken, indem sie Gesprächsbereitschaft signalisieren, Beratungen anbieten und Interesse, Offenheit und Empathie zeigen.

Weiterhin können besondere Bedürfnisse in Bezug auf eine religiöse Alltagsgestaltung bestehen, die ebenfalls erfragt werden sollten. Krankenbesuche zum Beispiel sind im Judentum eine religiöse Verpflichtung und ein Segen. Der Talmud betont, dass sie die Heilung beschleunigen. Sie sollten daher unbedingt im gewünschten Umfang zugelassen werden, insbesondere bei sterbenden PatientInnen, die nach dem mosaischen Glauben nicht allein gelassen werden dürfen.

Auch spielt die Ernährung für Menschen, die Hunger erlebt haben und im Alter Gewohntes brauchen, eine entscheidende Rolle. Hierbei ist zu bedenken, dass das Horten von Nahrungsmitteln ebenfalls auf Kriegs- und Lagererfahrungen zurückzuführen ist. Ernährung ist als Ressource zu betrachten, und in Pflegesituationen trägt Wunschkost als mehrmaliger täglicher sozialer Fixpunkt deutlich zur Steigerung des Wohlbefindens bei. Konkrete Informationen zu den Essgewohnheiten des einzelnen Patienten/der Bewohnerin sollten daher nicht nur zu den Speisen selbst, sondern auch zu den gewohnten Essenszeiten und dem persönlichen Tagesrhythmus erhoben und im Sinne einer Individualpflege[109] genutzt werden.

Die Kommunikation der prägenden Verfolgungserlebnisse ist für die Betroffenen immer problematisch, oft sogar unmöglich. Daraus lässt sich zum einen die Notwendigkeit soziohistorischer Kenntnisse des pflegerischen und

[109] Ebenda.

medizinischen Personals ableiten und zum anderen die Notwendigkeit eines in besonderem Maße ausgeprägten Einfühlungsvermögens.

All dies stellt hohe Anforderungen an die Pflegepersonen: Ihnen bietet sich damit jedoch die Chance, sich diesen Personen im Rahmen von Pflegesituationen zu nähern, indem sie mittels Biografiearbeit mit den PatientInnen/BewohnerInnen selbst und ihren Angehörigen einen Weg beschreiten, der die Lebensgeschichten dieser Personen erschließt. Der Biografiearbeit sollten pflegerische Konsequenzen folgen, die den Betroffenen die Einrichtung in einer Welt ermöglicht, die sie oft als ausgrenzend erleben, insbesondere in Abhängigkeitssituationen wie bei Pflegebedürftigkeit. Mit ihrem Engagement übernehmen Pflegende so stellvertretend für die Gesamtgesellschaft ein Stück historisch begründeter Verantwortung.

Sonja Schlegel, Christina Hilgendorff

Geschützte Orte – Stützung und Stärkung älterer NS-Verfolgter im Alltag

Es ist eine weit verbreitete Befürchtung älterer Menschen, ihre letzten Monate oder Jahre in einem Alten- oder Pflegeheim verbringen zu müssen. Niemand ist gern abhängig von der Hilfe Fremder. Für Überlebende der Konzentrationslager und anderer Verfolgungsereignisse stellt diese Situation eine besondere Bedrohung dar. Selbst bei allseitiger Orientierung drängte sich zum Beispiel einer KZ-Überlebenden beim Einzug in ein modernes und geschmackvoll ausgestattetes Seniorenheim der Vergleich zu der erlittenen Haft auf. Sie sprach von „Zellen" statt von „Zimmern" und bezeichnete ihre MitbewohnerInnen als „andere Häftlinge".

Das Bewahren von Autonomie und Selbstständigkeit sind immer zentrale Elemente der (Über-) Lebensstrategie der ehemals verfolgten Männer und Frauen, um nie wieder Ohnmacht, Abhängigkeit und Ausgeliefertsein erleben zu müssen. Stationäre Einrichtungen können aufgrund ihrer Struktur diesen Bedarf an Autonomie selten gewährleisten. Deshalb sollte bei einer beginnenden Pflegebedürftigkeit ehemals NS-Verfolgter immer die ambulante Versorgung favorisiert werden. Bei der Auswahl des ambulanten Dienstes ist darauf zu achten, dass dieser in der Lage und Willens ist, kreativ und unorthodox auch ungewöhnliche Wege zu gehen, um Probleme der Versorgung geduldig und in gutem Einvernehmen mit den KlientInnen beizulegen.

Geschützte Orte

Die meisten NS-Verfolgten fühlen sich gerade im Alter nur unter anderen Überlebenden wohl und verstanden. Daher ist es besonders wichtig, ihnen ***Möglichkeiten zu bieten, einander zu begegnen***.[110] Denn hier müssen sie

[110] Vgl. zum Beispiel Hedi Fried (1995): Café 84 in Stockholm. Social Daycare Center for Survivers. In: John Lemberger (Hg.) (1995): A global perspective on working with Holocaust Survivors and the Second Generation. Jerusalem, S. 81-92.

keine unnötige Energie aufwenden, ihre wirkliche Lebensgeschichte und Identität zu verbergen und sich gegen unabsichtlich kränkende Äußerungen zu schützen. So zum Beispiel, wenn sich bei Seniorentreffen die Tischgespräche der Gleichaltrigen um die „gute alte Zeit" drehen und damit die Jahre des Nationalsozialismus gemeint sind, in denen sie selber so sehr gelitten haben. Gefühle der Angst, Wut und Einsamkeit sind häufige Reaktionen auf solche Erlebnisse. Sie können in der Folge zu Konflikten oder Rückzug führen und damit die Isolation der alten Menschen verstärken.

Ein ***geschützter Ort***, wie zum Beispiel das Kölner „Erzähl- und Begegnungscafé für NS-Verfolgte",[111] ist hier eine gute Alternative. Begleitet von verschiedenen kulturellen und gesundheitlichen Angeboten, bietet es ehemals verfolgten Männern und Frauen die Möglichkeit, ein neues soziales Netz aufzubauen (oder auch ihr vorhandenes Netz hier zu integrieren) und sich gegenseitig zu unterstützen. Anregende Gespräche, ein (Kultur-) Programm mit Film, Theater, Musik, Lesungen oder auch Tanz; kleine Reisen und gemeinsame Ausflüge, Bewegung, kreative Gestaltung, Musikmachen und gemeinsames Hören, Gedächtnistraining und Entspannungsübungen tragen dazu bei, dass aktuell angenehme Gefühle im Vordergrund stehen und weniger Raum für Einsamkeitsgefühle und traurige Erinnerungen bleibt. So können die Menschen Fähigkeiten und Interessen erhalten, sie anderen zur Verfügung stellen und neue erlernen.

Im Kölner Café, seit März 2005 ein vierzehntägiger Treffpunkt für NS-Verfolgte, hat sich in den letzten drei Jahren ein guter Zusammenhalt unter den Teilnehmenden entwickelt. Die Männer und Frauen freuen sich aufeinander, tauschen Erfahrungen aus, gehen zum Teil gemeinsam essen, holen sich gegenseitig ab, besuchen sich im Krankheitsfall, verabreden sich und telefonieren miteinander. Die Arbeit im Café hat damit einen stark präventiven Aspekt. Die Begegnung und Anregung untereinander sowie die bera-

---

[111] In Frankfurt/M. gibt es den Treffpunkt der Zentralwohlfahrtsstelle der Juden in Deutschland e.V., in Berlin den Treffpunkt bei der Evangelischen Hilfsstelle für ehemals Rasseverfolgte e.V. und in Bielefeld das Café für NS-Verfolgte, organisiert von der Altenhilfe Bethel und der Jüdischen Gemeinde. Weltweit gibt es seit den 80er Jahren (wieder) solche Treffpunkte – überwiegend von jüdischen Gemeinden organisiert, so in Stockholm, Tel Aviv, Buenos Aires, New York, Sydney, Toronto etc.

tende Unterstützung der NS-Verfolgten beugt psychosomatischen Erkrankungen vor und hilft so, stationäre Unterbringungen zu vermeiden.

Therapeutische Unterstützung

Die Hemmschwelle gegenüber professioneller Hilfe (besonders gegenüber PsychotherapeutInnen) ist bei NS-Verfolgten groß. Dies ist nicht nur einer Generation geschuldet, die damit keinen routinierten Umgang hat, sondern erklärt sich auch aus der geforderten Offenheit gegenüber Fremden und der damit verbundenen Angst vor Kontrollverlust. Darüber hinaus kann eine nachhaltige psychische Beeinträchtigung auch als ein später Sieg der TäterInnen empfunden werden. Hier bedarf es deshalb einer ***vorsichtigen Information und eines niedrigschwelligen Angebots***.

Es hat sich hier als hilfreich erwiesen, dass ÄrztInnen und PsychotherapeutInnen in das Begegnungscafé eingeladen wurden und sich und ihr therapeutisches Angebot vorstellten. Im Anschluss ergab sich dann eine erste unverbindliche Möglichkeit zum Gespräch, so dass Berührungsängste abgebaut werden konnten. Gleichermaßen nahm der gemeinsame Besuch einer auf Traumata spezialisierten Klinik, die auch Kurklinik ist, Berührungsängste, veränderte Fantasien über den Aufenthalt dort und veranlasste Teilnehmende, sich erstmals für eine solche Unterstützung zu interessieren. Auch mit der Anwesenheit eines Psychologen/einer Psychologin, der/die während der Cafézeiten für ein Kurzgespräch erreichbar ist (Minutentherapie), wurden gute Erfahrungen gemacht.[112]

Ehrenamtlicher Besuchsdienst

Ein ehrenamtlicher Besuchsdienst ist für die vielen allein lebenden NS-Verfolgten sinnvoll. Manche sind aufgrund der Verfolgung kinderlos geblieben, häufig leben aber auch ihre Kinder im Ausland, und PartnerInnen, alte FreundInnen und Bekannte sind verstorben. Mit regelmäßigen Besuchen wird ein neuer Kontakt möglich, in dem eine tiefe, sich gegenseitig wertschätzende Beziehung aufgebaut werden kann. Gerade auch an Wochenenden und Feiertagen sind die Kontaktmöglichkeiten für die alten Menschen äußerst gering, und man sollte bewusst auch hier Angebote machen. Für den

[112] Übliches Angebot im Frankfurter Treffpunkt.

Besuchsdienst ist es unter Umständen leichter möglich, Bedarfe zu erkennen und Bedürfnisse anzusprechen. In diesem Rahmen sollte man auch die Möglichkeit der Begleitung zu Behörden und ÄrztInnen, für deren Besuch NS-Verfolgte Unterstützung brauchen, anbieten.

Das Ehrenamt steht allen offen, jungen und alten Menschen, ob SchülerIn, Bauzeichner oder Professorin. In dieser Vielfältigkeit liegt die große Chance eines ehrenamtlichen Besuchsdienstes. Um ein „Tandem" zusammenzubringen, ist es wichtig, eine ***gute Vorbereitung*** zu treffen. Was genau wünscht der alte Mensch: Gespräche, Unternehmungen, Vorlesen, Briefeschreiben, Hilfe bei Behörden etc.? Wie oft möchte er/sie Besuche? Welches Alter sollte der/die Besuchende haben, damit eine gute und respektvolle Beziehung entstehen kann? Nicht immer sind diese Fragen gleich zu beantworten, und häufig entwickeln sich Wünsche erst im Laufe der Begegnung. Und manchmal braucht es der mehrfachen ermutigenden Bestätigung der alten Frauen und Männer, überhaupt eine solche Begegnung zuzulassen. Wir haben in unserer Arbeit die Erfahrung gemacht, dass junge Menschen ein gern gesehener Besuch sind, aber weniger als AnsprechpartnerInnen in Betracht kamen, wenn es um Probleme ging. Diese mögliche Einschränkung muss mitgedacht werden.

Die Ehrenamtlichen ihrerseits sollten alle notwendigen Informationen erhalten, um die Lebenssituation des/der NS-Verfolgten zu kennen und mögliche Erfordernisse einschätzen zu können. Die sorgfältige Vorbereitung ist niemals überflüssig, auch wenn sich die Vorstellungen und Wünsche im Laufe der Begegnungen wandeln. Im Kölner Café sind die gemeinsamen Nachmittage eine ganz wunderbare Gelegenheit, die „Chemie" zu testen. Darüber hinaus haben wir die Erfahrung gemacht, dass sich hier auch von ganz allein ein „Tandem" findet und selbstinitiativ entwickelt.

Um eine zufriedenstellende und sichere Arbeit leisten zu können, müssen die Ehrenamtlichen durch ***Schulungen*** vorbereitet werden. Dazu gehören nicht nur elementare Kenntnisse über die Zeit der Verfolgung und die Nachwirkungen von Traumatisierungen im Alter, sondern auch Übungen zu Gesprächsführung und „Selbstsorge". Sinnvoll ist es zudem, die Ehrenamtlichen in der Wahrnehmung der AEDL[113] zu sensibilisieren, um so mögliche

[113] Die AEDL (Aktivitäten und existentiellen Erfahrungen des Lebens) sind Instrumente der Pflegeanalyse nach Monika Krohwinkel (1993).

Bedarfe an die Koordinierenden des Besuchsdienstes weiterleiten zu können: etwa wenn an der Erscheinung erkennbar wird, dass jemand die Körperpflege nicht mehr gut allein durchführen kann und der Besucher/die Besucherin diese Beobachtung weitergibt, sofern er/sie dies nicht selber ansprechen kann. Die Arbeit sollte grundsätzlich in regelmäßig stattfindenden Treffen reflektiert, supervidiert und durch Hauptamtliche begleitet werden.

Es ist weder sinnvoll noch möglich, in allen Bereichen der Altenhilfe spezielle Angebote für NS-Verfolgte vorzuhalten. Eigentlich befindet man sich eher in einem Dilemma: Einerseits können sich NS-Verfolgte durch exklusive Angebote und dieses Herausheben aus der Gesamtgesellschaft stigmatisiert fühlen, anderseits meiden sie aus den genannten Gründen Angebote der Altenarbeit. Beim ***Nutzen der lokalen Angebote*** ist es deshalb wichtig, sich der Bereitschaft der Anbietenden zu vergewissern, die besonderen Bedürfnisse der Überlebenden zu respektieren und ernst zu nehmen. Wenn das gewährleistet ist, ist die Zusammenarbeit mit Hospizdiensten, Besuchsdiensten etc. ratsam.

Unterstützung im Umgang mit Behörden

Überlebende sind häufig immer noch nur unzureichend über die Angebote, aber auch über ihre Rechte gegenüber Bund, Land und Kommune informiert (z.B. Entschädigungsansprüche, Leistungen aus der Pflegeversicherung, Grundsicherung und Vergünstigungen für SeniorInnen). Ihr Umgang mit Behörden sind durch die Erfahrungen der Verfolgung und der Entschädigungsverfahren geprägt von ***Misstrauen und Angst***. Oft meiden deshalb die alten Menschen Behörden, oder es kann aus diesen Erfahrungen heraus schnell zu Konflikten kommen. Hier bedarf es nach einer gründlichen Analyse der Situation einer umfassenden und individuellen Information, einer stärkenden Vorbereitung oder auch der Begleitung zu Behörden und Beratungsstellen. Am Ende des Buches werden Beratungsstellen aufgeführt, die hier weiterhelfen können.

Stärkung des sozialen Umfelds

Wie in allen Familien sind Angehörige, FreundInnen oder Betreuende in Situationen des Rückzugs und der beginnenden Hilfsbedürftigkeit der alten Menschen anfänglich überfordert. Dies verstärkt sich in Phasen der Pflegebedürftigkeit. Familienmitglieder kommen sich in diesen Situationen nahe, näher als gewohnt. Mehr noch, familiäre Binnenverhältnisse geraten in Bewegung, und Rollen können nicht mehr erfüllt werden. In dieser Situation bedarf die ganze Familie der stärkenden und informierenden Unterstützung. Denn wir wissen heute, dass Traumata innerhalb der Familien nicht nur über Erzählen, sondern gerade über das Schweigen unbewusst weitergegeben werden, sodass die gesamte Familie und die einzelnen Angehörigen extrem verletzlich und sensibel sein können. Für Angehörige und FreundInnen ist das Wissen um das Phänomen der ***transgenerationalen Weitergabe des Traumas*** von hoher Bedeutung, um eigene Reaktionen zu verstehen, deren moralische Bewertung zu verringern und eine verständnisvollere Betrachtung zu erreichen. Damit werden die nachfolgenden Generationen im Umgang mit sich selbst gestärkt. Auch hier sind die am Ende des Buches aufgeführten Beratungsstellen eine Quelle, Unterstützung zu finden.

Fachwissen und „Selbstsorge“ – Kompetente und sichere Arbeit

Die Arbeit mit NS-Verfolgten berührt immer auch die eigene Geschichte. Bei genauer Betrachtung haben sehr viele Menschen in ihrer Familie Berührungen und Verstrickungen mit der NS-Zeit vorzuweisen. Manchmal kommen neben zahlreichen Ambivalenzen TäterInnen und Opfer in einer Familie vor. Das ist besonders in teiljüdischen Familien der Fall, aber auch in vielen binationalen Familien. Gleichzeitig kennen wir das Phänomen der ***sekundären Traumatisierung***, d.h. der Übernahme des Traumas.[114] Die Begleitung derjenigen, die mit NS-Verfolgten arbeiten und ihnen regelmäßig begegnen, ist unbedingt notwendig. Sie ist Voraussetzung für eine kompetente und sichere Arbeit und dient der Prävention auf beiden Seiten. Supervision und kollegialer Austausch, Fortbildung und das Erlernen von Stabilisierungstechniken können helfen, den Überlebenden zuverlässig, aber nicht selbstschädigend zur Seite zu stehen.[115] Wichtig ist auch, niemals die Gren-

[114] Renate Jegodtka (2004): Systemische Supervision in der Erinnerungsarbeit als Element der Prävention sekundärer Traumatisierung. In: systhema 3, S. 282-289.

[115] Siehe hierzu Kurt Mosetter, Reiner Mosetter (2004): Kraft durch Dehnung. Ein Praxisbuch bei Stress, Dauerbelastung und Trauma. Düsseldorf, Zürich. Reader der Fachtagung „(Un)auffällig und (un)sichtbar?“ (2007): Workshop 3, S. 29ff. Köln.

zen der eigenen Profession zu überschreiten. Therapeutische Arbeit können nur PsychotherapeutInnen leisten.

Viel Geduld, Wissen und Achten der Grenzen – der eigenen und der der anderen – ermöglichen es, Zugang zu den alten Menschen zu finden. Aus der Erfahrung heraus gibt es ***drei Grundregeln***, die im Umgang zwischen Pflegenden und NS-Verfolgten wichtig ist:

- Menschen sollten niemals zum Reden über das Erlebte gedrängt werden;
- Pflegende sollten nie Zusagen geben, die sie nicht halten können, um Überforderungen und Enttäuschungen zu meiden;
- Pflegende sollen keine Erinnerungserzählungen begleiten, wenn er/sie das Gehörte nicht ertragen bzw. verarbeiten kann.

Es wäre ein grundsätzliches Missverständnis und eine nicht förderliche Sicht, Überlebende der NS-Verfolgung zu ***pathologisieren***. Eine psychische Dekompensation ist keine zwingende Folge einer erlittenen Verfolgung, sondern hängt wesentlich von der sozialen Situation der alt werdenden Menschen ab. Hinzu kommt, dass eine Dekompensation eine vorübergehende Erscheinung ist: Alpträume, deren Auslöser zum Beispiel eine Krankheit ist, verschwinden wieder, wenn man sich an diese neue Situation gewöhnt und einen Umgang damit gefunden hat. Die Männer und Frauen haben ihr Leben aktiv gestaltet und sind nicht selten starke Persönlichkeiten mit den unterschiedlichsten Ressourcen und Problemlösungsstrategien in Krisensituationen geworden. Es stärkt ihre Autonomie und hilft beiden Seiten, lösungsorientiert diese ***vorhandenen Strategien und Ressourcen*** zum Ausgangspunkt der Anamnese zu machen, diese Fähigkeiten zu erhalten, zu fördern und, wo möglich, zu entwickeln.

Pflegende stellt die Arbeit mit traumatisierten alten Menschen immer vor eine besondere Aufgabe und Herausforderung, der sie ohne entsprechendes Wissen und Können oft frustriert und hilflos gegenüber stehen. ***Informationsveranstaltungen und Weiterbildungen*** zum Thema Trauma befähigen dagegen Pflegende, schwierige und ihnen unverständliche Situationen zu verstehen, besondere Bedarfe zu erkennen und eine sichere, die alten Frauen und Männer würdigende Pflege zu entwickeln.

Im Internet: http://www.nsberatung.de/download/BV_Fachtagung_Dokumentation.pdf (Juli 2008).

Bei ***demenzerkrankten Männern und Frauen*** ist aus naheliegenden Gründen besondere Sorgfalt und Aufmerksamkeit geboten, denn die Vergangenheit birgt furchtbare Erlebnisse. Erinnerungen daran können schwere Angstzustände auslösen. Es ist nicht leicht, extrem traumatisierte Menschen zu unterstützen, die an dieser Erkrankung leiden. Denn es ist eine Gemengelage, bei der die Reaktionen und Symptome nicht einfach voneinander abzugrenzen sind. Wesentlich ist es hier, die Menschen immer wieder im Hier und Jetzt zu verankern. Man sollte in der Gegenwart, in ihrem Alltag versuchen, ihnen emotionale Verbindung zu ermöglich, sie viel bestätigen und ihnen dadurch wieder Lebensfreude geben und Genießen möglich machen. Besonders bewährt hat sich dabei die *Marte-Meo*-Kommunikationsunterstützung.[116]

Die eigene Haltung: Parteilichkeit und Zivilcourage

Sehr viele Überlebende sind bis ins hohe Alter politisch interessiert oder aktiv. Die Sorge vor Neonazismus und einer zu trägen, uninformierten Gesellschaft belastet sie in hohem Maße. Daher erwarten Verfolgte von uns nicht nur ein politisches Bewusstsein, sondern auch ein Auftreten gegen Rassismus, Neonazismus und Antisemitismus. Dieser Anspruch kann leicht von den Institutionen aufgenommen werden, indem beispielsweise die Teilnahme der MitarbeiterInnen an ***Trainings für Zivilcourage*** unterstützt wird, was nicht nur eine positive Wirkung auf das eigene Miteinander, sondern auch in die Gesamtgesellschaft hinein hat.

Es gibt ein Menschenrecht auf sichere und menschenwürdige Pflege, das es umzusetzen gilt und auf das Haupt- und EhrenamtlerInnen sich berufen können: Seit 2005 existiert auch in Deutschland eine „Charta der Rechte hilfe- und pflegebedürftiger Menschen“[117], die einen Rechtekatalog definiert.

Es geht beim Umgang mit den zum Teil hochbetagten NS-Verfolgten nicht darum, zu moralisieren oder „wieder gut zu machen“, sondern um

[116] Vgl. hierzu Ingrid Schulz, Ulrike Schulz (2008): Über Menschen im höheren Lebensalter, deren Angehörige und den Einsatz von „Marte Meo“. Daheim statt im Heim. In: Marte Meo Magazin 1/Vol 38, S. 28-32.

[117] Siehe http://www.pflege-charta.de/DE/Home/homepage__node.html?__nnn=true (Juli 2008).

kleine Schritte in der Gestaltung von Gesellschaft, um Verantwortung, Würde und um mehr Freude am Beruf. Dabei sollte man sich zum gegenseitigen Erfahrungsaustausch Unterstützung bei der Gewerkschaft, in Berufsverbänden und Intervisionsgruppen suchen.

Aus der täglichen Arbeit mit und für die NS-Verfolgten kann dabei eine wesentliche Erfahrung den Blick nach vorne öffnen: Visionen machen stark und helfen, Veränderungen gemeinsam in Gang zu setzen.

Andrea Zielke-Nadkarni, Märle Poser

Collage: Arbeitsauftrag zum Abschluss einer Unterrichtsreihe über die Pflege von NS-Verfolgten

Die SchülerInnen werden in Kleingruppen eingeteilt, und jede Gruppe erstellt zu einem Teilaspekt des Themas eine Collage. Das Teilthema kann von der Gruppe gewählt oder vom Lehrenden vorgegeben werden. Möglich ist auch, dass die SchülerInnen in Einzelarbeit einen Aspekt des Teilthemas ihrer Kleingruppe bearbeiten. Die Collage dient der abschließenden persönlich-kreativen Auseinandersetzung mit der Thematik, ihrer Festigung im Gedächtnis der SchülerInnen und der individuellen Schwerpunktsetzung. Die Arbeitsteilung ermöglicht die Berücksichtigung vieler Teilthemen.

Die Collagen werden an Stellwänden aufgehängt und der Gesamtgruppe von der jeweiligen Kleingruppe erläutert. Dazu wird im Vorfeld das nötige Material gesammelt, daher braucht diese Aufgabe Vorlaufzeit für die Gruppen. Die Collagen können danach kommentiert in der Schule ausgestellt werden.

Tabelle möglicher Trigger[118]

Trigger	Reaktion	Intervention
Duschen, Baden	Angst, Schreie, Rückzug	Unterstützung, Respekt vor Nacktheit
Angst vor fremden Toiletten und Gerüchen* (Kot, Urin usw.)	Weigerung, unerwünschte Reaktion	Reinigung, Gestaltung der Räume
fehlende Privatheit, enger Raum	Rückzug, Geheimnisse	so viel Privatheit wie möglich
Anamnesen	Weigerung, Depression	Empathie
medizinische Maßnahmen, Rasieren, Haare schneiden, Spritzen		erklären, Zeit nehmen, normalisieren, Unterschiede verdeutlichen
Identifikationsbänder	Entfernen, Weigerung	vermeiden
Krankheit, Unwohlsein	Verleugnung	nicht überreagieren
Eingeschlossensein, Fixierung	Flucht, Panik	offen, Kontrolle, Fixierung vermeiden
Blitzlichter, Untersuchungslampen	Furcht, Angst, Weigerung	meiden, erklären
Verabschiedung von Angehörigen, Personalwechsel	depressive Reaktion, Rückzug, Nichtloslassen	Unterstützung, keine Versprechen, Vorbereitung
Fremdsprache	Misstrauen, Angst	erklären, persönliche Beziehung
laute Stimmen und Töne	Misstrauen, Angst	ruhige Stimme
Weinen, Schreien anderer	Misstrauen, Angst	kümmern
Hunde	Angst	Vorsicht, auch positiv
Aufstellen in Gruppen	Weigerung, Angst	vermeiden

[118] Peter Liebermann (2005): Verdrängte Gefühle. In: Altenpflege 5, S. 44.

Routinen, Zeitpläne	Sabotage	erklären, flexibel sein
Essenszeiten, fehlendes Essen, Hunger	Horten, Verstecken, Schnellessen, Unzufriedenheit	Konsistenz, Verfügbarkeit, Verspätung erklären
Feiertage	Erwartungsangst, Nichtteilnahme	Individualisierung
christliche Symbole	unerwünschte Reaktion	Sensibilität
Sirenen, Alarmglocken, Pfeifen	extreme Angst	erklären
Nacht, dunkle Räume	extreme Angst	Beleuchtung
Musik	Weigerung, Angst	Trigger identifizieren
Finanzen	Überreaktion, Weigerung	Sensibilität
Ortswechsel	Angst	Vorbereitung
weitergehende Planungen	Weigerung zu diskutieren	Sensibilität
eigene Ergänzungen		

* Gerade Riechen ist ein „sehr naher“ Sinn, auf den Menschen unmittelbar und sehr schnell reagieren.

Medienhinweise

Fachliteratur

Sabine Bartholomeyczik (2006): Verantwortung – eine Frage der Professionalität. In: Dr. Mabuse, Nr. 160, März/April, S. 51-55.

Baycrest Centre for Geriatic Care (o.J.): Caring for Aging Survivors of the Holocaust: A Practice Manual.Toronto o.J. (Mai 2008)

Ders, Internetjournal „If not now". http://www.baycrest.org/If_Not_Now/ (Mai 2008)

Marlene Bock, Esther Weitzel-Polzer (2005): Alten Jüdinnen und Juden in Deutschland. Ausschnitt aus der Geschichte ihres Überlebens und ihre Suche nach einem neuen Zuhause. Oldenburg.

Nathan Durst (1999): Psychotherapeutisches Arbeiten mit Überlebenden des Holocaust. In: Zeitschrift für Politische Psychologie, Jg. 7, Nr. 1 und 2, S. 101-112.

Judith Hassan (2003): A House Next Door to Trauma. Learning from Holocaust Survivors. How to Respond to Atrocity. London.

Thomas Heldt et al. (Hg.) (2006): Kein Ort der Zuflucht für hilfsbedürftige alte NS-Verfolgte? Durch NS-Verfolgung traumatisierte Menschen in der deutschen Altenhilfe und Altenpflege. Frankfurt/M.

Judith Lewis Herman (1993): Die Narben der Gewalt. Traumatische Erfahrungen verstehen und überwinden. München.

Corinna Kronsteiner (2004): Lebensgeschichten. Ständige Begleiter in der Pflege. Erfahrungen von Pflegekräften bei der Pflege von Holocaust-Überlebenden in jüdischen Altenpflegeeinrichtungen in Deutschland. Abschlussarbeit. Witten/Herdecke.

John Lemberger (Hg.) (1995): A Global Perspective On Working With Holocaust Survivors And The Second Generation. Jerusalem.

Birgit Leonhard (2005): Die Pflege von Holocaust-Überlebenden im Alter. Die Erfahrungen israelischer Pflegender in der Betreuung von Opfern der Shoah. Frankfurt/M.

Revital Ludewig-Kedmi, Miriam Victory Spiegel, Silvie Tyrangiel (Hg.) (2001): Das Trauma des Holocaust zwischen Psychologie und Geschichte. Zürich.

Alexandra Rossberg, Johan Lansen (Hg.) (2003): Das Schweigen brechen. Berliner Lektionen zu Spätfolgen der Shoa. Frankfurt/M.

Zentrum für Antisemitismusforschung in Kooperation mit OSZE/ODIHR und dem Anne Frank House Amsterdam (2008): Unterrichtsmaterialien zum Thema Antisemitismus. http://zfa.kgw.tu-berlin.de/projekte/unterrichtsmaterialien.htm (Mai 2008)

Andrea Zielke-Nadkarni (2004): Jüdische Flüchtlinge aus der GUS. Soziokulturelle Hintergründe, Versorgungsbedarf und Pflege. Bern.

(Erinnerungs-)Literatur

Gad Beck, Frank Heibert (Hrsg.) (1995): Und Gad ging zu David. Die Erinnerungen des Gad Beck. Berlin.

Louis Begley (1994): Lügen in Zeiten des Krieges. Frankfurt/M.

Wolfgang Benz (Hg) (2003): Überleben im Dritten Reich. Juden im Untergrund und ihre Helfer. München.

Tadeusz Borowski (1982): Bei uns in Auschwitz. Erzählungen. München.

Berliner Geschichtswerkstatt (Hg.) (2004): Das Arbeitserziehungslager Fehrbellin. Zwangsarbeiterinnen im Straflager der Gestapo. Brandenburgische Landeszentrale für politische Bildung Potsdam. http://www.politische-bildung-brandenburg.de/publikationen/index.html (Juni 2008)

Janina David (1986): Ein Stück Himmel. Ein Stück Erde. Ein Stück Fremde. München.

Martin Doerry (2002): Mein verwundetes Herz. Das Leben der Lilli Jahn 1900 - 1944. Stuttgart.

Erica Fischer (2007): Himmelstraße. Geschichte meiner Familie. Berlin. *(Leben nach der Verfolgung)*

Hans Frankenthal (1999): Verweigerte Rückkehr. Erfahrungen nach dem Judenmord. Unter Mitarb. von Andreas Plake u.a. Frankfurt/M.

Saul Friedländer (1979): Wenn die Erinnerung kommt. Stuttgart.

Carl Friedman (1996): Zwei Koffer. Leipzig. *(Leben nach der Verfolgung, Zweite Generation)*

Edgar Hilsenrath (1964): Nacht. Roman. München.

Rolf Hochhuth (1978): Eine Liebe in Deutschland. Reinbek bei Hamburg.

Helene Holzman (2000): Dies Kind soll leben. Die Aufzeichnungen der Helene Holzman 1941-1944 / hrsg. von Reinhard Kaiser und Margarete Holzman. Frankfurt.

Berit Lahm, Thomas Seyde, Eberhard Ulm (2008) (Hg.): 505 Kinder-Euthanasieverbrechen in Leipzig. Leipzig.

Primo Levi (1961): Ist das ein Mensch? Ein autobiographischer Bericht. Frankfurt/M.

Gila Lustiger (2005): So sind wir. Ein Familienroman. Berlin. *(Leben nach der Verfolgung, Zweite Generation)*

Ruth Klüger (1992): Weiter leben. Eine Jugend. Göttingen.

Otto Rosenberg (1998): Das Brennglas. Aufgezeichnet von Ulrich Enzensberger. Mit einem Vorw. von Klaus Schütz. Frankfurt/M.

Christoph U. Schminck-Gustavus (1986): Das Heimweh des Walerjan Wróbel. Ein Sondergerichtsverfahren 1941/42. Bonn.

Lutz van Dijk (2002): Zu keinem ein Wort. Überleben im Versteck. Die Geschichte der Cilly Levitus-Peiser. München.

DVD/CD-ROM

Karin Berger (2005): Unter den Brettern hellgrünes Gras. sixpackfilm.

Bundeszentrale für politische Bildung (2005): Häftlingsalltag im KZ-Sachsenhausen 1936-1945. Bonn.

Bundeszentrale für politische Bildung (2007): Geschichte zum Hören: Regime unter dem Hakenkreuz. Bonn.

Lilly Engel (2007): Entschädigt. pictures film & tv production.

Rob Epstein, Jeffrey Friedman (2000): Paragraph 175. Salzgeber & Co Medien GmbH.

Thomas Halaczinsky (2004): Don't call it Heimweh. tudor-productions. *(Besuch in Deutschland nach 60 Jahren)*

Mark Jonathan Harris (2001): Kindertransport. In eine fremde Welt. Warner Home Video.

Antje Hubert, Olga Schell (2002): Ad Acta. Absolut Medien.

Landesmedienzentrum des Landschaftsverbands Westfalen-Lippe und der Münsterische Geschichtsort Villa ten Hompel (Hg) (2004): ‚Ausgebeutet für die „Volksgemeinschaft?"' Zwangsarbeit im Münsterland während des „Dritten Reichs". Münster .

Charles Najman (1995): Ist die Erinnerung wasserlöslich. Absolut Medien. *(Leben nach der Verfolgung)*

Kuno A. Richter, Tom Franke (2007): Djangos Lied. Eine Sinti-Jugend in Deutschland. MDR.

Kurt Rittig (2005): Zum Tode verurteilt – Elfriede Scholz, Schwester von Erich Maria Remarque. SWR.

Chaim R. Schneider (2001): „Wir sind wieder da!“. Juden in Deutschland nach 1945. München.

Rolf Schübel (2003): Das Heimweh des Walerjan Wróbel. Ein 16-jähriger Zwangsarbeiter in Nazideutschland. Nach dem gleichnamigen Buch von C. U. Absolut Medien .

Webseiten

KZ-Gedenkstätten Sachsenhausen und Ravensbrück, www.stiftung-bg.de

KZ-Gedenkstätte Dachau; www.kz-gedenkstaette-dachau.de

KZ-Gedenkstätte Buchenwald; www.buchenwald.de

Gedenkstätte Hadamar;
http://hadamar.lwv-hessen.de/webcom/show_article.php/_c-533/_nr-l/i.html

Gedenkstätte und Museum Auschwitz Birkenau;
http://www.auschwitz.org.pl/html/de/start/index.php

Anne Frank Zentrum, Berlin; http://www.annefrank.de/

Arbeitskreis Konfrontationen Berlin. Pädagogische Annäherungen an Geschichte und Wirkung des Holocaust; http://www.arbeitskreis-konfrontationen.de/

Fritz Bauer Institut. Studien- und Dokumentationszentrum zur Geschichte und Wirkung des Holocaust, Frankfurt/M, http://www.fritz-bauer-institut.de/

Dokumentations- und Kulturzentrum Deutscher Sinti und Roma, Heidelberg; www. sintiundroma.de

Information und Beratung

Bundesverband Information und Beratung für NS-Verfolgte e.V.; Köln
0049.221.179294-0; www.nsberatung.de

Evangelische Hilfsstelle für ehemals Rasseverfolgte e.V., Berlin
0049.30.84319446; www.evhi.de

Vereinigung der Verfolgten des Naziregimes – Bund der Antifaschistinnen und Antifaschisten e.V., Berlin (hier auch die Ländervereinigungen)
0049.30.29784174; www.vvn-bda.de/bund/start.php3

Zentralwohlfahrtsstelle der Juden in Deutschland e.V., Frankfurt/M
0049.69.9443710; www.zwst.org

Erzählcafé für NS-Verfolgte in Bielefeld
0049.251.1441888; http://tinyurl.com/erzaehlcafe

Amcha-Stiftung Deutschland, Berlin
0049.30.28099872; www.amcha-stiftung.de

Spuren der Zeit e.V. Beratungsverbund für Überlebende nationalsozialistischer Verfolgung, Zeitzeugen und ihre Angehörigen.
0049.421.8399364; www.spuren-der-zeit.org

Pflegedienst Solidarische Hilfe im Alter SHA GmbH, Hamburg
0049.40.386866-0; www.solihilfe.de/index.php

Im Aufbau: CaféBerlin. Begegnung und Beratung für ältere Menschen mit Verfolgungsschicksal e.V. Ansprechpartnerin: Christina Hilgendorff
c.hilgendorff@googlemail.com

In der Schweiz
Tamach. Psychosoziale Beratungsstelle für Holocaust-Überlebende und ihre Angehörigen, Zürich
0041.442025658; www.tamach.org

In Österreich
Esra, Wien
0043.1.2149014; www.esra.at

Die Autorinnen

CHRISTINA HILGENDORFF, Krankenschwester und Historikerin, Fachberaterin für Psychotraumatologie (i.A.), Berlin

PROF. DR. MÄRLE POSER, Fachhochschule Münster, Fachbereich Pflege und Gesundheit.

SONJA SCHLEGEL, Dipl. Sozialarbeiterin und Marte-Meo-Therapeutin, Bundesverband Information und Beratung für NS-Verfolgte e.V., Köln

PROF. DR. ANDREA ZIELKE-NADKARNI, Fachhochschule Münster, Fachbereich Pflege und Gesundheit.

medica mondiale e.V., Karin Griese (Hrsg.)
SEXUALISIERTE KRIEGSGEWALT UND IHRE FOLGEN
Handbuch zur Unterstützung traumatisierter Frauen in verschiedenen Arbeitsfeldern
Mabuse-Verlag